古典文獻研究輯刊

三五編

潘美月・杜潔祥 主編

第 1 冊

《三五編》總目

編 輯 部 編

中國現代四大家藏書研究
——以康有為、梁啟超、鄭振鐸、黃裳為例

董 晨 著

國家圖書館出版品預行編目資料

中國現代四大家藏書研究——以康有為、梁啟超、鄭振鐸、黃
裳為例／董晨 著 -- 初版 -- 新北市：花木蘭文化事業有限公
司，2022〔民 111〕
目 2+188 面；19×26 公分
（古典文獻研究輯刊 三五編；第 1 冊）
ISBN 978-626-344-103-3（精裝）
1.CST：藏書家 2.CST：傳記 3.CST：私家藏書
4.CST：文化研究
011.08   111010301

ISBN-978-626-344-103-3

9 786263 441033

古典文獻研究輯刊
三五編 第 一 冊　　　　　ISBN：978-626-344-103-3

中國現代四大家藏書研究
——以康有為、梁啟超、鄭振鐸、黃裳為例

作　　者　董晨
主　　編　潘美月、杜潔祥
總 編 輯　杜潔祥
副總編輯　楊嘉樂
編輯主任　許郁翎
編　　輯　張雅淋、潘玟靜、劉子瑄　美術編輯　陳逸婷
出　　版　花木蘭文化事業有限公司
發 行 人　高小娟
聯絡地址　235 新北市中和區中安街七二號十三樓
　　　　　電話：02-2923-1455／傳真：02-2923-1452
網　　址　http://www.huamulan.tw 信箱 service@huamulans.com
印　　刷　普羅文化出版廣告事業
初　　版　2022 年 9 月
定　　價　三五編 39 冊（精裝）新台幣 98,000 元

《三五編》總目

編輯部 編

《古典文獻研究輯刊》三五編　書目

《古典文獻研究輯刊》三五編
各書作者簡介·提要·目次

第一冊　中國現代四大家藏書研究——
以康有為、梁啟超、鄭振鐸、黃裳為例

作者簡介

　　董晨，女，山西太原人，文學博士。2016～2018 年在中國傳媒大學中國語言文學博士後流動站工作，現就職於西安外國語大學中國語言文學學院。研究方向為中國文學批評，唐宋文學。目前主持教育部哲學社會科學青年項目 1 項，在《人文雜誌》《甘肅社會科學》《江西社會科學》《中國圖書評論》等刊物發表多篇學術論文。

提　要

　　作為記錄和傳播中華文化的重要載體，自商周時期文書誕生起，書籍便得到了中國歷代讀書人的喜愛和珍視，藏書活動亦隨之逐步興起，成為中國歷代文人、學者的標誌性活動之一。縱觀一部中國私家藏書史，現代作家藏書是其中非常重要的組成部分，其藏書規模之大、質量之高、應用之廣均有獨到之處；而這些現代作家豐富的個人藏書資源與其文學創作、學術研究之間的互動關係亦是中國現代文學研究值得關注的重要問題。遺憾的是，近年來學界雖不乏以「現代作家藏書群體」為對象展開的相關研究，卻始終停留在圖書館學意義上的圖書初步整理及史料的基本梳理、考辨階段，並未進入

對於作為一種文化形態的作家藏書的主體研究。本研究擬選取在中國現代藏書和文學史上以傳統古籍收藏著稱的三位學者型藏書家（康有為、梁啟超、鄭振鐸）和一位作家型藏書家（黃裳）為研究對象，通過系統梳理和分析其藏書目錄、文集、書信、日記等相關材料，探求四位作家的藏書與其思想形態、學術研究、文學創作之間的互動關係，並以此為契機，進一步推進相關研究的深入開展。

全文共分四章，第一章為「康有為及其萬木草堂藏書」，主要分析、探討康有為萬木草堂藏書的基本情況、萬木草堂藏書與其政治、哲學、教育思想及其學術研究、文學創作之間的密切關聯。第二章為「梁啟超及其飲冰室藏書」，本章以北京圖書館編《梁氏飲冰室藏書目錄》為線索，通過梳理梁啟超飲冰室藏書的基本情況，重點關注梁氏飲冰室藏書與其政治思想、哲學思想及其學術研究、文學創作之間的互動關係。第三章為「鄭振鐸及其西諦藏書」，本章以北京圖書館編《西諦書目》為線索，在充分梳理鄭振鐸先生文集、日記、題跋、書信等相關材料的基礎上，深入探尋鄭振鐸先生的藏書經歷及西諦藏書與其學術研究（特別是中國古典文學和文獻研究）、文學創作之間的緊密聯繫。第四章為「黃裳及其來燕榭藏書」，重點關注和討論黃裳先生來燕榭藏書對其文獻研究、文學創作產生的深刻影響。

總之，無論是從中國現代文學史、私家藏書史還是古典文學研究史的角度來看，上述四位藏書家都是頗具影響力的重要人物，本研究以「藏書」為探討相關問題的出發點和關注重點，通過縱向梳理與橫向比較相結合的研究方法，在總結不同藏書家個性特點的基礎上進行共性的歸納，不僅有助於更加深入地解讀、剖析這四位作家思想、學術研究、文學創作的特點和形成原因，補充現代文學研究特別是作家研究的不足之處；同時亦有助於彌補中國現代藏書研究中的薄弱環節，有效充實現代藏書總體形態研究。

目　次

第二、三、四冊　阮刻《毛詩注疏》圈字彙校考正

作者簡介

　　孔祥軍，江蘇揚州人，文學碩士，歷史學博士，揚州大學社會發展學院教授，日本北海道大學訪問學者。主持國家社科基金項目「阮刻《十三經注疏》圈字彙校考正集成研究」「清人地理考據文獻集成與研究」、教育部社科基金項目「清人經解地理考據整理與研究」、教育部後期資助項目「阮刻《毛詩注疏》圈字彙校考正」等多項科研項目。在《清史研究》《中國經學》《域外漢籍研究集刊》《古典文獻研究》等學術刊物發表論文八十多篇。正式出版《毛詩傳箋》點校整理本（中華書局「中國古典文學基本叢書」），以及《阮刻〈周禮注疏〉校考（外二種）》《阮刻〈周易注疏〉圈字彙校考正》《清人經解地理考據研究》《出土簡牘與中古史研究》等專著七部，相關學術成果曾榮獲江蘇省第十六屆、第十四屆哲學社會科學優秀成果二等獎勵。目前主要從事經學文獻整理與研究、中古史研究。

提　要

　　本書是對阮刻《毛詩注疏》圈字進行彙校，所謂圈字，是指阮本正文文字旁往往有小圈標注，乃其刊刻時據顧廣圻《毛詩注疏挍勘記》認定必誤無疑之處，為保持原貌，不在正文加以改動，遂畫圈標注，而於卷末所附盧宣旬摘錄《挍勘記》中以相應校記釋之。所謂彙校，乃從經、注、疏、釋文，四個層面展開：以言經文，所據者則有漢唐石經、敦煌殘卷、宋代以來各種重要經注本、注疏本之經文、日本所存各種《毛詩》抄本文獻；以言注文，所據者有敦煌殘卷、宋代以來各種重要經注本、注疏本之毛傳、鄭箋；以言孔《疏》，所據者，則有宋刊單疏本《毛詩正義》、南宋刊十行本《毛詩注疏》、宋刊魏了翁《毛詩要義》等；以言《釋文》，則據敦煌殘卷《毛詩音》、宋元遞修本、通志堂本、盧文弨校本《經典釋文》。可以說本成果已將目前所知各種重要《毛詩》注、疏網羅殆盡，在這樣的範圍內對《毛詩》注疏進行彙校，尚屬首次。所謂考正，大抵分為三個步驟進行：其一，將異文置於經疏原文中分別進行考察，通過涵泳經義、斟酌辭氣，進行初步判定，選擇最貼合原文語境的文字，再結合版本校勘學、文字音韻訓詁學等考辨方法予以確認，得出初步結論。其二，將考定結論與阮記、盧記對照，或證成其是，或駁正其非，或補說其失。其三，引述前人相關校勘研究成果，對前文結論再作考察，從而進一步提高考定結論的可信度，得出最終結論。在這一環節中，浦鏜《十三經注疏正字》以及山井鼎、物觀《七經孟子考文‧補遺》為各經必錄參考著述。該書致力於對最有可疑之處的文字進行徹底的彙校判定工作，從而為釐正文字，特別是今日重新整理《毛詩注疏》提供重要參考。

目　次

上　冊

第五至十一冊　詩經世本古義

作者簡介

　　陳開林（1985～），湖北麻城人。2009 年畢業於重慶工商大學商務策劃學院，獲管理學學士學位（市場營銷專業商務策劃管理方向）。2012 年畢業於湖北大學文學院，獲文學碩士學位（中國古代文學先秦方向）。2015 年畢業於華中師範大學文學院，獲文學博士學位（中國古代文學元明清方向）。現為鹽城師範學院文學院副教授。主要研究宋元明清文學、近代文學、中國古典文獻學。出版專著《〈全元文〉補正》《劉毓崧文集校證》《〈周易玩辭困學記〉校證》《〈純常子枝語〉校證》《杜詩闡》，並在《圖書館雜誌》《文獻》《中國典

籍與文化》《古典文獻研究》《圖書館理論與實踐》《中國詩學》等刊物發表論文百餘篇，另有「史源學考易」系列九種、清代別集系列十種等待刊。

提　要

　　對於明代經學，學界向以空疏淺陋、不學無術，遊談無根目之。隨著研究的不斷深入，學界對明代經學的價值評判也在逐漸發生轉變。然而囿於成見，相較於宋、清而言，明代經學文獻的基礎整理工作依然較為滯後。一批卓有建樹的文獻亟待整理。何楷的《詩經世本古義》即是其一。

　　何楷，字玄子，福建漳州鎮海衛人。天啟五年進士。晚明著名學者。著有《古周易訂詁》、《詩經世本古義》、《春秋繹》等。《詩經世本古義》「論《詩》，專主孟子知人論世之旨。依時代為次，故名曰《世本古義》。始於夏少康之世，以《公劉》、《七月》、《大田》、《甫田》諸篇為首。終於周敬王之世，以《曹風·下泉》之詩殿焉」（《四庫全書總目》），可謂別出心裁。同時，援引豐富，證成己說。職是之故，林慶彰先生稱：「它是《詩經》學史上內容最龐大，體例最特殊的一本著作」；「它反映晚明亟欲突破宋學研究傳統，另創新學風的企圖心」；「它是朱子《詩》學傳統勢力的衰微，和漢學傳統興起的一座指標。」（《何楷〈詩經世本古義〉析論》）劉毓慶先生也指出：「自漢迄明的《詩經》研究，用功最勤、標新意識最強者，莫過於何楷的《詩經世本古義》。」（《何楷的〈詩〉學貢獻》）並指出「可以說這是明代《詩》學著作中最傑出的一部。其徵引之廣博，典據之精詳，名物考證之詳明，在經學史上都是少見的。」（《從經學到文學——明代〈詩經〉學史論》）其學術價值可見一斑。但由於書缺有間，欲將《詩經》305 篇納入已定之世次之中，勢必有牽強附會之處，這也遭到了後人的評判。但「楷學問博通，引援賅洽。凡名物訓詁，一一考證詳明，典據精確，實非宋以來諸儒所可及」，故「百餘年來，人人嗤點其書，而究不能廢其書」。

　　著者在完成《〈古周易訂詁〉校證》（史源學考易系列七種之一）之後，又對何楷的《詩經世本古義》進行了整理。本次整理，以明崇禎十四年刻本為底本，以文淵閣四庫全書本為校本，除文本校勘之外，還致力於引文的史源考察，期於為何楷經學研究及明代《詩》學研究提供一個較為可靠的文本。

目　次

第十二冊　書蔡氏傳旁通

作者簡介

鍾雲瑞，男，1990 年生，山東壽光人。山東大學儒學高等研究院中國古典文獻學博士，師從許嘉璐先生、杜澤遜教授。現為山東理工大學文學與新聞傳播學院副教授，主要研究方向為《尚書》學。目前主持國家社科基金後期資助項目、教育部人文社科青年基金項目各一項，發表學術論文十餘篇。

賈啟豪，女，1997 年生，山西沁縣人。曲阜師範大學孔子文化研究院碩士研究生，主要研究方向為儒學文獻。

提　要

《書蔡氏傳旁通》是元代陳師凱研究《尚書》的重要著作。該書以疏證

蔡沈《書集傳》為主，本著「疏不破注」的原則，於名物度數蔡《傳》所稱引而未詳者，一一博引繁稱，析其端委。此書旨在發揮蔡《傳》，是一部補充蔡《傳》不足的有用之作，可視為《書集傳》的疏義補商之作。陳師凱在對《書集傳》訓詁名物及訂補時，多能發揮己解，由此可見陳氏的經學思想與訓詁學造詣。

關於《書蔡氏傳旁通》的版本，目前主要有五個，即日本內閣文庫藏元至正五年余氏勤有堂刻本、日本國立公文書館藏日本正保四年京都林甚右衛門翻刻元至正五年余氏勤有堂本、清康熙年間刻通志堂經解本、清文淵閣四庫全書本、中國國家圖書館藏清鈔本。本次整理以通志堂經解本為底本，通校諸本。通過校勘發現，通志堂經解本與文淵閣四庫本當是同一版本系統，日本正保四年本雖翻刻余氏勤有堂本，但多有文字改動，而清鈔本當係照錄余氏勤有堂本。

目　次

第十三、十四冊　《經義考通說》探源

作者簡介

　　司馬朝軍，祖籍湖北公安，生於湖南南縣。武漢大學管理學博士（古典文獻學方向，因學科點設在在信息管理學院），復旦大學中國語言文學博士後，武漢大學珞珈特聘教授。現任上海社會科學院歷史研究所研究員。曾任教育部人文社會科學重點研究基地武漢大學中國傳統文化研究中心專職研究員、武漢大學四庫學研究中心主任、國學院專職教授、歷史學院兼職教授、信息管理學院專職教授，擔任經學、專門史、文獻學三個方向博士生導師。擔任大型文化工程項目《文瀾閣四庫全書》總編纂。著有「四庫學」系列著作，即《四庫全書總目研究》《四庫全書總目編纂考》《四庫全書總目精華錄》《四庫提要精選精注》《四庫全書與中國文化》。另外還有辨偽學系列、目錄學系列、文獻學系列、國學系列著作。

提　要

　　《經義考》一書係清初大儒朱彝尊晚年所編纂的經學文獻工具書，是一部卷帙浩大的經學專科目錄，且成為輯錄體目錄的典範之作。後來的《小學考》《史籍考》《醫籍考》《詞籍考》等書紛紛效響，足見其影響之深遠。《經義考》因為資料豐富，成為經學研究的必備之書。而刪去歲月，不注出處，此二點正是《經義考》的最大缺點。本書對於《經義考通說》進行史源學方面的探源，旨在為初學提供一個經學概說方面的可靠文本。

目　次

第十五冊　《經解入門》探源

作者簡介

　　司馬朝軍，祖籍湖北公安，生於湖南南縣。武漢大學管理學博士（古典文獻學方向，因學科點設在在信息管理學院），復旦大學中國語言文學博士後，武漢大學珞珈特聘教授。現任上海社會科學院歷史研究所研究員。曾任教育部人文社會科學重點研究基地武漢大學中國傳統文化研究中心專職研究員、武漢大學四庫學研究中心主任、國學院專職教授、歷史學院兼職教授、信息管理學院專職教授，擔任經學、專門史、文獻學三個方向博士生導師。擔任大型文化工程項目《文瀾閣四庫全書》總編纂。著有「四庫學」系列著作，即《四庫全書總目研究》《四庫全書總目編纂考》《四庫全書總目精華錄》《四庫提要精選精注》《四庫全書與中國文化》。另外還有辨偽學系列、目錄學系列、文獻學系列、國學系列著作。

提　要

　　《經解入門》是晚清書商剪輯而成的一部偽書，假江藩之名行世。經過司馬朝軍教授長達 18 年的不懈努力，徹底將它證偽。但其質量不容低估，因為它採擷顧炎武、朱彝尊、閻若璩、錢大昕、王念孫等巨匠的學術精華，條目清楚，文字簡明，內容充實，編排得當，是一部提綱挈領的經學教科書，至今仍然具有入門功用。

　　鑒於《經解入門》的價值，有必要對此書進行校注與探源。《經解入門箋注》對《經解入門》原書做了簡要的注釋；《經解入門探源》為辨偽專著，經過詳細比勘，一一注明抄襲來源。

　　《經解入門箋注》《經解入門探源》曾經被整合進入《經解入門整理與研究》，被同行專家許為「考據精湛，足稱定讞」。現在分開重新出版，可供文史愛好者選擇使用。

目　次
前　圖

第十六冊　三通序箋注

作者簡介

楊阿敏，男，1993 年生，江西吉安人。山東石油化工學院中文系畢業。2015 年創辦「爾雅國學」微信公眾號，現任北京《中華瑰寶》雜誌編輯。著有《學海滄桑：古典文學名家訪談錄》（浙江古籍出版社），已發表文章 20 餘篇。

提　要

杜佑《通典》，鄭樵《通志》，馬端臨《文獻通考》，共稱為三通。後人單刻其序文為《三通序》。清代張之洞在其目錄學名著《書目答問》中所舉《考訂初學各書》中即開列有《三通序》，並稱「此類各書，約而不陋」。民國時期胡懷琛著《古書今讀法》，在第七章《明學術源流》中亦推薦了《三通序》，將之列於《漢書‧藝文志》《隋書‧經籍志》之後，他認為：「我們要讀古書，是要先明白原有的學術源流，就是要把他重新整理一下，也要先明白他原有的源流。舊有關於這類的書雖然不好，但是我們在今日不讀古書就罷，如要讀古書，這些書是不得不先看一下子的。」這就為我們指明了《三通序》之價值，可以借此明中國歷代典章制度之源流。

今日學習研究古典學術，不能不先瞭解前人已有之貢獻。古人雖將三通序文匯刻在一處，卻未有注釋。而序文中綜括先秦至唐宋各類制度演變發展狀況，在行文中又多窮源朔流，大量引用十三經，若非熟悉經文注疏，則不易理解。這就對今人閱讀研究帶來一定的障礙，因而，本項工作的主要內容致力於解決這一問題。

三通作為中國史學名著，已成為文史研究必讀必備書，然全書卷帙浩繁，通覽不易。而全書各篇序文提綱挈領，讀此可明其源流。古人已將《三通序》看成必讀書目，但一直未有注本，民國二十三年八月曾出版由中央政治學校

總務處印刷的《三通序》，然全書只有文章評點，沒有施加箋注，對於今天讀者而言，已不實用。商務印書館 1934 年曾出版張須的《通志總序箋》，1935年出版陳志憲的《通考序箋》，賴高翔有《馬端臨文獻通考序箋釋》，但尚缺《通典》的注釋，誠為憾事。此後，各類歷史文獻讀本常選錄其間某些篇章，也是一鱗半爪，不見全豹，且注釋多只是簡單的字詞訓釋，未能深入，學術價值有限。因而，對於學習研究三通多有不便，《三通序箋注》則可為學者進入三通提供一入門階梯，亦有助於研究工作之深入。

　　在篇目選擇上，遵循歷代通行本的選目。然通行本多為坊刻本，文字準確性有所欠缺，故而本次箋注以中華書局出版之三通為底本，中華本經過整理校勘，是目前較好的本子。具體的箋注工作不以字詞訓釋為主，著重在追溯典故之來源，制度之內容。對於所用典故，力爭尋找其最初來源，引用最貼切於文本的材料。對於序文中所涉及的人物，不做簡單的生平履歷職官介紹，而是力求將其在某項制度上所作的貢獻凸顯出來。如在關於禮樂的序中，只引證史書中關於其制禮作樂之材料，一方面凸顯作者之用心，何以提及此人，一方面幫助讀者拓展視野，此人在歷史上有何具體貢獻。對於序中所提及的各項制度，也力圖簡要呈現其基本內容，以免翻檢之勞。在箋注中，一方面力求追根溯源，以明其所來；一方面也借鑒前人「以經證經」之方法，一些觀點在序文中敘述較為簡略，則引用三通原書中散見於其他各處的議論，證明疏通，相互發明，以便讀者明瞭其真實意圖。

目　次

第十七冊　晚清日本漢文清史專著舉要──增田貢《清史攬要》《滿清史略》比較研究

作者簡介

趙晨嶺，1978 年生，中國人民大學史學理論及史學史專業博士，文化和旅遊部清史纂修與研究中心文獻信息處（清史圖書館）處長、副研究員，研究方向為歷史編纂學。曾入選文化部青年拔尖人才，參與國家古籍整理出版專項經費資助重大項目《清代教育檔案文獻》，任分卷主編，著有《〈清史稿·本紀〉纂修研究》，發表《〈清史稿·天文志〉纂修考》等論文。

提　要

古代日本學術深受中國文化的影響，有用漢文著史的歷史傳統。晚清時期亦即明治年間，日本學者出版了多種用漢文寫成的清史專著，其中包括增田貢的《清史攬要》和《滿清史略》。

增田貢著書期間，與清朝駐日使臣黃遵憲、沈文熒及赴日學者王韜、王治本等相識，多次筆談並詩歌唱和。本書首先通過梳理筆談內容，分析其撰寫這兩部清史專著的背景情況。之後從《清史攬要》的體裁與結構、字數及標點，凡例，眉批，人物及形象刻畫，史事敘述共五個方面，對其主要內容進行解析。然後解讀《滿清史略》，從體裁與結構、字數及標點，凡例和序跋，眉批、註釋及按語，人物及形象刻畫，史事敘述，對華影響共六個方面，對兩書進行比較。

通過比較研究可知，《清史攬要》和《滿清史略》兩書均舛誤頗多，但各自從體例到內容都有其獨到的可取之處，具有較高的學術價值。

目　次

第十八、十九、二十冊　王陽明詩集編年校注

作者簡介

　　趙永剛，山東鄒城市人。2011 年，畢業於南京大學文學院，獲文學博士學位。現為貴州大學文學與傳媒學院副教授、副院長、中國古代文學專業碩士生導師、中國古典文獻學專業碩士生導師、貴州大學學術骨幹、貴州省社科聯新型智庫專家。學術兼職：貴州省紅樓夢研究學會副會長、北京曹雪芹學會理事、中華詩教學會理事、貴州省儒學研究學會常務理事。出版學術專著《杭世駿年譜》《清代文學文獻學論稿》《中國古代文學傳習錄》《王陽明年譜輯存》等。

提 要

　　本書是2016年度貴州省哲學社會科學規劃國學單列課結項（2021年結項）成果，是目前學界最早的王陽明詩歌編年校注之作。本書以現存王陽明詩歌為研究對象，對其施以詳實之編年校注。本書主體分為四個部分，即前言、凡例、正文和參考文獻。校注部分為本書之主幹，主要包括編年、校注、著錄三項。採用詩史互證之考據方法，結合王陽明生平及所處之時代，對其詩歌進行編年。校注由校勘與注釋兩者構成。校勘部分採用對校、理校等基本校勘方法，廣泛收集王陽明詩歌之不同版本，去偽存真，擇善而從，進行文本校勘。注釋部分，既注釋疑難字句，又注釋典故出處。且典故注釋古典與今典並重，通過查閱《明實錄》《明史》《明通鑒》《明史紀事本末》等史料，考證王陽明詩歌之本事。著錄部分，詳列文學選本、地方志書對王陽明詩歌著錄信息，以資呈現後世對王陽明詩歌之接受樣態。

目 次

第二一、二二冊　高似孫文獻學研究

作者簡介

　　童子希（1987～），男，湖北隨州人，武漢大學圖書館學碩士，現為黃岡師範學院圖書館館員，主要研究方向為古典文獻學。發表《高似孫辨偽方法探析》《論高似孫對專科目錄學的貢獻》等論文十餘篇，主持黃岡師範學院青年科研基金等項目，獲湖北省圖書館學會 2013 年學術年會徵文二等獎、湖北省圖書館學會 2014 年學術年會徵文一等獎等。

提　要

　　高似孫（1158～1231），字續古，號疏寮，鄞縣（今浙江寧波）人，南宋淳熙十一年進士。高氏博雅好古，學問淹博，勤於著述，在文獻整理工作上成績可觀，於目錄學、版本學、辨偽學、輯佚學及考證學等多個領域都有所發明，但因捲入黨爭，其人品與學術歷來受到頗多爭議，其學術成就長期以來沒有得到應有的重視，迄今未見專著問世。

　　本書在反思前人研究成果的基礎上從文獻學角度對高似孫作了較為系統的考察。首先考論高氏之家世、生平和交遊，對已有成果加以辨析，並提出己見。其次探析高氏在文獻編纂實踐上的主要成就，對其重要著述作了較為客觀的評述。進而分別就目錄版本、辨偽、輯佚、考證四個方面對高氏在文獻學領域的主要貢獻進行梳理，立足文獻，言必有據。最後從整體上總結其文獻學思想，並分析高氏取得這些成績的原因。本書在搜集詳實資料的基礎上，利用最新的研究成果，採用了文獻考證、史源分析等研究方法，全面論述了高似孫在文獻學方面的貢獻，糾正了一些前人對他的成見，彌補了以往研究中的薄弱環節。總之，這是一部內容紮實的個案研究，反映了大陸地區高似孫研究的最新成果，有利於我們深入認識高似孫在南宋文獻學中的地位

與影響，對於宋代浙東學術的研究亦具參考價值。

目　次

第二三冊　清儒周永年研究

作者簡介

　　尹承，1984 年出生，山東濟南人，山東大學歷史學博士（2015 年），現為山東師範大學歷史文化學院講師，主要研究領域為唐宋禮制、文獻學。

提　要

　　本書是清代學者周永年（1730～1791）的文集與年譜合訂本。周氏為乾隆時期山東歷城人，四庫全書纂修的重要參與者。他提出的「儒藏說」，被認為有相當重要的時代意義，並深刻影響到了當代的古籍文獻整理活動。本書上編為《林汲山房遺文》及從各處搜集的周氏文章匯為補遺，各文於所涉及的史事、人物、文獻等擇要施以箋注；下編為《周林汲先生年譜》，將有關周氏生平的資料分年綴繫。

目　次

前　圖
凡　例

第二四、二五冊　黑水城漢文佛教文獻研究——以定名、目錄為中心

作者簡介

　　樓曉尉，蘇州人，2016 年畢業於戒幢佛學研究所。現為戒幢佛學研究所講師，兼任戒幢圖書館館長助理。主要從事佛教文獻學、佛教目錄學、佛教戒律學等領域的教學與研究。迄今已發表學術論文 7 篇，並作為主要成員參與《日寫本〈玄應音義〉校證》《北朝時期的佛教與民族關係》等國家社科項目。

提　要

　　自 1908 年，科茲洛夫發掘黑水城（哈喇浩特），迄今凡百十四年。其與殷墟甲骨、敦煌吐魯番文獻、漢晉簡牘、清宮內閣檔案、徽州文書齊名，謂中國近百餘年中最重大之文獻考古發現。然其命運多舛，流失海外，現分藏於世界各國圖書館、博物館，以中國、俄國、英國收藏黑水城文獻最豐。

　　黑水城西夏文、漢文佛教文獻占總藏量之九成，而西夏學研究是以西夏

歷史、西夏文語言文獻、西夏考古為主導，漢文佛教文獻整理、研究，及相關佛教歷史、義理研究尚未得到充分地展開。零星的文獻題名勘定有之，然目前尚無系統全面漢文佛教文獻題名的勘定、目錄編纂之基礎研究。

　　本書是以黑水城漢文佛教文獻定名、目錄編纂為主要對象的系統、全面的研究。基於全面普查中國藏、俄藏、英藏已公佈漢文黑水城文獻的基礎上，對 106 號黑水城漢文佛教文獻予以錄文、題名勘定，包括中國藏 26 號，英藏 50 號，俄藏 30 號，並基於此對現存 1058 號黑水城漢文佛教文獻重新編目。

　　又，為便於研究者查檢黑水城漢文佛教文獻，及明瞭、利用黑水城考古、文獻題名考訂、西夏佛教等研究訊息，筆者於書末附載《黑水城漢文佛教文獻音序目錄》《黑水城文獻發掘大事記》《西夏文獻題名考訂論文目錄》《西夏佛教研究論著目錄》等。

目　次

第二六、二七、二八冊　《五燈拔萃》整理與研究

作者簡介

　　王閏吉，博士，研究生導師。浙江省優秀教師暨高校優秀教師、浙江省社科聯入庫專家、浙江省語言學會理事，麗水學院學術委員會委員、優秀學術帶頭人。在學術期刊發表論文 100 多篇，其中權威期刊《中國語文》4 篇，CSSCI 核心期刊 30 餘篇，出版學術專著、主編和副主編詞典 10 多部，合作編纂《處州文獻集成》《浙江通志・民族卷》以及浙江省十八鄉鎮民族志 300 餘冊。主持國家社科基金項目 2 項、教育部人文社科基金項目 1 項以及其他各類項目 40 餘項。兩次獲浙江省哲學社會科學優秀成果獎，10 餘次獲麗水市優秀社會科學成果獎。

提　要

　　《五燈拔萃》是《五燈會元》的注釋書，凡八卷，第一卷七佛、西天二十八祖、東土六祖、付法偈，第二卷四祖下至八世、五祖下至四世、六祖下至五世、附應化賢聖，第三卷六祖下、百丈海下、青原石頭二章、馬祖下、藥山章並藥山下，第四卷藥山下、石頭下、初於丹然霞、宋三帝問答並未詳法，第五卷第八卷臨濟宗從七佛敘起，次及西天二十七祖、東土六祖，再按禪宗五家七宗的派別分別敘述，卷下都以祖師名為小目。作者不詳，版本僅存據傳是室町時期手寫本。整理本以此為底本，繁體橫排過錄，以新式標點點校。全書 20 多萬字，主要由兩部分文字構成：一是所抄《五燈會元》原文部分，整理時用宋體過錄；二是釋義文字，整理時用楷體字過錄。書中對《五燈會元》中難解俗語、俗諺語加以頗為詳細地注釋，大量引用了久已失傳的入日宋僧一山一寧、大休正念和入宋日僧約翁德儉等人的解釋，資料價值十分珍貴，語言詞彙學價值特別突出，對近代漢語辭彙研究乃至漢語史研究都大有裨益。但由於底本為漢字草書寫就，又時代久遠，字跡漫漶之處頗多，閱讀極不方便，所以我們很有必要做點校注釋等整理工作，並加以簡單地研究。整理工作，盡量保持全書原貌，通假字、古今字、俗體字盡量按原字型過錄，只在首見處出校說明；研究工作，主要涉及《五燈會元》《五燈拔萃》概況，《五燈拔萃》對方俗語詞的釋義狀況以及《五燈會元》部分疑難俗語詞的考釋。

目　次

第二九至三二冊　陳玉澍詩文集箋證

作者簡介

陳開林（1985～），湖北麻城人。2009 年畢業於重慶工商大學商務策劃學院，獲管理學學士學位（市場營銷專業商務策劃管理方向）。2012 年畢業於湖北大學文學院，獲文學碩士學位（中國古代文學先秦方向）。2015 年畢業於華中師範大學文學院，獲文學博士學位（中國古代文學元明清方向）。現為鹽城師範學院文學院副教授。主要研究宋元明清文學、近代文學、中國古典文獻學。出版專著《〈全元文〉補正》《劉毓崧文集校證》《〈周易玩辭困學記〉校證》《〈純常子枝語〉校證》《杜詩闡》，並在《圖書館雜誌》《文獻》《中國典籍與文化》《古典文獻研究》《圖書館理論與實踐》《中國詩學》等刊物發表論文百餘篇，另有「史源學考易」系列九種、清代別集系列十種等待刊。

提　要

陳玉澍（1852～1906），鹽城建湖人。光緒十二年（1886 年）肄業於南菁書院，受業於經學大家黃以周。著有《爾雅釋例》五卷、《毛詩異文箋》十卷、《卜子年譜》五卷等書。張舜徽稱其「研精《詩》、《雅》，不愧名家。」（見《清人別集敘錄》）就文學而言，陳玉澍著有《後樂堂文鈔》九卷、《後樂堂文鈔續編》九卷、《後樂堂詩存》一卷，內容豐富，且成就頗高。張舜徽稱：「今讀是集，則其慷慨之辭，忠憤之意，頗似賈生之痛哭。而文筆疏暢犀利，又足以鼓舞天下，信其才倜儻縱橫，初未可徒目為窮經之士也。」袁行雲稱：「詩存僅一卷，激昂慷慨，每以民困國危為題。」（《清人詩集敘錄》）

然而令人惋惜的是，其詩文集迄今無人整理。本書旨在對陳玉澍詩文集

進行首次整理，內容包括點校、箋疏、集說三個部分。（一）點校部分。以清光緒二十五年至二十七年鉛印本《後樂堂文鈔》九卷、《後樂堂詩集》一卷、《後樂堂文集續編》九卷為底本進行文字錄入，並施以現代標點。另將其《粵遊日記》、《教育芻言》作為附錄，以便合參。（二）箋疏部分。對十八卷文集、一卷詩集中涉及的人物、典故、觀點、疑義等進行箋釋，以期為理解文本掃除障礙。（三）集說部分。搜錄古今有代表性的文本，以期和陳玉澍的觀點進行參證，為相關研究提供較為集中的資料，避免翻檢之勞。另外，少數幾篇附有附錄，主要附加一些補充性的材料。

目　次

丁丑，予館維揚戎幕，與馬平程良材友，豪爽人也。是年秋，往泰興，

　過良材，食予以四腮鱸。詩云：平生一事似坡仙，巨口鱸魚入饌鮮。

　　更與山妻謀鬥酒，瓶空猶有杖頭錢。歲暮歸，至海陵，風雪大作，

第三三、三四冊　《虛齋名畫錄》校理

作者簡介

李福言，男，1985 年生，江蘇豐縣人，任教於江西師範大學文學院，講師，碩士生導師。武漢大學文學博士，北京語言大學博士後。主要研究歷史方言與音韻中的異讀問題。主持教育部人文社科青年項目一項，中國博士後第 67 批面上二等資助一項，江西省文化藝術重點項目一項，江西省社科青年項目兩項，江西省高校人文社科青年項目兩項。入選江西師範大學 2017 青年英才培育計劃。出版專著多部，在《歷史語言學研究》《漢語史研究集刊》《勵耘語言學刊》《中國文字研究》《語言研究集刊》等學術刊物發表 CSSCI 論文多篇。

提　要

《虛齋名畫錄》，16 卷，是清代龐元濟所作。該書收錄作者自藏畫跡五百三十五件，自唐代至清代，分列卷、軸、冊頁三類，按時代先後為序，每種詳細記錄紙絹、尺寸、題跋及印章，凡題跋之高寬，文字脫落，都照原本備載。同時扼要描述畫面用色用墨，人物景象，同時，還照錄與畫作相關的詩

文題跋，這些畫作中有宋元名畫三十多件，都是難得的稀世珍寶。該書對研究中國繪畫史具有考索之功，是非常重要的工具書。我們這次點校整理以《續修四庫全書》所收《虛齋名畫錄》為點校底本，該底本為清宣統元年烏程龐氏上海刻本，以李保民校點本（上海古籍出版社 2016 年版）為參校本，期望給讀者一個更好的讀本。《虛齋名畫錄續錄》不列入本次點校。我們整理本以現代標點符號劃分句讀，同時，為節省篇幅，省略了原文的印章圖案。底本出現的「□」，我們遵照底本謄錄。不出校記。

目　次

上　冊

第三五冊　《二十四孝》興衰史

作者簡介

　　李德生，原籍北京，旅居加拿大，係加拿大文化更新研究中心研究員，致力於東方民俗文化和中國戲劇之研究。有如下著作在國內外出版發行：《束胸的歷史與禁革》（臺灣花木蘭文化事業有限公司出版 2021 年 3 月）；《粉戲》（臺灣花木蘭文化事業有限公司出版 2021 年 3 月）；《血粉戲及劇本十五種》（上中下）（臺灣花木蘭文化事業有限公司出版 2021 年 9 月）；《炕的歷史與炕文化》（臺灣花木蘭文化事業有限公司出版 2021 年 9 月）；《煙雲畫憶》（臺灣花木蘭文化事業有限公司出版 2021 年 9 月）；《京劇名票錄》（上下）（臺灣

花木蘭文化事業有限公司出版 2021 年 9 月）;《春色如許》（臺灣花木蘭文化事業有限公司出版 2022 年 3 月）;《讀圖鑒史》（臺灣花木蘭文化事業有限公司出版 2022 年 3 月）;《摩登考》（臺灣花木蘭文化事業有限公司出版 2022 年 3 月）;《圖史鉤沉》（臺灣花木蘭文化事業有限公司出版 2022 年 3 月）; 李同生，北京人，自由撰稿人，致力明清史學研究。

提　要

　　自漢以降，歷朝歷代的統治者均以「孝道」的旗幟，教民、使民、牧民，用儒家的「修身、齊家、平天下」和「忠、孝、節、義」的道德觀來統馭人民的思想認識，管理國家。元代，福建三明鄉儒郭居敬集納了二十四位古代孝子的孝行故事，編纂了《全相二十四孝詩選》（簡稱《二十四孝》）一書。因為文字淺顯易懂、詩句鏗鏘易誦，而且配有圖畫，寓目易識。因之，蒙童愛讀、婦孺樂見，長輩歡喜、鄰里親睦，保甲得安、道縣褒揚，政府支持、法統保障。如是官版發贈、鄉塾推廣、坊肆濫刻、善版掀揚，近千年來，《二十四孝》版本無數、泛漫中國。影響所及，國內，漢、滿、蒙、回、藏，五族同閱；域外，日、韓、緬、越，東南亞，華僑共享。《二十四孝》積習成俗，談久成律。直至清室遜位，新文化運動興起，《二十四孝》始遭批判。文革爆起，《二十四孝》全面崩潰。「四人幫」被捕之後，道德得以重建。然而時代的進步，孝道之意，已非疇昔。筆者撰寫此文，擬將《二十四孝》之發端、成型、誕生及風行、泛濫、批判、崩塌和重建的全過程，進行簡單扼要的梳理，以供對這一課題有興趣並擬進一步研究的同好，增添一些磚瓦耳。

目　次

第三六冊　胡銓年譜

作者簡介

　　楊阿敏，男，1993 年生，江西吉安人。山東石油化工學院中文系畢業。2015年創辦「爾雅國學」微信公眾號，現任北京《中華瑰寶》雜誌編輯。著有《學海滄桑：古典文學名家訪談錄》（浙江古籍出版社），已發表文章 20 餘篇。

提　要

　　胡銓（1102～1180 年），字邦衡，號澹庵，江西吉安人。建炎二年進士甲科。紹興五年以薦除樞密院編修官。紹興八年，抗疏詆和議，謫吉陽軍。朱子曰：「澹庵奏疏為中興第一，可與日月爭光矣。」孝宗即位，特召還擢用。張浚說：「秦太師顓柄二十年，成就邦衡一人耳。」歷官權中書舍人兼國子祭酒、權兵部侍郎。以資政殿學士致仕。卒諡忠簡。胡銓以忠義著稱於天下，上書宋高宗乞斬秦檜，流落嶺海二十餘年，志氣不少衰，至死猶有「死為鬼以厲賊」之語。《四庫提要》稱其「孤忠勁節，照映千秋」。

　　胡銓著作有《澹菴文集》一百卷，《周易拾遺》十卷，《書解》四卷，《春秋集善》三十卷，《周官解》十二卷，《禮記解》三十卷，《經筵二禮講義》一卷，《奏議》三卷，《學禮編》三卷，《詩話》二卷，《活國本草》三卷。《四庫全書》收錄《澹菴文集》六卷。清代朱文藻輯《胡忠簡公經解》三十六卷，清乾隆五十二年餘杭官署刻本。其中收錄《春秋解》十六卷，《周禮解》六卷，《禮記解》十四卷，附文集補遺三卷，文集附錄三卷。銓師蕭楚，明於《春秋》，故集中嘉言讜論，多本《春秋》義例。於南渡大政，多所補救。胡銓作為南宋初年主戰派代表人物，與張浚、李光、周必大、楊萬里交遊密切，全面考察其生平事蹟，對於研究南宋初期歷史與文學有著重要關係。

　　年譜以胡銓生平事蹟為主，並對其現存詩詞文進行繫年，有確切寫作時間者，繫於相應月份，不能確考者，繫於當年之後。對於無法明確考察作年者，則先闕疑，不做強行繫年。因胡銓文集尚未有單行點校本出版，故而相關文獻引用時儘量詳細，以便讀者查閱。年譜廣泛利用文集、史書、地方志、筆記以

及今人研究成果，力求全備詳實。對時人與之交遊唱和的情況，詳加考錄。另外，為便於進一步研究，搜集了一份胡銓研究資料，作為附錄，以供參考。

目　次

第三七冊　散見宋金元墓誌地券輯錄四編

作者簡介

　　周峰，男，漢族，1972 年生，河北省安新縣人。中國社會科學院民族學與人類學研究所研究員，歷史學博士，博士生導師。主要從事遼金史、西夏學的研究。出版《完顏亮評傳》《21 世紀遼金史論著目錄（2001～2010 年）》《西夏文〈亥年新法・第三〉譯釋與研究》《奚族史略》《遼金史論稿》《五代遼宋西夏金邊政史》《貞珉千秋——散佚遼宋金元墓誌輯錄》等著作 17 部（含合著），發表論文 90 餘篇。

提　要

　　本書為《散見宋金元墓誌地券輯錄》的第四編，共收錄宋金元三代的墓誌、地券 109 種，其中宋代 83 種，金代 2 種，元代 24 種。每種墓誌地券內容包括兩部分：拓本或照片、錄文。拓本及照片絕大部分來源於網路，大部分沒有公開發表過。墓主大部分為不見經傳的普通百姓，為我們瞭解宋金元時期民眾的生活提供了第一手的寶貴資料。

目　次

凡　例

第三八、三九冊　古文獻叢札

作者簡介

蔡偉，男，1972 年 5 月出生，遼寧省錦州市人。2015 年 6 月畢業於復旦大學出土文獻與古文字研究中心。所學專業是中國古典文獻學，研究方向為校勘學、訓詁學和古文字學。2015 年 12 月到貴州省安順市安順學院圖書館工作，現為圖書館副研究館員。發表文章十幾篇，出版專著一部：《誤字、衍文與用字習慣：出土簡帛古書與傳世古書校勘的幾個專題研究》（臺灣花木蘭文化事業有限公司，2019 年 3 月）。

提　要

本文主要分五個部分，一為出土文獻研究，一為傳世文獻研究，一為校勘研究，另外還有一些雜文，最後為一篇訪談文章。

這四個部分的文章是我博士論文之後所作文章的一個總結。主要是從語言學角度來研究先秦及秦漢文獻，力求無徵不信，言必有據。

本書有一大部分的文章曾首發於復旦大學出土文獻與古文字研究中心及武漢大學簡帛網等學術網站上，是當時追新而形成的急就章，隨著出土文獻資料的不斷增加，我們比前修更幸運的是可以利用這些新的材料，這是以往的學者所不能遇到的，故每有新出版的出土新材料，都盡力關注。如本書中所寫的關於清華大學藏戰國竹簡、安徽大學藏戰國竹簡、上海博物館藏戰國竹簡、北京大學大學藏秦漢竹簡、銀雀山漢墓竹簡、海昏侯墓出土漢簡、新見漢牘等文章皆是；又本書中有論及日本金澤文庫藏寫本《群書治要》及影

弘仁本《文館詞林》的文章，因為這兩部書也是較為稀見的材料，有感於並沒有真正地得到學者們的重視及利用，故亦致力頗多。還有一些歷年正式發表過的文章，此外也有幾篇是未曾發表過的。現在重新加以修改、補充，都為一編，以備自己忽忘、以供讀者參考、批判。

　　雖說文章內容不很精彩，還可能存在種種謬誤，但在我看來，也都是一時心血凝結，敝帚自愛，人之恒情，敬請讀者不吝教正。

目　次

中國現代四大家藏書研究
——以康有為、梁啟超、鄭振鐸、黃裳為例

董晨　著

作者簡介

董晨，女，山西太原人，文學博士。2016 ～ 2018 年在中國傳媒大學中國語言文學博士後流動站工作，現就職於西安外國語大學中國語言文學學院。研究方向為中國文學批評，唐宋文學。目前主持教育部哲學社會科學青年項目 1 項，在《人文雜誌》《甘肅社會科學》《江西社會科學》《中國圖書評論》等刊物發表多篇學術論文。

提　　要

　　作為記錄和傳播中華文化的重要載體，自商周時期文書誕生起，書籍便得到了中國歷代讀書人的喜愛和珍視，藏書活動亦隨之逐步興起，成為中國歷代文人、學者的標誌性活動之一。縱觀一部中國私家藏書史，現代作家藏書是其中非常重要的組成部分，其藏書規模之大、質量之高、應用之廣均有獨到之處；而這些現代作家豐富的個人藏書資源與其文學創作、學術研究之間的互動關係亦是中國現代文學研究值得關注的重要問題。遺憾的是，近年來學界雖不乏以「現代作家藏書群體」為對象展開的相關研究，卻始終停留在圖書館學意義上的圖書初步整理及史料的基本梳理、考辨階段，並未進入對於作為一種文化形態的作家藏書的主體研究。本研究擬選取在中國現代藏書和文學史上以傳統古籍收藏著稱的三位學者型藏書家（康有為、梁啟超、鄭振鐸）和一位作家型藏書家（黃裳）為研究對象，通過系統梳理和分析其藏書目錄、文集、書信、日記等相關材料，探求四位作家的藏書與其思想形態、學術研究、文學創作之間的互動關係，並以此為契機，進一步推進相關研究的深入開展。

　　全文共分四章，第一章為「康有為及其萬木草堂藏書」，主要分析、探討康有為萬木草堂藏書的基本情況、萬木草堂藏書與其政治、哲學、教育思想及其學術研究、文學創作之間的密切關聯。第二章為「梁啟超及其飲冰室藏書」，本章以北京圖書館編《梁氏飲冰室藏書目錄》為線索，通過梳理梁啟超飲冰室藏書的基本情況，重點關注梁氏飲冰室藏書與其政治思想、哲學思想及其學術研究、文學創作之間的互動關係。第三章為「鄭振鐸及其西諦藏書」，本章以北京圖書館編《西諦書目》為線索，在充分梳理鄭振鐸先生文集、日記、題跋、書信等相關材料的基礎上，深入探尋鄭振鐸先生的藏書經歷及西諦藏書與其學術研究（特別是中國古典文學和文獻研究）、文學創作之間的緊密聯繫。第四章為「黃裳及其來燕榭藏書」，重點關注和討論黃裳先生來燕榭藏書對其文獻研究、文學創作產生的深刻影響。

　　總之，無論是從中國現代文學史、私家藏書史還是古典文學研究史的角度來看，上述四位藏書家都是頗具影響力的重要人物，本研究以「藏書」為探討相關問題的出發點和關注重點，通過縱向梳理與橫向比較相結合的研究方法，在總結不同藏書家個性特點的基礎上進行共性的歸納，不僅有助於更加深入地解讀、剖析這四位作家思想、學術研究、文學創作的特點和形成原因，補充現代文學研究特別是作家研究的不足之處；同時亦有助於彌補中國現代藏書研究中的薄弱環節，有效充實現代藏書總體形態研究。

致　謝

　　這部書稿是我在博士後工作站出站報告的基礎上修改而成。都說時光若水，一去不回——還記得那些在站工作的日日夜夜和出站之時的萬般不捨，亦常常想起自己出站離京之際對於母校的那份留戀。如今到西安工作已經三年了，回首自己走過的路，從博士畢業、入站工做到出站離京、入職西安外國語大學，一路走來，有許多值得銘記的暖心回憶，亦有太多的感謝需要表達：

　　首先要感謝我的合作導師張鴻聲老師。自 2016 年 9 月入站以來，恩師在工作上嚴格要求，悉心指導，讓我一次次擺脫迷茫和失落，找尋前進的動力，發現未知的寶藏。剛入站時我面對的是一個看似熟悉實則完全陌生的研究領域，選定的四位藏書家雖然均以古代文學研究見長，在以往的學習中亦有所涉及，但真正涉及到「現代四大家藏書」這個題目，特別是如何從紛繁複雜的材料中理出頭緒，將四位作家的藏書經歷、藏書與其思想形態、學術研究、文學創作之間的關係較為全面的呈現出來，讓我著實有些摸不著頭腦，甚至一度偏離了寫作方向，將「藏書研究」寫成了「學術成果綜述」；在發現這一問題後，張師在百忙中抽出時間，幫我理清思路，明確方向，同時建議我可以從四位作家的文集、書信、日記、藏書題跋等相關材料中入手，抽絲剝繭，尋找有價值的線索；同時鼓勵我不要著急，一定要耐著性子慢慢來，只要思路對頭，現在遇到的困難一定能夠迎刃而解。每次項目組成員碰頭開會，張師亦會特別關注我的研究思路和寫作進度，動員項目組的其他成員群策群力，幫我想辦法、找素材。正是在張師一次次的悉心指導下，我逐步找到了研究的突破口，出站報告的寫作亦隨之順利起來。在站期間，我的每一次進步、每一點成績都離不開張師耐心細緻的指導和嚴格的要求。離京赴陝工作後，

張師亦時常發來微信，鼓勵我盡快適應新的工作環境，努力做好本職工作。讓我尤為感動的是，在自己即將出站，面臨再次擇業的半年時間內，我時常會覺得煩悶失落，每當此時，張師總是鼓勵我不要氣餒，一定要調整好心態，明確自己心中所想，爭取更多的機會。恩師生活上的關懷備至，使我兩年的在站工作充滿了溫暖和感動。

感謝我的博士生導師党聖元老師。從七年前讀博到博士後出站，再到如今正式成為一名大學教師，自己每一次成長和進步都離不開党師的教誨和鼓勵。入站後我搬回了闊別三年的傳媒校園，交通更加便利，與党師的切磋交流亦更加方便。我常在某個週二的上午搭乘返所的地鐵，去找党師聊聊工作報告的進展，談談自己讀書的新想法、新體會，党師亦總是認真聆聽，從旁點撥，讓我不要著急，一定要從材料入手，打開思路再下筆。在站期間，我隨党師參加了多次《中華文藝思想通史》項目組主辦的學術會議，得以進一步開闊自身的學術視野，可謂收穫良多，受益匪淺。在站兩年的時光短暫而充滿挑戰，特別是在臨近出站的半年時間裏，面對又一次的工作變動，我不得不四處輾轉，奔走於各種求職招聘的會場之間，常常希望而來，失望而歸；甚至有一段時間特別懷疑自己是否真的一無是處。在這些艱難曲折的日子裏，党師常常打來電話安慰鼓勵，讓我轉換思路，不要只拘泥於京城一隅，如果真的喜歡教師這個職業，那麼京外高校同樣可以作為考慮的選項，只要個人肯努力，能堅持，一樣可以大有作為。離京赴陝入職之際，党師又再三囑咐今後一定要勤奮踏實，努力把教學和科研工作做好，做學生滿意的好老師。如今我已工作三年，每當我工作取得成就之時，總想與党師分享喜悅；而當我遭遇困難或挑戰時，党師亦會及時伸出援手，讓我擺脫失落和迷茫，以一種充滿勇氣和希望的姿態，去迎接更多未知的挑戰。

感謝所有在我博士後工作報告選題和寫作過程中給予寶貴建議和悉心指導的馮佳老師、楊秋紅老師、王克家師姐和李明剛師兄。感謝參加博士後出站報告評議的趙京華老師、楊永龍老師、謝筠老師、顏浩老師和劉春勇老師。作為一個初入學術研究之路的「新兵」，各位老師提出的每一條意見和建議都將成為我今後學術研究之路上的寶貴財富。感謝中國傳媒大學人文學院古代文學教研室各位老師的支持和鼓勵。感謝百忙之中為我出站評議忙前忙後的王曉雲老師。特別感謝中國傳媒大學人事處張蔚老師關懷和照顧，讓漂泊異鄉的我體會到了家人的溫暖。

感謝西安外國語大學中文學院的領導和老師們，初入職場，總有太多的未知和挑戰，感謝你們的關懷和幫助，讓我迅速實現角色的轉變，適應新的工作環境，在工作中收穫更多成長的力量。感謝花木蘭文化出版社的編輯老師們，書稿能夠順利出版，離不開你們的辛苦付出。

感謝張師、党師門下所有的兄弟姐妹們，無論是在站期間還是工作之後，我們常常相互鼓勵，相互支持，因為有了你們的幫助，我的學習、工作和生活不僅平添了幾分趣味，而且常常充滿了絢爛的色彩。

最後要感謝我的父母和愛人，讓我可以毫無後顧之憂地勇敢追逐並努力實現自己多年的夢想，你們的付出和支持是我前進的重要動力。

目

次

緒　論

第一節　選題的來源及其意義

作為記錄和傳播中華文化的重要載體，自商周時期文書誕生起，書籍便得到了中國歷代讀書人的喜愛和珍視，藏書活動亦隨之逐步興起，成為中國歷代文人、學者的標誌性活動之一。縱觀一部中國私家藏書史，現代作家藏書是其中非常重要的組成部分，其藏書規模之大、質量之高、應用之廣均有獨到之處；而這些現代作家豐富的個人藏書資源與其文學創作、學術研究之間的互動關係亦是中國現代文學研究中值得關注的重要問題。遺憾的是，近年來學界雖不乏以「現代作家藏書群體」為對象展開的相關研究，卻始終停留在圖書館學意義上的圖書初步整理及史料的基本梳理、考辨階段，並未進入對於作為一種文化形態的作家藏書的主體研究。本研究擬選取在中國現代藏書和文學史上以傳統古籍收藏著稱的三位學者型藏書家（康有為、梁啟超、鄭振鐸）和一位作家型藏書家（黃裳）為研究對象，通過系統梳理和分析其藏書目錄、文集、書信、日記等相關材料，探求四位作家的藏書與其思想形態、學術研究、文學創作之間的互動關係，並以此為契機，進一步推進相關研究的深入開展。

本研究之所以選擇康有為、梁啟超、鄭振鐸、黃裳四位藏書家作為研究對象，主要基於以下幾點原因：首先，就現代藏書觀念的轉變而論，本研究所選擇的四位藏書家都是在這一轉變進程中具有重要意義或起到關鍵作用的人物。1840 年鴉片戰爭的爆發不僅使得中國的社會性質發生了根本性的變化，

更直接促成了東西方文化的進一步交匯和激烈碰撞，中國古代傳統的藏書觀念和藏書模式亦由此產生了一系列重大轉變———一是變「以藏為主，為藏而藏」的私人藏書觀為「藏用並舉，實用為先，嘉惠後學」的公共藏書觀。這一轉變不僅促使更多個人和團體參與到藏書活動中來，在一定程度上促成了現代藏書多元化格局的形成；同時亦在某種程度上促成了整個社會對藏書活動意義和功能的嶄新認識。值得注意的是，以康有為、梁啟超為代表的維新派士人恰恰是推動並實現這一轉變的重要倡導者和率先垂範者：

> 泰西之所以富強，不在炮械軍兵，而在窮理勸學。……其屬郡縣，各有書藏，英國乃至百萬餘冊，所以開民智者廣矣。[註1]

> 彼西人之為學也，有一學即有一會。……會眾有集至數百萬人者，會資有集至數百萬金者。會中有書以便翻閱，有器以便試驗，有報以便布知新藝，有師友以便講求疑義，故學無不成，術無不精，新法日出，以前民用，人才日眾，以為國幹。用能富強甲於五洲，文治軼於三古。[註2]

誠如傅璇琮、謝灼華主編的《中國藏書通史》中指出的那樣，面對日益深重的內憂外患和民族危機，在以康有為、梁啟超為代表的維新派士人看來，通過借鑒西方先進教育制度和經驗來改革本國文教制度、振興本國教育，培養以振興國力、抵禦外侮為己任的新型人才是實現「救國富強」的重要途徑之一，而通過藏書資源的開放和共享以助力人才的培養無疑是促成整個文教制度革新過程中的關鍵環節。[註3] 若我們以此為基礎，結合康、梁二人的藏書活動及其身後藏書的流散情況可知，康、梁二人的藏書特點雖不盡相同，卻共同秉持著開放共享、嘉惠後學的藏書理念———康有為在萬木草堂講學時首創具有現代圖書閱覽室雛形的「書藏」，「自出其累代藏書置之」，供後學弟子學習使用；而梁啟超則在其去世之前留下遺囑，將自己畢生珍藏的四萬餘冊藏書全部寄存於國立北京圖書館，澤被後學。由此觀之，則無論是從理念上的倡導還是藏書活動的實踐來看，康、梁二人無疑是中國現代藏書史上具

〔註1〕康有為：《上清帝第二書》，姜義華、張榮華編校：《康有為全集》（第二集），北京：中國人民大學出版社2007年版，第45頁。

〔註2〕梁啟超：《論學會》，《梁啟超全集》（第一冊），北京：北京出版社1999年版，第26～27頁。

〔註3〕傅璇琮、謝灼華主編：《中國藏書通史》（下），寧波：寧波出版社2001年版，第1044～1045頁。

有里程碑意義的關鍵人物。

　　二是在「藏用並舉，實用為先，嘉惠後學」的公共藏書觀基礎上著眼整個國家、民族的文化傳承與保護。自鴉片戰爭以來，中國社會幾經動盪，戰亂頻仍，隨之帶來的便是各類書籍（特別是傳統古籍）的四處流散。面對動盪不安的時局，一些藏書家本著「為國護寶」的理念，開始在具體的藏書活動中注意搜尋和搶救那些散佚於民間書肆的傳統古籍，竭力保存中華文化之精華以使之不至於流散海外。鄭振鐸和黃裳就是體現這一藏書理念的典型代表。前者在抗日戰爭期間獨居孤島上海，為搶救善本古籍而四處奔走，周旋於各色書商之間，甚至不惜傾家蕩產；正是在鄭振鐸先生的不懈努力下，如丁氏藏《脈望館抄校本古今雜劇》、明刊《女範編》、萬曆板《藍橋玉杵記》等一批珍貴典籍均得以保全於國土之內。後者則在四十年代末五十年代初遍訪江南各家舊書坊，廣收殘本，並在友人的幫助下陸續覓得因時局動盪而「多遭斥賣」的山陰祁氏澹生堂藏書中「祁氏家集若干種」，還將本人所得祁彪佳稿本《曲品》《劇品》等珍本小冊贈予北京圖書館。因此，從現代藏書家對於傳統古籍文獻收藏和保護的角度來看，則鄭振鐸、黃裳二人的藏書活動同樣具有非常重要的意義。

　　其次，從作家藏書研究的整體情況來看，作為作家開展學術研究、進行文學的基礎和重要資源，作家藏書與其文學創作、學術研究之間的互動關係本應是現代文學研究中一個非常重要的關注點。恰如傅璇琮、謝灼華主編的《中國藏書通史》一書中指出的那樣，「對於學者而言，從事學術研究所不可或缺的工具便是書籍。為了研究方便，幾乎每位學者都要或多或少的藏書」，具體到現代作家這一藏書群體而言，其特點往往表現為藏書與治學合二為一，「專題特藏的傾向十分明顯」〔註4〕；范鳳書的《中國私家藏書史》指出，較之於中國古代藏書家而言，實現「專藏多樣化」，特別是以藏書助力其學術研究是現代藏書家，尤其是民國時期眾多學者藏書家所具備的重要特徵之一〔註5〕。但遺憾的是，目前學界對這一問題尚缺乏足夠的重視。本研究選取的四位現代作家雖然在具體的藏書活動中各有側重，藏書種類和內容亦不盡相同，但

〔註4〕傅璇琮、謝灼華主編：《中國藏書通史》（下），寧波：寧波出版社 2001 年版，第 1174 頁。

〔註5〕范鳳書：《中國私家藏書史》（修訂版），武漢：武漢大學出版社 2013 年版，第 474 頁。

從整體來看，重視傳統古籍的收藏與保護，並以其豐富的個人藏書資源為依託，開展學術研究和文學創作無疑是上述四位現代作家的共同特點。因此，本研究通過梳理系統梳理和分析其藏書目錄、文集、書信、日記等相關材料，探求上述四位作家的藏書與其思想、學術研究、文學創作之間的互動關係，亦有助於彌補這一中國現代文學研究中前人關注相對較少的薄弱環節，並以此為契機，推進相關研究的深入開展。

再次，從現代作家研究的角度來看，作為一種連接中國古代藏書傳統與近現代文化事業形態的文化現象，作家藏書亦是進行現代作家研究，尤其是深入研究和探尋現代作家的思想形態、知識系統、創作來源時所必須關注的重要部分。就本研究關注的四位現代作家而論，康有為、梁啟超二位既是中國現代文學史上著名的作家，同時也是在中國近代思想史和學術史頗具影響力的思想家和學者；鄭振鐸既是中國現代文學史上著名的作家，同時也是中國現代學術史（尤其是中國古典文學研究史）上頗為重要的開拓者；黃裳則是中國現代文學史上以「有學有術」（鍾叔河語）著稱的散文大家；而通過梳理前輩學者的相關研究情況可知，目前學界對上述四人的關注和研究依舊多基於其「作家」、「思想家」或「學者」的身份展開，而對於其「藏書家」身份的關注，特別是對於豐富藏書資源在構建其思想形態、啟發其學術研究和文學創作思路等方面的探討顯得尤為薄弱，因此，本研究旨在基於上述四人「藏書家」的身份展開相關問題的討論，通過縱向梳理與橫向比較相結合，在充分發掘四位作家藏書家各自的藏書特點、藏書資源與其思想、學術研究、文學創作之間互動關係的基礎上尋找其共同點，特別是深入發掘作家的藏書讀書精神和嚴謹的治學精神給予後輩學者的啟示，對於匡正當今學界的浮躁學風亦有一定的借鑒意義和應用價值。

第二節　前人研究成果綜述

通過梳理相關研究成果可知，自上世紀 50 年代作家捐獻或轉讓私人藏書的接收單位（包括各大圖書館、高校、科研院所等）對其進行的初步整理和研究是目前學界開展關於現代作家藏書相關研究的重要基礎。就其研究內容而言，目前學界已出版的相關專著主要關注了以下幾方面的問題：

一是從圖書館學的角度出發，對本單位接收的藏書進行分類整理，並在

此基礎上編纂可對外流通的書本式目錄。如 1933 年國立北平圖書館在接收梁啟超的寄存圖書後即在其自編書目的基礎上整理出版了《梁氏飲冰室藏書目錄》（北京圖書館出版社 2005 年版），全書基本反映了梁氏飲冰室藏書的概貌及其立足於斯的學術化境，不僅是學界開展和進一步深化相關研究的重要助力，對於以新視角開展梁啟超研究的後學者而言，亦頗有啟示。又如北京圖書館在接收鄭振鐸的生前藏書後即進行了分類整理，並在此基礎上編纂了《西諦書目》（北京圖書館出版社 2004 年版），全書按經、史、子、集分類編排，收集範圍非常廣泛，除鄭振鐸先生所藏新版書、外文書，常見舊版書未收錄其中外，共集錄鄭振鐸先生藏書 7740 種，書中收錄的明清版最多，寫本次之，亦有少量的宋元版本，較為全面地反映了鄭振鐸西諦藏書的精華所在。此外，還有一些接收單位或研究者對相關作家的藏書版本進行梳理，其主要形式多為以圖錄形式簡要介紹該作家藏書的裝幀形式、內容梗概及其版本價值，由國家圖書館古籍館編撰的《西諦藏書善本圖錄》（中華書局 2008 年版）就是其中的較有代表性的成果。是書精選了西諦藏書中最具代表性的一百四十九種善本古籍，並以彩色精印的形式附錄約三百六十幅西諦藏書的書影，第一次以專書圖錄的形式向讀者展示了鄭振鐸先生珍藏的善本古籍，具有重要的版本目錄學價值。

　　二是對藏書批語、題跋的輯錄和整理。如北京圖書館在編纂《西諦書目》的基礎上對鄭振鐸先生藏書中的題跋亦進行了相應的整理輯錄，故《西諦書目》（下冊）後附有《西諦題跋》一卷，對於後學者而言，這些題跋對於研究鄭振鐸先生的藏書經歷、藏書聚散情況等問題均具有一定的參考價值。又如黃裳有《劫餘古豔：來燕榭書跋手跡輯存》（上下冊，大象出版社 2008 年版），該書輯錄了黃裳先生為其自上世紀 50 年代以來尋覓珍藏的一些善本古籍所作題跋，內容多以記載得書經過、版本考證及作者生平掌故為主，對於研究黃裳先生藏書經歷、藏書特色等問題均具有重要參考價值。

　　三是在搜集、整理相關文獻的基礎上，對現代作家藏書聚散情況進行考證。馬嘶《學人藏書聚散錄》（清華大學出版社 2010 年版）、范鳳書《中國私家藏書史》（大象出版社 2001 年版）、李雪梅《中國近代藏書文化》（現代出版社 1999 年版）等都是這方面比較具有代表性的研究成果。馬著重點聚焦現代學人及其藏書的聚散問題，全書根據現代學人的藏書目的，將他們分為學人藏書家、學者研究、文人著述和博覽珍藏四大類，通過大量的史料研究，

向讀者展示出現代學人的藏書經歷及其藏書聚散情況；范著從「史」的角度
出發，以時間為主線，系統梳理了從古至今中國歷代私家藏書的沉浮變遷，
其中第三編「書籍以機械排印為主的私家藏書鼎盛及轉型」重點關注從民國
到現代的私家藏書情況，對本研究關注的梁啟超、鄭振鐸、黃裳三位藏書家
亦有相應的簡介，可資參考。李作將「藏書」與近代社會的變遷密切聯繫起
來，揭示近代社會變遷對藏書文化產生的深刻影響。全書以「傳統藏書的私
密性向近代藏書的公開、公用性轉變」為主線，深入論述了公共藏書的意識、
圖書館運動的興起、發展和完善以及公藏私藏並存等問題，大致反映了中國
近代藏書的基本面貌〔註6〕。

自上世紀八十年代以來，亦有相當數量的學術論文涉及現代作家藏書情
況、藏書內容和特色、藏書題跋整理、藏書聚散情況等相關問題的研究和考
證。通過對這些論文內容的梳理，其研究內容和關注重點主要集中在以下幾
個方面：

一是對現代作家藏書經歷和藏書特色的梳理歸納。這方面的可資借鑒的
成果主要包括黃炯旋《廣東藏書家小記（四）——康有為》（《廣東圖書館學
刊》，1982年3月）李耀彬、蔡公天《康有為藏書考》（《圖書館學研究》1987
年3月）、吳雨《梁啟超與飲冰室藏書》（《杭州師範學院學報》（社會科學版）
1991年8月）、王瓊《同源而異流——康有為、梁啟超藏書之比較》（《廣西圖
書館學會2012年年會暨第30辭科學討論會論文集》，2012年12月）、李俊
《「恃孤本秘笈，為驚人之具」——論鄭振鐸藏書的學術特色》（《寧夏社會科
學》2011年3月）、李葆華《西諦藏書與西諦書目》（《黑龍江圖書館》）、周蕊
《藏書家黃裳研究》（《新聞研究導刊》2016年）、宋萍《私家藏書的絕唱》（《博
覽群書》2006年5月）等，這些文章或從現代作家的生平經歷出發，通過梳
理其藏書經歷歸納其藏書特色；或從相似性與差異性對比的角度考量，探尋
藏書觀念相近的不同藏書家在藏書版本、藏書內容、藏書目的、藏書的保護
與管理及藏書最終流向等方面的差異，進而探尋這些藏書家在個人性格和學
術旨趣上的差異；亦或從現代作家的多重身份出發，探討其藏書具有的學術
特色，探討藏書資源與其治學成就之間的密切關聯。

二是對現代作家藏書題跋的輯錄和整理。通過梳理相關成果可知，這類
論文的作者多為能夠接觸到作家藏書的工作人員，如李俊《論鄭振鐸藏書題

<hr>

〔註6〕李雪梅：《中國近代藏書文化》，北京：現代出版社1999年版，第2頁。

跋的獨特個性》(《圖書館情報工作網刊》2011 年 4 月)、孟永林《黃裳著述中未收古籍題跋考釋》(《中國典籍與文化》2013 年 3 月)、張若雅《蘇州大學圖書館館藏黃裳藏書題跋甄錄》(《晉圖學刊》2014 年 2 月)黃偉《黃裳〈來燕榭書跋〉訂補》(《嘉興學院學報》2016 年 1 月)等都是這方面比較有代表性的研究成果。這些論文或從分析和解讀藏書家藏書題跋的內容入手,從藏書思想、收藏來歷、校勘辨偽、品評議論等多個方面深入分析其藏書活動;或從文獻考據入手,將散失在各地圖書館中未能收錄的藏書家藏書題跋輯錄整理,並對其題跋內容加以詳細考釋,以利後學;抑或從分析藏書家的藏書題跋內容入手,探尋其藏書觀念和藏書特色。總之,這類研究成果多以基礎的文獻輯錄整理和初步的分析解讀為主,並未就相關問題進行更加深入的分析和討論。

　　三是對現代作家藏書聚散情況的考證和探討。在這一問題的研究上較有代表性的論文主要包括王瓊《康有為藏書聚散考》(《山東圖書館學刊》2014 年 6 月)、蘇全有《萬木草堂藏書考》(《圖書館論壇》2012 年 5 月)、殷皓潔《讀書 藏書 用書——鄭振鐸與圖書館》(《圖書館雜誌》1997 年 3 月)等。這些文章多以相關文獻和史料為基礎,探尋作家藏書的聚散過程,並在此基礎上結合時代背景及作家的個人特質,分析該作家藏書聚散的原因和特點〔註7〕。

　　總之,就本研究所關注的四位現代作家(康有為、梁啟超、鄭振鐸、黃裳)而論,前輩學者的相關成果主要集中在初步圖書館學意義上的資料整理和文獻學意義上的史料考證階段,亦有部分論文涉及對作家藏書與其治學、創作等方面互動關係的討論,但從整體上看,尚有以下幾方面的問題有待進一步解決:

　　第一,對於「現代作家藏書」這一問題的關注度不夠。通過梳理相關文獻可見,較之於一些現代作家研究的熱點問題而言,目前學界雖然不乏以「現代作家藏書」為論題的研究成果,但其成果數量仍相對較少,且多集中於作家藏書經歷的簡要梳理、藏書題跋的整理和解讀以及對其中善本文獻的介紹等方面,對於作家藏書觀念,特別是藏書資源與其思想、治學、創作的互動問題均缺乏相應的關注和論析。

　　第二,對於「現代作家藏書」及其相關問題的討論依舊多停留在文獻整理和解讀這一初級階段,尚未從全局角度考慮,進行更加全面的研究分析。

〔註7〕王瓊:《康有為藏書考》,《山東圖書館學刊》2014 年第 3 期,第 104 頁。

通過總結和梳理前輩學者的相關研究成果可見，前輩學者雖然已經對「現代作家藏書研究」這一問題有所關注，但其研究的關注點多停留在初步圖書館意義上的資料整理階段，且較為粗放，並未從將「現代作家藏書」作為一種整體的形態加以深入研究和討論，更遑論從藏書文化的角度展開討論。特別是對於那些兼具多重身份的現代作家（如一些現代作家既是藏書家，又是中國現代學術史上著名學者）藏書與其學術研究、文學創作之間的互動關係問題，尚缺乏足夠的關注和重視。

第三，在討論「現代作家藏書」及其相關問題時，往往只對某個作家個體予以特別關注，未能從藏書觀念或藏書文化形態的角度實現不同作家之間的前後勾連，發掘其共同特點和個性特徵。就本研究關注的四位現代作家（康有為、梁啟超、鄭振鐸、黃裳）而論，目前學界的相關成果多為獨立關注其中的某一位，並未關注到這四位作家在藏書觀念變遷、藏書資源利用與保護等方面的一些共同特點。因此，前輩學者雖然在這一問題上已經取得了一些研究成果，卻依然存在探討不夠深入和過於碎片化的問題。此外，學界對於「現代作家藏書」的作用和貢獻問題（特別是對於後世學者的啟示問題）依舊缺乏必要的關注和討論，這些亦是本研究重點關注和需要解決的。

第三節　本研究要解決的問題

本研究共分四章展開，第一章為「康有為及其萬木草堂藏書」，主要討論康有為藏書及其相關問題。作為中國現代藏書史上具有「開風氣之先」意義的重要藏書家，康有為不僅有著更為開放、更加包容的藏書理念，其一波三折的藏書經歷、中西並重的藏書特色亦多為後世學者稱道。值得注意的是，豐富的個人藏書資源對康有為的思想、治學和創作亦產生了非常深刻的影響。本章從梳理康有為曲折的藏書經歷入手，重點關注藏書與其思想、治學、創作三者之間的互動關係，深入探尋「藏書」在康有為人生、治學和創作道路上產生的深刻影響。第二章為「梁啟超及其飲冰室藏書」，主要討論梁啟超藏書及其相關問題。與其師康有為一樣，梁啟超亦是中國現代藏書史上頗具影響力的重要人物，其在藏書經歷和藏書觀念上既與康有為有著頗多相似之處，又有著區別於康有為藏書的個性特點；而數量豐富、種類繁多的藏書資源在其學術研究（特別是中國古典文學研究）和文學創作之路上發揮的關鍵作用

亦不容忽視。本章擬從梳理梁啟超藏書經歷入手，結合相關材料進行分析，
重點探討飲冰室藏書與其學術研究、文學創作之間的密切關係。第三章為「鄭
振鐸及其西諦藏書」，主要討論鄭振鐸西諦藏書及其相關問題。本章以北京圖
書館編《西諦書目》為線索，在充分梳理鄭振鐸先生文集、日記、題跋、書信
等相關材料的基礎上，深入探尋鄭振鐸先生的藏書經歷及西諦藏書與其學術
研究（特別是中國古典文學和文獻研究）、文學創作之間的緊密聯繫。此外，
若從「現代作家藏書觀念的變遷」的角度來看，鄭振鐸先生的藏書活動既有
基於個人興趣和學術研究需要而進行的尋訪，又不乏在「為國護寶」的責任
感和使命感召喚下開展的搜購和搶救行動，因此，本章在梳理鄭振鐸先生藏
書活動的同時，亦會對其嘉惠後學、「為國護寶」的重大貢獻予以特別關注，
力求更加全面地展示出西諦藏書在鄭振鐸先生人生道路上所扮演的重要角
色。第四章為「黃裳及其來燕榭藏書」，主要討論黃裳藏書及其相關問題。較
之於本研究關注的其他三位作家而言，黃裳先生的散文創作素以「有學有術」
（鍾叔河語）著稱，因此，本章在梳理黃裳先生藏書經歷、總結其藏書特色
的同時，重點關注黃裳先生來燕榭藏書對其文獻研究、文學創作產生的深刻
影響，以補前人研究之不足。

　　本研究的創新之處主要表現在以下幾個方面：首先，本研究從「中國現
代藏書觀念的變遷」和「作家藏書及其治學、創作之關係」兩個角度出發，以
康有為、梁啟超、鄭振鐸、黃裳四位在中國現代藏書和文學史上以傳統古籍
收藏著稱且在中國古代文學研究領域成就卓著的四位現代作家為研究對象，
通過系統梳理和分析其藏書目錄、文集、書信、日記等相關材料，在充分挖
掘上述四位作家藏書特點的同時深入探尋藏書資源與其學術研究、文學創作
的互動關係，實現由「點」到「面」的串連，避免前人研究過程中表面化、碎
片化的問題，可彌補前人研究之不足。其次，較之於前輩學者對上述四位作
家的相關研究成果，本研究將關注的重點放在其「藏書家、學者、作家」的多
重身份上，將「作家藏書」視為整個作家生態的一部分加以分析和討論，不
僅可以補充現代作家研究之不足，亦可為進一步推進深入研究相關問題提供
新視角和新思路。再次，在分析不同藏書家的藏書特色時，本研究在深入分
析相關材料的基礎上，既注重總結其共同特點，又充分關注其個性特徵，還
特別注意從「嘉惠後學」的角度總結其藏書活動的啟示意義，力求充分發掘
和全面展示上述四位作家藏書在整個中國現代藏書史上的地位和作用。

第一章 康有為及其萬木草堂藏書

作為中國現代藏書史上具有「開風氣之先」意義的重要藏書家，康有為不僅有著更加開放和包容的藏書理念，其一波三折的藏書經歷、中西並重的藏書特色亦多為後世學者稱道。值得注意的是，豐富的個人藏書資源對康有為的思想、治學和創作亦產生了非常深刻的影響。本章從梳理康有為曲折的藏書經歷入手，重點關注藏書與其思想、治學、創作三者之間的互動關係，深入探尋「藏書」在康有為人生、治學和創作道路上產生的深刻影響。

第一節 康有為的藏書經歷

本節以戊戌變法為界，將康有為的藏書分為前後兩期，同時結合《康南海自編年譜》、康有為《我史》及梁啟超《康南海先生傳》等相關資料，系統梳理康有為的藏書經歷，並以此為基礎，歸納其藏書的整體特點。

一、康氏生平及其家族藏書

康有為（1858～1927），原名祖詒，字廣夏，號長素，又號更生、明夷、西樵山人、天遊化人等，廣東省南海縣丹灶蘇村人，世稱康南海、南海先生。祖父康贊修，又名康以乾，字以行，號述之，道光年間舉人，歷任欽州學正、合浦、靈州、連州訓導，光緒三年（1877）為搶救學宮祭器溺水，以身殉職；祖母陳氏，封太夫人。父親康達初，字植謀，號少農，曾任江西候補知縣，母親勞氏，封宜人。按《康南海自編年譜》記載，在康有為出生前勞氏已經生育

了兩個女兒，但「長者殤矣，祖父母望孫切矣」〔註1〕，故康有為既是勞氏長子，又是家族長孫。康家是嶺南一帶頗具名望的書香世家，自其九世祖康惟卿起，到康有為時已「凡為士人十三世矣」。康家還是嶺南地區頗負盛名的藏書世家，康有為《延香率幼博弟曝書》詩序即有「延香老屋，為先曾祖父通奉公雲衢府君遺宅，自高祖榮祿公炳堂府君及先祖連州公、先考知縣公少農府君，四世藏書於是」的記述，足見其家族聚書、藏書的傳統源遠流長。康有為的叔祖康國器早年仕途得意，官至廣西巡撫，晚年歸鄉後即建有澹如樓和二萬卷書樓，「兩樓對峙，中間亭沼，花木頗盛，有古檜七株……幽室曰七松軒，導以飛橋為虹福臺，種芝公書最多，庋藏其間」。〔註2〕

　　按康有為自述所言，自己少年時即流連於家族中的藏書之所，「久好涉獵，讀書甚多」，由於父親康達初早亡，祖父康贊修對其寄予厚望，不僅「多提攜教誦唐詩」，將其時時帶在身邊讀書，還讓他跟從番禺名師簡鳳儀，「讀大學中庸論語並朱注孝經」，希望他能夠繼承家族「書香延世」的傳統，培養其對書籍的興趣。正是得益於良好的家族教育和家族世代藏書傳統的影響，康有為一生所藏圖書亦頗為豐富，據《萬木草堂書目》記載，其藏書中以宋元舊刊、佛典精刻、孔氏雪樓舊藏為最，共五千餘冊，另有清初刻印本若干。此外，其藏書中多有康氏及碩儒名彥之題跋，具有較高的文獻價值。

二、康有為的藏書經歷

　　筆者通過梳理相關資料發現，與其人生界點一樣，康有為的藏書亦可以戊戌變法為界，分為前後兩期。前期是從青年時期到戊戌變法失敗，這一時期康有為的藏書主要有三個來源：一是繼承康家的累世藏書，這部分藏書資源主要以傳統古籍為主，但其中亦不乏如徐繼畬《瀛寰志略》、魏源《海國圖志》等介紹西方地理知識，促使中國人「開眼看世界」的書籍。通過梳理《康南海自編年譜》可知，少年時期的康有為除幾次短暫的應試外，其餘時間基本是在家鄉藏書樓中讀書度日。他「好覽經說、史學、考據書」，不好八股科舉之學，而豐富的家族藏書資源不僅給了他「披閱群書」的機會，打下堅實的舊學根基，更為其日後進一步接觸並研究西方政治文化、收集西學書籍埋下了求知的種子。據康有為日後回憶，自己十七歲時「從族叔竹孫先生學，

〔註1〕康有為：《我史》，北京：中國人民大學出版社2011年版，第4頁。
〔註2〕康有為：《我史》，北京：中國人民大學出版社2011年版，第7～8頁。

於時好縱橫之文，時時作詩，與兄弟鄉先輩唱和，又好摹仿古文，然涉獵群書為多，始見《瀛寰志略》《地球圖》，知萬國之故，地球之理」〔註3〕，這也是少年時期的康有為第一次接觸到涉及西方地理的書籍。光緒五年（1879）秋，因叔父「督責至甚，令就鄉試，乃至斷其資糧」〔註4〕，二十二歲的康有為在經歷了外出求學三載的生活後回到家鄉，「居於二萬卷書樓及澹如樓中，或養心或讀書，超然物表」，於讀書靜思中尋找自己未來的方向。結合《康南海自述年譜》可知，此後數年，康有為曾多次外出，每次歸鄉後必居於澹如樓，「讀書鄉園，跬步不出」，「專精問學，新識深思，妙悟精理，俛讀仰思」，其所讀之書亦兼及經史、樂律、韻學、佛學等。總之，家族累世藏書既是康有為前期藏書的重要組成部分，又是促使其在此基礎上繼續收書、聚書的動力來源。隨著知識的不斷積累和人生閱歷的逐漸增加，這些康家時代積累的藏書資源已經無法滿足其探求濟世救民之道的需要，增添、購置新的書籍便成為其藏書活動中的勢在必行之事。

　　二是康有為本人增添、購置的書籍。筆者通過梳理相關資料發現，這一時期康有為增添、購置的書籍主要包括兩部分：一部分為善本古籍、金石碑刻的購置和收藏。如他曾在光緒八年（1882）參加鄉試遊歷京師之際，「藉此遊京師，謁太學，叩石鼓，瞻宮闕，購碑刻講金石之學」；又曾在光緒年間收購陸續散出的廣東南海孔氏嶽雪樓藏書。另一部分則為中譯西學新書，這部分資源在康有為增添、購置的藏書中佔有相當大的比重。光緒五年（1879）秋歸鄉之後，經過一段時間的讀書思考，康有為開始「捨棄考據括帖之學，……既念民生艱難，天與我聰明才力拯救之，乃哀物悼世，以經營天下為志」〔註5〕，在閱讀《西國近事彙編》、李圭《環遊地球新錄》及西書數種」等介紹西方風土人情的書籍、遊記的同時於年底環遊香港，「覽西人宮室之環麗，道路之整潔，巡捕之嚴密，乃始知西人治國有法度，不得以古舊之夷狄視之」〔註6〕。這次香港之行進一步激發了康有為接觸西方資本主義文化的決心，他開始大量求購、收藏西學書籍，為日後講求西學打下基礎。光緒八年（1882）自京還鄉途中，他特意去了上海，「十里洋場」的繁華之盛，

〔註3〕康有為：《我史》，北京：中國人民大學出版社 2011 年版，第 9 頁。
〔註4〕康有為：《我史》，北京：中國人民大學出版社 2011 年版，第 12 頁。
〔註5〕康有為：《我史》，北京：中國人民大學出版社 2011 年版，第 12 頁。
〔註6〕康有為：《我史》，北京：中國人民大學出版社 2011 年版，第 13 頁。

洋人橫行租界的趾高氣揚都使他強烈感受到國家喪失主權的恥辱，亦由此而激發了進一步探求西學的願望，於是「舟車行路，大購西書以歸講求焉」。據相關資料記載，康有為這次購買了三千餘冊江南製造局譯印的西學書籍，足見其瞭解、研究西學的欲望之強烈。這次大規模購書、藏書之後，西學書籍遂成為其個人藏書資源中不可或缺的組成部分。光緒十四年（1888）夏，康有為以蔭監生的身份再次赴京參加鄉試，當時正值中法戰爭之後，康有為痛感國勢日蹙，認為「中國發憤，只有此數年閑暇，及時變法，猶可支持，過此不治，後欲為之，外患日逼，勢無及矣」，於是奮筆疾書，寫下了五千餘字的《上皇帝書》（《上清帝第一書》），提出「變成法、通下情、慎左右」等具體措施，極力陳述自己變法改革、救亡圖存的主張。由於頑固派的阻撓中傷，這次上書未能呈送光緒皇帝預覽。光緒十五年（1889）秋，再次落第的康有為懷著壯志未酬的憤懣回到家鄉，決心興辦教育，希望從人才培養入手，實現自己變法救亡，「任天下之事，開中國之新世界」的理想。自光緒十七年（1891）設萬木草堂於廣州長興里後，基於人才培養和著述立說的需要，康有為又一次著手進行大規模的訪書、聚書活動。他不僅將個人藏書中的絕大部分保存於萬木草堂，還在1893年斥資「千二百金」大購群書，以擴充萬木草堂的藏書規模。

三是萬木草堂學生以及友人、社會捐贈的書籍。學生、友人捐贈亦是康有為前期藏書重要來源之一。從1891年興辦學校到1898年戊戌變法失敗前，萬木草堂以其別具一格的辦學方針、頗具特色的辦學理念而吸引了大批青年學子，正所謂「千里負笈，聞風相從，前後達三千人」；其中亦不乏如陳千秋、徐勤、梁啟超、龍澤厚等家境較為殷實或家有藏書的弟子，他們或捐助銀兩，用於萬木草堂藏書的購置，或直接將家中藏書捐於草堂，供師友閱覽分享。據弟子梁啟勳回憶，「萬木草堂的圖書閱覽室叫書藏，是以康先生藏書為基礎，同學家藏的書，則自由捐獻」（梁啟勳《「萬木草堂」回憶》）〔註7〕；而萬木草堂藏書中有不少書籍上留有學生家藏之印，如康熙年間刻本《蘇州府志》共32冊，每冊的首頁均有「中川家藏書印」，《胡海文傳》共10冊，每冊首頁均有「應氏家藏」等。除學生捐贈外，萬木草堂的藏書亦有部分來源於康有為的友人或社會賢達的捐贈。光緒二十四年（1898）二月，梁啟超與麥孟

〔註7〕夏曉虹主編：《追憶康有為》（增訂本），北京：生活 讀書 新知三聯書店 2009
年版，第 191 頁。

華、徐勤、康廣仁等人聯名在《知新報》上刊登《萬木草堂書藏徵捐圖書啟》，面向社會賢達廣求贈書，希望「海內耆碩方聞好義之士，或生長此地，率維桑之敬，或會官斯士，推甘棠之澤。或愛其士氣之可用，加以獎藉，或憐其瀕海之顛危，垂賜扶恤。盛意提倡，慨贈百城，闡揚風流，沾漑末學」〔註8〕。值得注意的是，這些收藏於萬木草堂的書籍並非僅供康有為一人講學著述之用，而是將所有藏書聚集一處，供所有弟子自由閱覽，並由弟子們輪流值班，負責整個草堂藏書的日常維護和管理工作。此外，為了培養「救中國」之人才和轉變整個社會「祖宗之法不可變」的固有觀念，康有為在其創辦的其他學會中亦「各置圖書儀器，邀人來觀，冀輸入世界之知識與我國民」。誠如前輩學者所言，萬木草堂這種相互協作，共同分享的管理模式已經初步具備了現代圖書館的性質；較之於同時代的多數學者而言，康有為這種提倡藏書應為廣大學子所共享，不為一人收藏或著述所獨有的藏書思想無疑具有一定的先進意義。〔註9〕

綜上所述，從藏書來源來看，康有為的前期藏書主要包括累世家藏、個人購置、學生及友人捐贈等三種途徑。其中累世家藏是康有為前期藏書的重要基礎，個人購置、學生及友人捐贈則是其藏書資源得以不斷擴充的重要來源。就其藏書種類而論，除了善本古籍、金石碑帖、西學書籍外，康有為前期藏書中亦包括大量的手稿、自刻書籍和弟子功課簿。據相關資料記載，康有為在萬木草堂講學期間即「常供養朋友之賢才者，以及刻書移草之贄任焉」；草堂弟子人手一冊的功課簿亦會在寫滿之後歸入萬木草堂之「書藏」，以供後來學生閱覽學習。康有為還曾在撰寫《孔子改制考》期間查閱這些稿件，供其研究之用。若結合其創作情況來看，這一時段的康有為撰寫了《人類公理》《康子內外篇》《廣藝舟雙楫》《毛詩偽證》《周禮偽證》等一大批關於中國上古史、金石學、經學等方面的論著，並已在著作中兼涉西學。特別是在光緒十六年（1890）到光緒二十三年（1897）的七年裏，康有為在聚徒講學、著力培養人才的同時專意於理論研究，完成了對戊戌變法影響最大的兩部書——《新學偽經考》和《孔子改制考》，給當時的思想界以極大的震動〔註10〕。

〔註8〕梁啟超《萬木草堂書藏徵捐圖書啟》，梁啟超：《梁啟超全集》（第1冊），北京：北京出版社1999年版，第164頁。

〔註9〕王瓊：《康有為藏書聚散考》，《山東圖書館學刊》2014年第3期，第106頁。

〔註10〕馬洪林：《康有為評傳》，南京：南京大學出版社2009年版，第66頁。

　　光緒二十一年（1895）三月，康有為偕弟子梁啟超等人入京參加會試，時值中日甲午戰爭後，清政府再次戰敗，簽訂馬關條約，割讓遼東半島、臺灣及澎湖列島給日本，賠款 2 億白銀。消息傳到京城後，應試舉子們群情激憤；同年五月，康有為聯合各省舉子一千三百多人聯名上書，要求朝廷「拒和、遷都、練兵、變法」，即歷史上著名的《公車上書》；也就是在這一年，康有為中進士，得到光緒帝的召見，上奏「富國、養民、教士、練兵」等四條「自強雪恥之策」（《上清帝第三書》），光緒帝御覽後非常讚賞，授工部主事銜。光緒二十四年（1898）一月，康有為連續上奏了《上清帝第五書》和《續上清帝第六書》，極陳變法之策，同年六月，光緒帝頒布《明定國是詔》，決心變法圖強，百日維新開始。由於變法的種種措施極大觸及了以慈禧太后為首的頑固派利益，慈禧太后於同年九月發動政變，囚禁光緒帝，「百日維新」失敗，康有為亦被清廷通緝，不得不逃離京城，開始了漫長的海外流亡生活。由於變法失敗，康有為的家產遭到清廷抄沒，其前期藏書亦多在抄沒或禁燬之列，「所藏之書，所著之稿盡失矣」〔註11〕；其中五千餘冊書籍被安置在廣雅書院，1913 年方得以發還。

　　1898 年 9 月戊戌變法失敗後，康有為被迫出走，流亡海外。值得注意的是，在流亡海外期間，他依舊繼續著自己的藏書活動。1899 年（光緒二十五年），他在加拿大溫哥華組織保皇會，獲得了較為充足的資金支持，於是決心利用這一機會廣泛求訪、搜集各種文物（包括珍貴書籍），以便能夠在有朝一日歸國之後創辦一個旨在溝通中西文化的博物館。據康同璧《南海康先生年譜續編》記載，光緒二十八年（1902）春，康有為留居印度，「攜同璧乘馬遊須彌山，行九日，深入至孟哲雄國指江都城，英吏率國王迎至車站，至王宮……（國王）以貝葉經、酒莆相贈，先君解帶答之」〔註12〕；光緒三十年（1904）遊覽意大利羅馬王宮時「並購羅馬瓦石數十物，及安敦像寄還中國」〔註13〕；光緒三十一年（1906）五月至墨西哥胡克家時，當地負責管理古籍的官員來訪，「贈墨古蹟書七本」；此外，流亡海外期間，康有為曾數次途徑或短暫留居日本，期間不僅獲得了日本政界、學界友人贈書，更從日本帶回了大量的

〔註11〕康有為：《我史》，北京：中國人民大學出版社，2011 年版，第 102 頁。

〔註12〕康有為著，樓宇烈整理：《康南海自編年譜兩種》，北京：中華書局 1992 年版，第 94 頁。

〔註13〕康有為著，樓宇烈整理：《康南海自編年譜兩種》，北京：中華書局 1992 年版，第 109 頁。

古籍文獻，按前輩學者所論，這些書籍「文字和圖案都極為精美」，這些從海外受贈帶回的珍貴典籍不僅是康有為後期藏書中的精品，更為其回國後重聚藏書打下了堅實基礎。流亡海外期間，康有為除撰寫《中庸注》《孟子微》《春秋筆削大義微言考》《大學注》《論語注》《大同書》等經學、政治學方面的論著外，還創作了大量的海外遊記和記行詩。

　　隨著辛亥革命開始和中華民國的建立，黨禁解除，康有為終於結束了為期十六年的海外流亡生活，從日本轉道香港，於 1913 年十一月扶母親勞太夫人靈柩歸國。晚年的康有為除偶而參加政治活動外，其餘時間均致力於講學著述及藏書活動。此時他依舊能夠得到保皇黨人的資助，民國政府亦賠償了其戊戌變法後查封家產遭受的損失，加之康有為晚年定居上海，置業獲利亦頗為豐厚，這些都為其重整旗鼓，積累大量藏書提供了充足的物質保障。

三、康氏藏書之聚散及其藏書特色

　　按前輩學者考證，晚年的康有為主要有上海愚園路住宅內的延香堂、杭州西湖一天園內的天遊堂、青島福山路的天遊園等三大藏書處，因其自 1921 年後定居上海，故上述三處藏書亦以上海延香堂為主。據前輩學者統計，這三處藏書總量約為十幾萬冊，數十萬卷，其中宋元明善本古籍共六千多餘冊，元刻梵莢本普寧藏佛經一千二百本〔註 14〕。在這些宋元明善本古籍中，北宋本《資治通鑑》、明版《燕翼貽謀錄》《氏族博考》以及大部頭的武英殿聚珍板《古今圖書集成》等都是頗具特色的珍品。此外，這些珍本古籍中有一些出自著名藏書家，如康氏所藏《古今圖書集成》即幾經易主，「自吾邑葉氏領運自京而來粵，費萬金，後歸吾邑孔氏。昔先師朱九江語我，嘗假讀，館孔氏三月焉。今移於我，一萬卷皆完好，誠中國之瑰寶也」〔註 15〕；另據康有為《北宋本資治通鑑跋》所言，其所藏北宋本《資治通鑑》中不僅有孔氏嶽雪樓藏本，還有羅蘿村侍郎丈藏本，「紙墨完好，清潔如新」，皆為稀世珍寶〔註 16〕。

　　佛經收藏是康有為後期藏書的另一個亮點。除最具特色的元版《普寧藏》

〔註 14〕李耀彬、蔡公天：《康有為藏書考》，《圖書館學研究》，1987 年 3 月，第 117 頁。

〔註 15〕康有為撰，姜義華、張榮華編校：《康有為全集》（第十集），北京：中國人民大學出版社，2007 年版，第 180 頁。

〔註 16〕康有為撰，姜義華、張榮華編校：《康有為全集》（第十集），北京：中國人民大學出版社，2007 年版，第 184 頁。

外，還有北宋開寶年間金銀書《法華經》以及多部明刊本佛經等。晚年的康有為還曾因佛經收藏鬧出過亂子。1923 年西安講學期間，他在西安臥龍寺看到了孤本《南宋磧砂大藏經》後非常喜愛，便與主持商量，欲以一部新書交換，後來事情暴露，輿論譁然，最終未能如願。〔註17〕此事雖深為時人所詬病，但由此以可見康有為本人對佛經收藏的熱衷。

康有為的後期藏書同樣存在著散佚問題。與其前期藏書多因戊戌變法失敗而被毀或失散不同，個人管理不善和家庭經濟困難是其後期藏書散佚的主要原因。康有為本人生性疏闊，不善藏書管理。據弟子任啟聖回憶，康氏晚年「手稿計有五六箱，零星散亂」，其藏書箱內已出版與未出版者亦混雜一處，並無專門的助手收拾整理〔註18〕。晚年的康有為妻妾子女眾多，卻僅依靠部分憲政黨人或軍閥政客的資助度日，並沒有固定的生活來源。為維持原有的生活水平，康有為亦多次欲出售部分藏書抵債，《古今圖書集成》即在售出之列。可見藏書散佚是其後期藏書生涯中的常態，且這種的情況一直持續到其去世之後。

1927 年康有為去世之後，家裏竟連買棺木入殮的錢都拿不出來，負債更多達六七萬之多，家人不得不變賣其部分藏書及字畫碑帖，以償還債務。此外，康氏雖子女眾多，但無人繼承父業，將康家的藏書傳統繼承下去，故其身後藏書流散亦屬意料之中。據陸象賢 1943 年發表於《萬象》雜誌上的《槎溪說林：康有為的藏書》一文中記述，康有為的藏書當時早已四處流散，陸氏本人即「在卡德路收萬木草堂所藏數種。有天竺字原、悉曇字記、嘯亭雜錄、魏默深文集、秋吟館詩鈔等，都是康有為的遺物。其書之散佚，早在二年前，於善鍾路一西書肆見康氏署名關於埃及的書厚二冊。……今據書賈言，其佳藏，已於去年由康氏學生手售於南京某氏。又曾以每本一元，分售於上海之各舊書店」〔註19〕，足見其身後藏書散佚的情況非常嚴重。按前輩學者考述，其中有約兩萬餘冊圖書為時任國立廣西大學的馬君武購得，現保存於廣西師範大學，這批康氏藏書中最早的本子是明本，但以普通本居多，書中多有「南海康氏萬木草堂藏」、「南海康有為更生藏」等康氏藏書印鑒。

〔註17〕王瓊，《康有為藏書聚散考》，《山東圖書館學刊》2014 年第 3 期，第 105 頁。
〔註18〕夏曉虹編：《追憶康有為》（增訂本），北京：生活 讀書 新知三聯書店 2009 年版，第 387 頁。
〔註19〕說齋：《槎溪說林：康有為的藏書》，《萬象》1943 年第 3 卷第 2 期，第 136 頁。

其生前珍藏的元版《普寧藏》佛經中的大部分被售予浙江王綬山，僅有小部分（每部分約十本）存於其子女處。現江蘇鎮江紹宗國學樓、北京太學圖書館、臺北國立中央圖書館等地亦零星收藏了部分康氏藏書。關於康有為藏書的藏書目錄，目前傳世者主要包括《萬木草堂書目》（上海長興書局民國七年影印）、《南海珍藏宋元版書目》（民國廿一年鉛印）和抄本《康氏藏善本書目》等〔註20〕。

第二節　康有為藏書與思想

　　作為中國近代史上從「西學」中尋求真理，以挽救國家危局的代表人物，康有為可謂是近代中國思想家中「先時之人物」的典型。他的思想中既不乏中國傳統思想、文化的底色，又接受了如西方進化論等一批源自「西學新書」的外來思想，具有鮮明的時代特徵和一定的進步意義。關於康有為的思想研究，前輩學者已有較為豐富的研究成果。筆者通過梳理相關資料發現，這些論著多圍繞康有為的哲學思想、政治思想、社會思想、教育思想等方面進行詳細論析，但對於康有為的藏書與其思想的關係卻甚少探討。本節擬在借鑒前人研究成果的基礎上，從哲學思想、政治思想、教育思想三個方面探討康有為思想及其藏書的關係，以求教於方家。

一、康有為哲學思想與藏書

　　關於康有為的哲學思想，前輩學者已多有論述。如蕭公權在《康有為思想研究》一書中即從「儒學新詁」、「以儒變法與以儒為教」、「哲學的整合」三個方面進行分析；蕭著將康有為的哲學思想分為兩期，認為康有為的哲學既是「以儒學為變法之哲學」，又是「近代中國思想轉變的縮影」；汪祖榮《康有為論》則從「思想雛形」、「一元思維」、「哲學詮釋和政治改革」等多個角度展開討論，認為康氏「雖非書齋中的哲學家，然而他有寬闊的哲學家胸襟，以及敏銳思辨的才情」，雖然難以判斷其「思維到底是唯心還是唯物，……但他的一元思維，應無可疑。」〔註21〕李澤厚《論康有為的哲學思想》一文從「自然觀」、「意識論和『博愛哲學』」、「人性論」、「歷史觀」四個方面探討康有為

〔註20〕范鳳書：《中國私家藏書史》（修訂版），武漢：武漢大學出版社2013年版，
　　　　第415頁。
〔註21〕汪祖榮：《康有為論》，北京：中華書局2006年版，第41頁。

的哲學思想，認為康氏的哲學思想既是「中國古典哲學的繼承和終結」，同時亦顯示了「中國近代哲學將要真正開始」〔註22〕。筆者通過梳理相關資料發現，康有為的哲學思想之所以能夠形成一個比較完整的體系，並得到後世學者較高的評價，除時代背景的推動作用外，豐富的個人藏書資源亦在其中起著非常關鍵的作用。若我們從康有為哲學思想的發展歷程這一角度加以考察，則其藏書資源的「關鍵作用」主要體現在以下幾個方面：

首先，豐富的藏書資源是康有為哲學思想得以萌芽的重要基石。汪榮祖《康有為論》一書中指出，康氏哲學思想的胚胎「確結於三十歲之前」，一些「重要學說的雛形」亦出現在三十歲之前；而由《康南海先生自編年譜》可知，三十歲之前的康有為除短暫的出外求學或應試外，其餘時間大多居於家鄉澹如樓讀書。豐富的家族藏書資源不僅培養了其「好讀書」的習慣，亦促成了其哲學思想的最初萌芽。如在哲學本體論的問題上，他將「元」視為世間萬物的本質和起源，其「天地陰陽四時鬼神，皆元之分轉變化，萬物資始也」的觀點即源自董仲舒的哲學思想；而在進一步詮釋「『元』究竟代表著什麼」這一問題時，他又認為「元者，氣也。無形以起，有形以分，起造天地，天地之始也」〔註23〕、「凡萬物皆始於氣，有氣然後有理。生人生物生者氣也」，〔註24〕可見他在「氣」、「理」之爭這一中國傳統哲學問題上是不贊同宋明理學的。此外，對於「太極」、「無極」等傳統哲學問題的論爭，康有為的主張同樣與宋明理學家相左——他否定「無極」的存在，認為「太一者，太極也，即元也」，「太極以前，無得而言」；這些觀點和主張都可以從其早年的讀書求學中尋找到最初的萌芽。據《康南海自編年譜》記載，康有為在十歲時便已學完了《易》，十二歲從祖父赴任連州時即「雜覽群書」，十四歲還鄉後更是經常流連於家族世代藏書的澹如樓，「縱觀說部、集部」，十九歲從學朱次琦後，「未明而起，夜分乃寢，日讀宋儒書及經說、小學、史學、掌故詞章，兼綜而並騖，日讀書以寸記」〔註25〕；二十四歲「讀書鄉園」時更著意關注宋明理學，「讀宋儒之書，若《正誼堂集》《朱子全集》尤多，苦身力行，以明儒吳康

〔註22〕李澤厚：《論康有為的哲學思想》，《哲學研究》1957年1月，第21頁。

〔註23〕康有為著，樓宇烈整理：《春秋董氏學》，卷四，北京：中華書局1992年版，第95頁。

〔註24〕康有為著，樓宇烈整理：《萬木草堂口說》，北京：中華書局1992年版，第65頁。

〔註25〕康有為：《我史》，北京：中國人民大學出版社2011年版，第10頁。

齋之堅苦為法，以白沙之瀟灑自命，以亭林之經濟為學」〔註26〕，二十九歲時還鄉澹如樓後「讀宋元明學案、《朱子語類》」〔註27〕；正是有賴於如此豐富而大量的閱讀，才使得康有為對中國古代哲學，特別是董仲舒哲學思想和宋明理學思想中關於宇宙本質與起源的相關論述有了更為全面而深入的理解，並在此基礎上加以思考判斷，提出自己的見解。恰如蕭公權先生在《康有為思想研究》一書中指出的那樣，上述這些流連於故鄉藏書樓和從學於朱次琦的各種經歷「雖未給康有為任何哲學訓練，但引導他超越理學的傳統」〔註28〕，成為直接觸發其「對世界之本質與生命之意義」進行深入思考的原動力。試想倘若沒有這段居鄉苦讀的啟蒙之功，康有為恐怕很難在日後論及這些中國傳統的哲學問題時做出如此明確的論析和判斷，甚至形成自己的哲學本體論思想。從這一角度來看，豐富的家族藏書資源在其哲學思想的啟蒙階段可謂功莫大焉。

　　其次，在康有為哲學思想的發展階段，藏書資源同樣扮演著不可或缺的重要角色。隨著年齡的增長和社會閱歷的增加，特別是1882年（光緒八年）自京還鄉時途經上海的所見所聞，更促使康有為不再滿足於從已有的家族藏書資源中獲取知識。他從上海等地購買了三千多冊江南製造局翻譯的西學書籍，希望以此補充自身原有藏書之不足，通過「大講西學」來實現自己對西學「治術之本」的探索。而若在此基礎上進一步結合康有為哲學思想的發展軌跡加以考察就會發現，這些西學譯本中的相關知識亦是康有為哲學思想中「西學因子」的重要來源。同樣以康有為哲學本體論中關於「天地之本」的論述為例，在其早年所著《康子內外篇》中，他曾這樣論述「氣生萬物」的問題：

> 夫天之始，吾不得而知也。若積氣而成為天，磨勵之久，熱重之力生矣，光電生矣，原質變化而成焉，於是生日，日生地，地生物。物質有相生之性，在於人則曰仁；充其力所能至，有限制矣，在於人則曰義。〔註29〕

〔註26〕康有為：《我史》，北京：中國人民大學出版社 2011 年版，第 13 頁。
〔註27〕康有為：《我史》，北京：中國人民大學出版社 2011 年版，第 17 頁。
〔註28〕蕭公權著，汪榮祖譯：《康有為思想研究》，北京：新星出版社 2005 年版，第 93 頁。
〔註29〕康有為撰，姜義華、張榮華編校：《康有為全集》（第一集），北京：中國人民大學出版社 2007 年版，第 110～111 頁。

　　如果說「氣為天地之本」的主張體現了康有為哲學思想中受到家族藏書啟發，繼承中國傳統哲學「氣本論」的一面；那麼其在《內外篇》中關於「氣生萬物」的論述則更多地體現了西方近代科學知識對其哲學思想的影響。特別是在描述「氣生萬物」的具體演化過程時，他直接引入了西方近代科學中關於「熱」、「重力」、「光」、「電」等方面的知識來解釋「氣化論」這一中國古代哲學的傳統命題；而這一點在康有為日後回憶中亦有著較為明確的體現。在回憶自己如何思考並最終提出「元」的概念時，《康南海先生自編年譜》中有著這樣的記述：

　　　　（光緒十年）秋冬，獨居一樓，萬緣澄絕，俯讀仰思。至十二月，所悟日深，因顯微鏡之萬數千倍者，視虱如輪，見蟻如象，而悟大小齊同之理，因電機光線一秒數十萬里，而悟久速同齊之理。知至大之外，尚有大者，至小之內，尚包小者，剖一而無盡，吹萬而不同，根元氣之混侖，推太平之世。既知無來去，則專以現在為總持。既知無無，則專以生有為存存。……其道以元為體，以陰陽為用，理皆有陰陽，則氣之有冷熱，力之有拒吸，質之有凝流，形之有方圓，光之有黑白，聲之有清濁，體之有雌雄，神之有魂魄。〔註30〕

　　由此可見，在認識世界本質的過程中，上海之行購得的西學之書中關於「顯微鏡」、「電機光線」等西方近代科學知識介紹在其認識和領悟「大小齊同之理」、「久速同齊之理」的過程中起到了非常關鍵的助力作用。較之於同時代那些依舊沿襲傳統話語範疇來理解和解釋類似問題的學者而言，康有為採用這樣的闡釋方式顯然更具有一種「開先時之風氣」的意味。需要指出的是，這種援引西學知識解釋中國古代傳統哲學命題的思路在康有為的變易進化論中有著更加典型的表現。作為康氏哲學思想中最具活力的部分，康有為的變易進化觀既繼承了中國古代樸素辯證法的思想成果，又積極吸收了西方近代科學知識，體現了康有為哲學思想中糅合古今中西的特點〔註31〕；而在宣傳和解釋這種變易思想的過程中，康有為常常利用其豐富的西學藏書資源，通過近代自然科學知識的引述來充實其論證。如他曾援引康德的星雲說和達爾文的進化論來說明天地萬物之變乃「尋常之理」，正所謂「物新則壯，舊則

〔註30〕康有為：《我史》，北京：中國人民大學出版社2011年版，第15～16頁。
〔註31〕李明友：《康有為哲學思想探析》，《國際儒學研究》（第九輯），第267頁。

老；新則鮮，舊則腐；新則活，舊則板；新則通，舊則滯；物之理也」〔註32〕。
這樣的詮釋亦使康有為的哲學思想在變易觀的問題上突破了中國古代樸素辯
證法的侷限，發展成為一種更富有近代科學的實證精神的觀念。從這一角度
看，康氏藏書資源中的西學書籍可謂功莫大焉。正如汪榮祖《康有為論》中
指出的那樣，這些能夠幫助康有為在理解哲學問題時拓寬思路的西學資源「幾
全部來自江南製造局所出版的譯本，⋯⋯大部分屬數理工程等自然科學書籍，
無疑是西學的精華」〔註33〕，雖然康氏這樣的闡釋方式在今天看來不無偏差甚
至誤讀之處，但就其哲學思想與藏書的關係而言，康氏這樣的闡釋方式亦從另
一個側面展現了西學藏書資源在其哲學思想形成過程中所起到的重要作用。

再次，在康有為哲學思想成熟之後，康氏個人的藏書資源依舊是其思考
和論述相關問題時的重要助力，這一點在康有為晚年的哲學思想上有著尤為
明顯的體現。關於康有為晚年哲學思想的特點，蕭公權《康有為思想研究》
一書中有著頗為詳盡的總結。蕭著指出，康氏晚年的哲學思想「已變得『出
世』了，指向超乎人與物的現象世界境域。一方面，他超脫地球的限制，從事
他所謂的天遊之學。另一方面，他的眼光從人事投向超自然物，悄悄地放棄
了他早期的不可知論和無神論」〔註34〕。以康有為的「天遊」說為例，這一
主張始見於其《大同書》末尾「大同之後，始為仙學，後為佛學，下智為仙
學，上智為佛學。仙、佛之後則為天遊之學矣」〔註35〕的論述，在其《諸天
書》中得以進一步發展。從整體上看，康有為這一主張的提出既受到了理學
中陸王學派，特別是陸九淵宇宙觀的影響，又時時可見佛、道之理，甚至近
代西方天文學知識的影子：

> 然則，欲至人道之極樂，其為天人乎？莊子曰：人之生也，與
> 憂俱來。況其壽至短，其知有涯。以至短之壽，有限之知，窮愁苦
> 悲，日夕之勞困不釋。⋯⋯故諸教主哀而拯救之，矯託上天，神道
> 設教，怵以末日地獄，引以極樂天國，導以六道輪迴，誘以淨土天
> 堂，皆以撫慰眾生之心，振拔群萌之魂。顯密並用，權實雙行，皆

〔註32〕康有為：《上清帝第六書》，康有為撰，姜義華、張榮華編校：《康有為全集》
（第四集），北京：中國人民大學出版社 2007 年版，第 17 頁。
〔註33〕汪榮祖：《康有為論》，北京：中華書局 2006 年版，第 19～20 頁。
〔註34〕蕭公權著，汪榮祖譯：《康有為思想研究》，北京：新星出版社 2005 年版，第
113 頁。
〔註35〕康有為著，樓宇烈整理：《大同書》，北京：中華書局 1992 年版，第 294 頁。

> 所以去其煩惱,除其苦患,以至極藥而已。然裹飯以待餓夫,施藥
> 以救病者,終未得當焉。以諸教主未知吾地為天上之星,吾人為天
> 上之人,則所發之藥,未必對症也。〔註36〕

結合引文可見,在論及「人道之極樂」這一問題時,康有為首先引用了
《莊子·養生主》中「吾生也有涯,而知也無涯」來說明「人生之苦短」,正
因如此,才有了「故諸教主哀而拯救之」、「以撫慰眾生之心,振拔群萌之魂」;
與此同時,他又認為「諸教主」引導世間大眾「去其煩惱,除其苦患,以至極
藥」的方式方法尚存在一定的侷限性,究其原因,則在於「諸教主未知吾地
為天上之星,吾人為天上之人」,這樣的思路無疑是吸收了西方近代科學中天
體理論知識的結果。若我們在此基礎上聯繫康有為後期的藏書情況加以分析
就會發現,在戊戌變法失敗後流亡海外的漫長歲月裏,西學和佛、道兩家書
籍始終是其海外求訪書籍的重點,加之變法失敗帶來的精神苦悶,這些都促
成了晚年的康有為在思考相關哲學問題時多從佛、道兩家及西學書籍中尋找
依據和支撐,以闡釋並不斷完善其哲學理論體系的原因。

二、康有為的政治思想和藏書

作為近代思想變革的「導夫先路」者,康有為的政治思想同樣是學界關
注和研究的重點。蕭公權在《康有為研究》中指出,「康有為在歷史上占一席
之地,部分(也可能主要)是因他在戊戌變法中扮演了主導角色」,其政治思
想的核心在於「改革」,而其「改革」的最終目標則在於「以西方為主要模式
以求中國政治、經濟以及學術思想的改變」〔註37〕。汪榮祖《康有為論》認
為,在古今中外的眾多思想家中,康有為是為數不多的幾個「能有機會實踐
其思想者」,雖然百日維新只是曇花一現,但其政治思想的影響力卻一直深入
到民國,「無疑是極可稱述的思想家和活動家」〔註38〕。若我們聯繫康有為的
藏書情況加以考察就會發現,與其哲學思想的萌芽、發展和成熟一樣,豐富
的藏書資源在康有為政治思想的發展過程中同樣扮演著重要角色。結合其政
治思想的具體內容可知,二者之間的密切關聯主要體現在以下幾個方面:

〔註36〕康有為《諸天講·序》,康有為撰,姜義華、張榮華編校:《康有為全集》(第
十二集),北京:中國人民大學出版社,2007年版,第12頁。
〔註37〕蕭公權著,汪榮祖譯:《康有為思想研究》,北京:新星出版社,2005年版,
第131頁。
〔註38〕汪榮祖:《康有為論》,北京:中華書局,2006年版,第65頁。

首先，豐富的藏書資源是康有為政治思想得以萌芽、發展的基礎。特別是在一些重要概念和理論提出的過程中，藏書資源常常會起到非常關鍵的助力作用。以康有為歷史進化觀的提出為例，早在 1885 年居鄉讀書期間，康有為即撰寫了《實理公法全書》。而該書的最大特色就在於「以科學原則為實理公法，並將其應用到人事，詮釋人文思想」〔註 39〕。康有為在書中指出，人類歷史的發展與自然界一樣，都是有規律（即書中所謂「人類公理」）可循的；且這樣的規律「超越種姓國界，放諸四海而皆準」；從這一點來看，各國歷史的不同其實「乃是其發展階段的不同」〔註 40〕；聯繫《康南海自編年譜》中的相關記載可知，這一時期正是康有為「捨棄考據帖括之學」，「既念民生艱難，天與我聰明才力拯救之，乃哀物悼世，以經營天下為志」之時，特別是 1882 年（光緒八年）鄉試下第之後，他開始「大購西書以歸講求」、其後兩年更「旁收四教，兼為算學，涉獵西學書」；此外，據陳文《康有為藏書的來源及其特點》一文所述，在廣西師大收藏的 39 種，241 冊西學書籍中，僅數學書籍就有 20 種，是整個廣西師大「康藏」西學書籍中種類最多的〔註 41〕，這也從另一個側面說明康有為確實曾在算學上下過一番苦功；《實理公法全書》就是其「從事算學」，將幾何學原理應用於人文思想的研究成果之一。從康有為在書中的具體推理和論述過程來看，西方近代幾何學知識亦時時貫穿於其中，如書中常常以「是否合乎幾何公理」作為判斷標準，對「父母之命，媒妁之言」、「三綱五常」等一些封建傳統思想和制度進行強烈批判，認為這些傳統思想和制度「大背幾何公理」，是對人類歷史發展規律的違背。誠如前輩學者指出的那樣，這些呈現在康氏《實理公法全書》中的觀點不僅「已發公羊三世說之先聲」，更成為其大同理想的雛形。由此觀之，在康有為歷史進化觀的形成過程中，豐富的西學藏書資源可謂功莫大焉。

其次，豐富的藏書資源是康有為政治思想最為重要的理論支點，這一點在其維新變法的思想中有著非常典型的體現。在倡導變法圖強的過程中，康有為特別採取了「尊孔改制」的辦法，將孔子作為自己政治言論的「保護傘」。如在撰寫《孔子改制考》時，他充分利用萬木草堂「書藏」中的豐富資源，採用清代盛行的學術考據形式，將孔子奉為「託古改制」以求天下大同的聖人。

〔註 39〕汪榮祖：《康有為論》，北京：中華書局，2006 年版，第 21 頁。
〔註 40〕汪榮祖：《康有為論》，北京：中華書局，2006 年版，第 21 頁。
〔註 41〕虞浩旭主編：《天一閣論叢》，寧波：寧波出版社，1996 年版，第 364 頁。

恰如董士偉《康有為評傳》中所言，這樣的著述方式一方面使「兩千多年前的孔子」與「兩千多年後的康有為」合二為一，故康有為其實是將孔子作為自己變法改革的理論支點，借孔子之名抒寫自己的變法理想；另一方面亦是在利用「孔子及儒家已經形成的至尊地位，以減少改革的阻礙，爭取更多的支持者」〔註42〕，其最終歸旨依舊指向對現實社會的改造。

此外，在闡述自己的政治思想時，康有為還常常利用相關儒家經典特別是孔子的言論，來實現自己「偷運西方文明入境的企圖」〔註43〕。如其在解釋《論語 八佾》「夷狄之有君，不如諸夏之亡也」一句時，即認為其體現了「君主民主進化之理」，「蓋孔子之言夷狄、中國，即野蠻、文明之謂。野蠻團體太散，當立君主專制以聚之，據亂世所宜有也；文明世人權昌明，同受治於公法之下，但有公議民主，而無君主。二者之治，皆世界所不可少，互有得失」〔註44〕；而在解釋「君子無所爭，必也射乎！揖讓而升，下而飲，其爭也君子」一句時，則將其與近代西方社會的兩黨議院制相聯繫，認為「議院以立兩黨而成法制，真孔子之意也……凡禮，皆立兩黨，則又不止為射起。即萬國全和太平大同，而兩黨互爭之義施之於政教藝業，皆不可廢者」〔註45〕。就其對個人藏書資源的利用而論，「借孔子之名」的部分主要來源於其家藏的《論語》等傳統儒家經典，「偷運入境的西方文明」的部分則主要源自其從上海、香港、日本等地求訪購得的西學書籍，可見在康有為提出其政治主張或闡述其政治思想時，豐富的個人藏書資源是其尋找理論支點的最大寶庫。

再次，豐富的藏書資源亦為康有為政治思想的實施提供了可供參考的藍本，這一點同樣在其維新變法的思想上有著最為明確的體現。眾所周知，康有為的維新變法思想是以實行君主立憲制為其綱領，而要想實現君主立憲制，就必須採取一系列措施對現行的封建專制制度進行改革。有鑑於此，康有為提出了一系列涉及政治、經濟、文化、軍事等各個方面的改革方案，康氏豐富的藏書資源則為這一系列改革方案提供了重要的理論支持。如其在1897年（光緒二十三年）所作《上清帝第五書》中即向光緒帝提出了「採法俄、日以

〔註42〕董士偉：《康有為評傳》，南昌：百花洲文藝出版社2010年版，第66頁。
〔註43〕汪榮祖：《康有為論》，北京：中華書局2006年版，第55頁。
〔註44〕康有為撰，姜義華、張榮華編校：《康有為全集》（第六集），北京：中國人民大學出版社，2007年版，第395頁。
〔註45〕康有為撰，姜義華、張榮華編校：《康有為全集》（第六集），北京：中國人民大學出版社，2007年版，第396頁。

定國是」、「以日本明治之政為政法」〔註46〕的建議，同時申明自己提出這一建議的原因在於「日本地勢近我，政俗同我，成效最速，條理尤詳，取而用之，尤易措手」〔註47〕。而在 1898 年所作《外釁危迫分割洊至急宜及時發憤大誓臣工開制度新政局摺》中則更加明確地指出了日本明治維新可供學習的三點經驗：「一曰大誓群臣以革舊維新，而採天下之輿論，取萬國之良法；二曰開制度局於宮中，徵天下通才二十人為參與，將一切政事制度重新商定；三曰設待詔所許天下人上書，日主以時見之，稱旨則隸入制度局」〔註48〕。聯繫《康南海自編年譜》所述，康有為在 1896 年（光緒二十三年）「所得日本書甚多，乃令長女同薇譯之」〔註49〕，可見康氏本人關於日本明治維新及其各方面制度革新的深入瞭解均來源於其藏書資源，較之於之前所得江南製造局中譯本西學書籍，這些新近補充的藏書多為日文原版，故需要精通日語的長女從旁協助。此外，康有為還在這封奏疏中特別提到了自己新近撰寫的《日本變政考》一書可供皇帝參閱，這亦是藏書資源為其政治改革方案提供理論支持的明證。又如康有為在其 1898 年 3 月所作《為譯纂〈俄彼得變政記〉成書可考由弱致強故呈請代奏摺》中曾專門提到《俄彼得變政記》的成書經過：「惟俄國其軍權最尊，體制崇嚴，與中國同；其始為瑞典削弱，為泰西摒鄙，亦與中國同。……故中國變法，莫如法俄；以君權變法，莫如採法彼得。職前言至近之譜跡，可臨摹者也。職搜採彼得變政之事，苦中國群書皆未譯出，無從考其崖略，職披考西書，得彼得本傳，即為譯出，旁搜記乘，稍益加詳，於是彼得行事粗見本末矣」〔註50〕，可見其對彼得大帝生平事蹟的整理和考察亦多來源於其個人藏書資源中的西學書籍。

三、康有為的教育思想和藏書

作為中國近代史上著名的教育家，教育改革是康有為終其一生都在思考

〔註46〕康有為撰，姜義華、張榮華編校：《康有為全集》（第四集），北京：中國人民大學出版社，2007 年版，第 6 頁。

〔註47〕康有為撰，姜義華、張榮華編校：《康有為全集》（第四集），北京：中國人民大學出版社，2007 年版，第 6 頁。

〔註48〕康有為撰，姜義華、張榮華編校：《康有為全集》（第四集），北京：中國人民大學出版社，2007 年版，第 14 頁。

〔註49〕康有為：《我史》，北京：中國人民大學出版社 2011 年版，第 66 頁。

〔註50〕康有為撰，姜義華、張榮華編校：《康有為全集》（第四集），北京：中國人民大學出版社，2007 年版，第 26 頁。

的問題。他不僅創辦萬木草堂、赴桂林、上海等地講學，教授學生，培養人才，還撰寫了《教學通議》《長興學記》《桂學問答》等一系列著作，系統闡述其教育思想。對於康有為的教育思想，前輩學者多將其視作「康氏變革思想的有機組成部分」、「體現了教育思想家與教育實踐家的完美結合」〔註51〕，認為其「不僅在教育史上佔有重要地位，對於今天的教育改革依舊具有積極的借鑒意義」〔註52〕。與其哲學、政治思想一樣，康有為的教育思想亦具有中西糅合的特點；而這一特點亦最能體現其教育思想與個人藏書之間的密切關聯：

首先，康有為的教育思想中有諸多繼承或發展中國古代傳統教育觀特別是儒家教育觀的部分，這些思想的形成既來源於其早年的就學經歷，亦源於其個人藏書中豐富的古籍資源。如前文所論，康有為六歲即「從番禺簡侶琴先生鳳儀讀《大學》《中庸》《論語》，並朱注《孝經》」，十九歲史又就學於廣東大儒朱次琦，其餘時間則多專注於居鄉讀書，尤以經史類書籍用力頗多，這樣的求學和讀書經歷不僅為其打下了堅實的舊學基礎，亦在極大地影響了其日後辦學理念及教育思想的最終形成。如以康有為1885年撰寫的《教學通議》為例，文中可以找到很多繼承傳統儒家教育思想的例子：

> 舜命契為司徒，敬敷五教，使民父子有親，君臣有義，夫婦有別，長幼有序，朋友有信，是為崇行之教。……命夔典樂，教冑子直而溫，寬而栗，剛而無虐，簡而無傲。詩言志，歌詠言，八音克諧，無相奪倫，神人以和。所謂樂德樂語，是為德藝之教。……蓋司徒教民，故亦興行為先；典樂教冑，又以德藝為重。……立教設學，自此始也。……今推虞制，別而分之，有教、有學、有官。教，言德行遍天下之民者也；學，兼道義登於士者也；官，以任職專於吏者也。……後世不知其分壁之精，於是合教於學，教士而不及民，合官學於士學，教士而不及吏；於是合三者為一。而所謂教士者，又以章句詞章當之，於是一者亦亡，而古者教學之法掃地盡矣。〔註53〕

〔註51〕馬洪林：《康有為評傳》，南京：南京大學出版社，2009年版第105頁。
〔註52〕於智華：《康有為教育思想略論》，《山西師範大學學報》（哲學社會科學版），2005年8月，第78頁。
〔註53〕康有為撰，姜義華、張榮華編校：《康有為全集》（第一集），北京：中國人民大學出版社，2007年版，第20～21頁。

　　凡教於典樂者，皆修於行，通於藝，英敏特達之人，將備公卿
庶官之選，為國政民命之所託者也。凡天下貴人才士，皆有蹻踔過
人之質，多豪宕、偏激、矜岸之氣者也。……夫以國政民命所託之
重如彼，矯激傲慢之偏如此，此先聖所患深也。思矯其患，防其偏，
計無有出於樂也。安之弦緩，作之金石，動之干羽，以和其血氣，
動其筋骸，固其肌膚，肅其容節。〔註54〕

　　由以上引文可知，對於如「崇行」、「重德」、「尚藝」、「以樂感人」等傳統
儒家教化觀中特別提倡的思想，康有為不僅是接受的，而且也是贊成的。在
他看來，時下那種「章句詞章當之」的「教士」之法之所以弊端叢生，其主要
原因恰在於這種教育方式其實是對傳統儒家教化觀的背離；若想矯其弊端，
就必須使時人明確理解「虞制別教學」的深刻用意，並在今後的教育中努力
實現對傳統儒家教育觀中「興行為先」、「德藝為重」等教育理念的繼承和回
歸。對於如何通過教育來促使「矯激傲慢」而「英敏特達」之人轉變性格或行
為方式的問題，康有為則特別贊成傳統儒家「樂之動人」的教化觀，認為這
種「安之弦緩，作之金石，動之干羽」的樂教方式可以使人「和其血氣，動其
筋骸，固其肌膚，肅其容節」，最終達到矯正其個性和行為方式的目的。結合
《康氏珍藏善本書目》等康有為私人藏書書目可知，上述這些傳統儒家教育
觀均可見於康氏的個人藏書之中，可見這些出現在康有為教育論著中的傳統
因素正是根植於其豐富的個人藏書資源的結果。

　　另一個典型的例子是康有為《長興學記》，文中在談及辦學宗旨時除特別
提到自己對孔子《論語》中「志於道，據於德，依於仁，游於藝」等主張的認
同外，還「舉四言為綱，分注條目」〔註55〕，提出自己對學生的具體要求，
傳統儒家教化觀對其教育思想產生的深刻影響亦時時見於文中：

　　志於道，……志者，志於為仁義之道。《孟子》曰：「居惡在，
仁是也；路惡在，義是也」，指點最為直捷。凡有四目：……四曰慎
獨。克己修慝，學之要也。然克修於已發之後，不若戒慎於未發之
前，不費搜捕，自能惺惺。《中庸》首陳天性之本，極位育之能，而

〔註54〕康有為撰，姜義華、張榮華編校：《康有為全集》（第一集），北京：中國人民
　　　　大學出版社，2007 年版，第 29～30 頁。
〔註55〕康有為撰，姜義華、張榮華編校：《康有為全集》（第一集），北京：中國人民
　　　　大學出版社，2007 年版，第 342 頁。

下手專在慎獨。《大學》同之。此子思獨傳之心法。……得子思傳授，
欣喜順受，當何如耶！〔註56〕

據於德，……則德者得也，即《大學》「定靜安慮而後能得也」。
得一善，則拳拳服膺，可謂據矣。所以據之，其目有四：……三曰
變化氣質。學既成矣，及其發用，猶有氣質之偏，亟當磨礱浸潤，
底於純和。昔朱子論謝上蔡，陸子靜謂：無欲之人，尚隔氣質一層。
呂東萊少時氣質極粗，及讀《論語》，至「躬自厚而薄責於人」，於
是痛自變改。故朱子曰：學如伯恭，始得謂之變化氣質。〔註57〕

由引文所列《長興學記》中的相關論述可知，康有為在文中提倡的「慎
獨」、「變化氣質」等要求與朱熹等南宋大儒創辦書院、訂立學規時提出的「言
忠信，行篤敬，懲忿窒欲，遷善改過」、「莊敬誠實，立其基本」等要求有頗多
一致之處，可見宋儒的教育思想亦對其教育思想的最終形成產生了深刻影響。
對於「宋儒之書」，康有為一嚮用力頗勤，按《康南海自編年譜》記載，他在
少年居鄉讀書期間即「讀宋儒之書，若《正誼堂集》《朱子全集》尤多」、「讀
宋元明學案、《朱子語類》」；而在康有為《澹如樓日記》中，亦直接記錄了其
光緒十二年「讀宋儒之書」後對於如何引導學生「變化氣質」的思考，這一點
亦是康有為教育思想來源於其藏書資源的明證。

其次，康有為的教育思想中還有許多間接汲取或直接吸納近代西方教育
思想的部分。誠如前輩學者所論，康有為的教育思想有著「育才」與「救世」
的雙重目的〔註58〕，作為一個志在「經營世界」、改變國弱民困的有識之士，
康有為深刻地認識到教育和人才培養對於國家強盛的重要性，正所謂「泰西
之所以富強，不在炮械軍兵，而在窮理勸學」。特別是通過對甲午戰敗的反思，
他更加體會到「日本之驟強，由興學之極盛」，也更加堅定了其通過教育改革
以「開啟民智」的決心。從康氏藏書及其教育思想的關係而論，這些汲取或
接納近代西方教育思想的部分多直接來源於其個人藏書中的西學類書籍。如
早在光緒十四年康有為居鄉讀書時，其《澹如樓日記》中即有關於西洋的學
堂、學制的記載：

〔註56〕康有為撰，姜義華、張榮華編校：《康有為全集》（第一集），北京：中國人民
　　　大學出版社，2007 年版，第 342～343 頁。

〔註57〕康有為撰，姜義華、張榮華編校：《康有為全集》（第一集），北京：中國人民
　　　大學出版社，2007 年版，第 343～344 頁。

〔註58〕馬洪林：《康有為評傳》，南京：南京大學出版社 2009 年版，第 81 頁。

　　　　某國城鄉皆有學堂，無論貧富男女，自七八歲皆許入學。……
　　　鄉塾有郡學院，專教格致、重學、史鑒、他國語言文字、算曆各學。
　　　再上有實學院，院有上下。上院與仕學院略似，分十三班，師二十
　　　人，業正音、寫字、數學、本國暨拉丁文字、地理、格物、國史、
　　　珍畫、英法文字、化學等類……〔註59〕

　　而結合康有為戊戌變法期間關於教育改革的相關論述可知，其關於教育
制度、教學內容、人才培養等方面的改革倡議，其來源均可追溯到引文中對
西洋學堂、學制的瞭解。如其曾在《請廢八股試帖楷法試士改用策論摺》中
奏請皇上廢棄八股取士之制，「從此內講中國文學，以研經義、國聞、掌故、
名物，則為有用之才；外求各國科學，以研工藝、物理、政教、法律，則為
通方之學。以中國之大，求人才之多，在反掌間耳」〔註60〕，在《請廣譯日
本書派遊學摺》中則以日本「早變法，早派遊學」的成功經驗為榜樣，建議
皇帝「亟變法，亟派遊學，以學歐美之政治、工藝、文學、知識，大譯其書
以善其治」〔註61〕；這種關於教育和人才選拔方式的改革顯然借鑒了引文中
關於近代西方學制和人才選拔方式的記述，而日記中的記述又源自其日常讀
書所得，足見康氏個人藏書資源在其教育思想的形成過程中確實起到了非常
關鍵的作用。

　　總之，作為中國現代歷史上頗具影響力的著名思想家，康有為的思想形
態一直是前輩學者關注的重點；而在討論具體問題時，前輩學者們多著眼於
其「思想家」或「戊戌變法的倡導者」這兩個身份開展相關討論，很少有學
者將關注的目光轉向其個人豐富的藏書資源，並以其「藏書家」的身份為研
究視角，對藏書與其思想形態之間的密切關聯進行論析。因此，將「藏書」
作為討論問題的出發點，通過梳理相關資料，考察康有為的藏書與其哲學、
政治、教育思想之間的密切關聯，亦有助於我們更為全面地瞭解康有為的思
想形態。

〔註59〕康有為：《我史》，北京：中國人民大學出版社 2011 年版，第 38～39 頁。
〔註60〕康有為撰，姜義華、張榮華編校：《康有為全集》（第四集），北京：中國人民
　　　大學出版社，2007 年版，第 79～80 頁。
〔註61〕康有為撰，姜義華、張榮華編校：《康有為全集》（第四集），北京：中國人民
　　　大學出版社，2007 年版，第 67 頁。

第三節　康有為的藏書與學術研究

　　梁啟超在《南海康先生傳》云：「今日中國所需最相殷者，惟先時之人物而已。……若其巋然互於前者，吾欲以南海先生當之」〔註62〕。誠如梁氏所言，作為身處近代中國「西學東漸」時代背景下的著名學者，康有為以其政治思想和學術理論影響了整個中國的歷史進程〔註63〕。而縱觀康有為一生的藏書活動，通過藏書來促進其學術研究，實現「藏以致用、學以致用」的目標是其藏書的重要特點。筆者通過梳理相關資料發現，就其學術研究而論，康有為學術研究的成就主要集中於經學、文學以及書法碑刻三個方面，故本節亦從上述三方面著手，詳細論析康有為藏書與其學術研究之關係。

一、康有為藏書與經學研究

　　作為晚清時期今文經學的代表人物，經學研究是康有為學術研究中最具代表性的部分。對於康有為的經學研究，當時及後世學者已不乏相關述評——學者們或將其研究思路、方法與傳統的經學研究相對比，將其視為「經學之異端和今文經學的終結者」〔註64〕、「近代經文經學的最後一位大師」、「明末清初到清末民初近三百年學術的『殿軍』」〔註65〕；或從梳理中國古代歷史上歷次今古文經學之爭入手，以其對今文經學的全新闡釋為切入點，將其稱作「近代中國今文經學集大成式的大師」〔註66〕、「貌孔心夷」的「今文學家」〔註67〕。而在近代經學家中，康有為的經學研究之路亦是比較獨特的：他從少年時崇拜經典，研究理學走向逐步懷疑經典，拋棄古文經學而向今文經學靠攏，又從單純研究今文經學轉向「大講西學」，以近代西學中的科學精神重新闡釋今文經學，最終成為學貫中西的經學大家。就其經學類藏書而言，以廣西師大館藏的兩萬多冊康有為藏書為例，其中經部書籍多達 239 種，2489冊，約占整個「康藏」的 12%；整個經部藏書中又以「四書五經」為最多（共

〔註62〕康有為：《我史》，北京：中國人民大學出版社，2011 年版，第 108 頁。
〔註63〕王瓊：《康有為藏書考》，《山東圖書館學刊》，2014 年第 3 期，第 104 頁。
〔註64〕吳燕南主編：《清代經學史通論》，昆明：雲南大學出版社，2001 年版，第 223頁。
〔註65〕萬平：《康有為與梁啟超的學術研究》，《文史雜誌》1999 年第 1 期，第 58 頁。
〔註66〕馬洪林：《康有為評傳》，南京：南京大學出版社，2009 年版，第 128 頁。
〔註67〕董士偉：《康有為評傳》，南昌：百花洲文藝出版社 2010 年版，第 39 頁。

164 種，2131 種）〔註 68〕；康氏藏書素以「藏以致用，學以致用」為特點，能夠擁有如此數量龐大、種類繁多的經部藏書，更足見其日常進行學術研究時重心所在。筆者通過梳理康有為的經學研究之路發現，豐富的藏書資源在其經學研究道路上始終扮演著重要角色。具體來說，主要體現在以下幾個方面：

首先，豐富的家族藏書資源既是康有為踏入經學研究領域的「引導員」，又是康有為著手進行經學研究的重要基礎。按《康南海自編年譜》記載，康有為六歲時即「從番禺簡侶琴先生鳳儀讀《大學》《中庸》《論語》，並朱注《孝經》」〔註 69〕，十歲「學《詩》《禮》」〔註 70〕，十六歲自靈洲山返鄉讀書時「好覽經說、史學、考據書」〔註 71〕，十九歲從學朱次琦後更是秉承其「掃去漢、宋門戶，而歸宗孔子」的治學路數，「大肆力於群書，攻《周禮》《儀禮》《爾雅》《說文》《水經》之學」〔註 72〕，二十四歲「讀書鄉園」時著意於宋儒之書，「若《正誼堂集》《朱子全集》尤多……是時讀書日以寸記，專精涉獵，兼而行之」〔註 73〕，二十七歲居澹如樓時「讀宋元明學案，《朱子語類》」〔註 74〕；此外，從康有為這一時期的日記中亦時時可見其在讀書之後對於相關問題的深入思考：

> （光緒十二年）五月九日，看《朱子語類》「訓門人」及「呂東萊」二卷，……朱子謂見伯恭門徒氣宇厭厭，四分五裂，久之○○○○，子敬精神緊峭，使人○○而晡不同。蘇子曰○○○○○○之為善，如火之必熱，水之必寒，此由其氣質自然是善。蓋天下事理無論如何，皆是氣質為主也。〔註 75〕

> （光緒十三年七月）十六日，看《周禮》「大學」、「明堂」、「學校」、「郊禘問」畢，其論「大學」之古本，而歸本於誠意者，能用量度字義，言禘為祭名，祫不為祭名，甚辨。〔註 76〕

〔註 68〕虞浩旭主編：《天一閣論叢》，寧波：寧波出版社，1996 年版，第 362 頁。
〔註 69〕康有為：《我史》，北京：中國人民大學出版社 2011 年版，第 5 頁。
〔註 70〕康有為：《我史》，北京：中國人民大學出版社 2011 年版，第 6 頁。
〔註 71〕康有為：《我史》，北京：中國人民大學出版社 2011 年版，第 8 頁。
〔註 72〕康有為：《我史》，北京：中國人民大學出版社 2011 年版，第 11 頁。
〔註 73〕康有為：《我史》，北京：中國人民大學出版社 2011 年版，第 13～14 頁。
〔註 74〕康有為：《我史》，北京：中國人民大學出版社 2011 年版，第 15 頁。
〔註 75〕康有為：《我史》，北京：中國人民大學出版社 2011 年版，第 20 頁。
〔註 76〕康有為：《我史》，北京：中國人民大學出版社 2011 年版，第 25 頁。

　　總之，綜合其三十歲之前的讀書經歷可見，嚴格的儒家傳統教育和豐富的家族藏書不僅為少年康有為日後從事經學研究打下了堅實基礎，更成為引導其進入經學研究領域的指路明燈。此時的康有為雖然亦受到恩師朱次琦「掃去漢宋門戶」的治學路數影響，開始嘗試在研究實踐中貫徹「為我所用」的原則而不再嚴格遵守歷代經學家不敢逾越的「家法」藩籬，對今文經學亦表現出一定的興趣，但從整體上看，此時的康有為還是傾向於古文經學的。另據梁啟超《清代學術概論》所言，此時的康有為「酷好《周禮》」，還曾於1880年（光緒六年）作《何氏糾繆》，駁斥東漢今文經學家何休的相關學說。

　　其次，在康有為由「崇拜經典」，潛心理學轉向逐步懷疑經典，拋棄古文經學的過程中，除拜會廖平對其思想轉變產生的影響外，豐富的個人藏書資源亦成為推動其走向今文經學研究的重要助力。其實早在1876年（光緒二年）從學朱次琦之時，康有為即受到朱氏「主濟人經世，不為無用之高談空論」、「掃去漢、宋門徑，而歸宗於孔子」等治學路數的影響，力求打破傳統經學家不可逾越的「家法門徑」，以經世致用為志，本著「六經皆為我所用」的原則探討經學的相關問題。然而在「群經」讀盡之後，他並沒有如原先預想的那樣尋找到解決「蒼生困苦」的良方，1878年冬與恩師朱次琦因治學理念不合決裂後，康有為曾在西樵山度過了一段「專講佛、道之書，養神明，棄渣滓……常夜坐彌月不睡，恣意遊思」〔註77〕的日子，但誠如前輩學者指出的那樣，這樣的日子看似逍遙自在，實則恐怕是「苦悶多於清淨」；直到他從友人張延秋處諮訪到「京朝風氣，近朝人物即各種新書」後，才再次找到了前行的方向。此時的康有為已決心徹底與古文經學決裂，「捨棄考據帖括之學」而以「經營天下為志」，開始涉足公羊學研究。他除了攻讀《周禮》外，還特別著意於《王制》等今文經學典籍。此外，在1887年（光緒十三年）的讀書日記中，還保留了他對古文經學家毛奇齡《仲氏易》的批評之辭。在他看來，毛著的優點在於「言諸卦變化，及上下經卦反對，頗有條理」，缺點則在於過分專注於文辭考證，「至於卦義則無所闡發」、「於理道本無斷得」〔註78〕；可見康有為此時已經接受了今文經學家從「微言大義」中尋求「理道」之真諦的思路，並以此為契機，對古文經學家重視考據的特點進行相應的批判。在其後的一年裏，康有為在經歷了第一次上書皇帝，要求變法而未獲回應後，

〔註77〕康有為：《我史》，北京：中國人民大學出版社2011年版，第12頁。
〔註78〕康有為：《我史》，北京：中國人民大學出版社2011年版，第30～31頁。

痛感變法不易，於是「不談政事，復事經說，發古文經之偽，明今學之正」
〔註79〕，力求在學術上創立自己的經學理論體系。在這一年的讀書日記中，
亦留下了康有為讀《春秋》後的思考：

> 春秋之時，大國求合，諸侯小國奔命。郤克以一笑興師，衛文
> 以不禮幾亡。其國君率相報己之怨，以勞師喪民。不獨政非及民，
> 其知王室有幾，人民罹兵燹，可傷也。其公卿大夫之得考終能保首
> 領者，亦良不易睹。此乃知後世郡縣之制，大一統以尊天子，其利民
> 之政雖不舉，然所以君民相保、天下安樂者，視封建遠矣。〔註80〕

　　由上文所引康有為讀書日記中的片段可見，康有為此時再讀《春秋》，
已經完全遵循今文經學家從《春秋》本經出發，尋求「微言大義」的路數了；
他由春秋之時「大國求合，諸侯小國奔命」、「人民罹兵燹之災」的種種亂象
中看到了後世施行郡縣制，要求「大一統」的合理性和優越性，認為這樣的
制度雖有「利民之政不舉」的問題，卻能夠最大程度地避免群雄並起的戰亂
和紛爭，從整體上確保百姓安居樂業。可見康有為通過治經以「發古文經之
偽，明今學之正」的最終目標仍在於尋求切實可行的濟世安民之策。除苦讀
《春秋》外，「專意著述」的康有為還在 1890 年先後撰寫了（光緒十六年）
《王制義證》《毛詩偽證》《周禮偽證》《說文偽證》《爾雅偽證》等證偽之作
〔註81〕，對堯舜三代文明的真實性表示懷疑。聯繫《康南海自編年譜》中的
相關記載可知，康有為每次「居鄉讀書」必然選擇擁有康家累世藏書資源的
澹如樓，此次上書失敗後亦不例外；因此，其「發古文經之偽，明今學之正」
的過程亦是其以自身及家族豐富的藏書資源為依託，逐步構建其經學理論體
系的過程。從這一點上來說，藏書在其今文經學研究道路上的助力作用可謂
顯而易見。

　　最後，在康有為從單純研究今文經學轉向「大講西學」，以近代西學中的
科學精神重新闡釋今文經學的過程中，其個人藏書資源（特別是西學類藏書）
更是起到了舉足輕重的關鍵作用。誠如前輩學者所言，康有為對西學的認識
「從感性到理性兩個方面都達到了新的層次」〔註82〕是在其 1882 年順天鄉試

〔註79〕康有為：《我史》，北京：中國人民大學出版社 2011 年版，第 33 頁。
〔註80〕康有為：《我史》，北京：中國人民大學出版社，2011 年版，第 36 頁。
〔註81〕康有為：《我史》，北京：中國人民大學出版社，2011 年版，第 51 頁。
〔註82〕董士偉：《康有為評傳》，南昌：百花洲出版社，2010 年版，第 9 頁。

下第，自滬返鄉之後。這一階段的康有為不僅「大購西書以講求焉」，還訂閱了《萬國公報》，「大攻西學書，聲、光、化、電、重學及各國史志，諸人遊記，皆涉焉」〔註83〕。對西學文獻大規模地接觸和閱讀亦使得康有為開始以一種批判與繼承並存的視角進行經學研究，並逐步建立起頗具特色的經學理論體系。前輩學者在論及這一點時多將這種以近代西學中的科學精神重新闡釋今文經學的過程視為一個中西參照、中西對比和中西結合的過程，康有為對於「漢宋調合論」的解釋就是能夠體現這一過程中的典型例證之一。通過梳理相關資料可知，「漢宋調合論」並非康有為首創。早在明末清初，王夫之等一批經學家即有漢宋調合的治經主張，要求學者治經時既要像宋儒那樣注重義理之闡發，又要注意尊重經書的原貌，體現漢學家徵實求是的治學精神。清乾嘉時期雖考據之學大盛，漢宋之爭日趨激烈，但其中亦不乏如章學誠、邵晉涵、許宗彥等一批學者從「治學」和「致用」的角度出發，要求學者在治學過程中注意避免漢學考據「徵實太多，發揮太少」的不足，而吸收宋學中「有裨教化」、「切於人倫日用」的優勢，將形而下的考據實學與形而上的義理思辨相結合，「以萃聚之力，補遙溯之功」，實現漢、宋二學的兼採。道光之後，「漢宋調合論」已為更多經學家所提倡，如康有為的老師朱次琦即痛感清代學術「尊漢而退宋」的現實狀況，要求破解漢、宋二學的門戶之見，提出「孔子之學，無漢學宋學」的主張。需要指出的是，這些主張「漢宋調合」的經學家們雖然在具體主張上互有齟齬，但在「何為漢學」、「何為宋學」這兩個問題上卻表現出高度一致——即學者們普遍以辭章考據之學為「漢學」，以闡發義理、涵養心性為「宋學」。對於「漢宋調合論」的問題，康有為一方面繼承了其師朱次琦的治學路數，提倡掃除漢、宋之藩籬；另一方面又具體解釋「漢宋調合」的過程中引入近代西方思想，以近代西方的歷史觀念和人道主義對「漢學」和「宋學」的基本含義進行重新闡釋：

> 孔子之學，有義理，有經世。「宋學」本於《論語》，而《小戴》之《大學》《中庸》及《孟子》佐之，朱子為之嫡嗣，凡宋、明以來之學，皆其所統。宋、元、明及國朝《學案》，其眾子孫也，多於義理者也。「漢學」則本於春秋之《公羊》《穀梁》，而《小戴》之《王制》及《荀子》輔之，而以董仲舒為《公羊》嫡嗣，劉向為《穀梁》

〔註83〕康有為：《我史》，北京：中國人民大學出版社，2011年版，第14頁。

嫡嗣，凡「漢學」皆其所統。《史記》、《兩漢》君臣政議，其支派也，近於經世者也。……夫義理即德行也，經世即政事也。……本原既舉，則歷朝經世之學，自廿四史外，《通鑑》著治亂之統，《通考》詳沿革之故，及夫國朝掌故、外夷政俗皆考焉。宋、明義理之學，自朱子書外，陸、王心學為別派，四朝《學案》為薈萃，至於諸子學術，異教學派，亦當審焉。〔註84〕

《長興學記》作於 1891 年（光緒十七年），是年康有為「始開學堂於長興里，著《長興學記》，以為學規。與諸學子日夕講業，大發求仁之義，而講中外之故，救中國之法」；由上述引文可見，在康有為看來，其所謂「漢學」已不再侷限於「名物訓詁」的考據之學，而是將漢學歸復到「漢代的官學」這一原始義，以「春秋之《公羊》《穀梁》」為其主體，「《小戴》之《王制》《荀子》」為其羽翼，並指出其最終歸旨在於「經世」；其所謂「宋學」亦跳出了時人多「視『宋學』為『心學』」的誤區，以《論語》為其根本，「《小戴》之《大學》《中庸》《孟子》」為其羽翼，「宋、元、明及國朝《學案》」為其衍生，認為其最終歸旨在於「義理」。就其具體的治學理念和治學路數而言，梁啟超《論中國學術思想變遷之大勢》中指出，「康先生之治《公羊》，治今文也。其淵源頗出自井研（即廖平），不可誣也。然所治同，而所以治之者不同。疇昔治《公羊》皆言例，南海則言義。……以改制言《春秋》，以三世言《春秋》者，自南海始。改制之義立，則以為《春秋》者，絀君威而申人權，夷貴族而尚平等，去內競而歸統一，革習慣而尊法制，此南海之言也。……三世之義立，則以進化之理，釋經世之志……而導人以向後之希望，現在之義務」〔註85〕；可見康有為所謂「漢學」已經包含了西方近代社會歷史觀中的「進化之理」以及「人權」、「平等」、「法制」等重要概念；而其所謂「宋學」亦摒棄了宋儒「存天理，滅人慾」的主張，提倡「大明天賦人權之義」，時時可見近代西方人道主義思想的影子。在時人看來，這些觀點和主張均可謂「前無古人」。而康有為之所以能夠突破傳統經學家的藩籬，在自己的經學研究中融入近代西方社會歷史觀念和科學精神，與其自 1882 年順天府鄉試下第後積極擴充個人藏書資

〔註84〕康有為《長興學記》，康有為撰，姜義華、張榮華編校：《康有為全集》（第一集），北京：中國人民大學出版社，2007 年版，第 347～349 頁。

〔註85〕梁啟超：《論中國學術思想變遷之大勢》，上海：上海古籍出版社 2001 年版，第 128～129 頁。

源（特別是積極求訪、購買西學類書籍）有著密切關聯。而這樣購書、訪書活動在其 1891 年辦學於長興里後得到了進一步的重視，按《康南海年譜記載》，自其創辦的學堂遷至萬木草堂後，康有為曾數次委託學生或友人求訪、購買西學圖書——如其曾在 1895 年與幾位志同道合者商議「開『書藏』於琉璃廠，乃擇地購書，先囑孺博出上海辦焉」，並得到英、美公使捐贈的大批西書及圖器〔註 86〕；1896 年（光緒二十二年），他曾「為同人購書千餘金略備」，並於是年得到大批日本書籍，「乃令長女同薇譯之」〔註 87〕；此外，康有為在具體的教學實踐中亦始終堅持「以孔學、佛學、宋明學為體，以史學、西學為用」〔註 88〕的教學理念。他還根據自己多年治經心得和藏書資源，為學生列出若干種必讀的經學和西學類書籍(《桂學問答》)，要求學生在日常學習中做到「中國古今」與「外國古今」兼通，「聖學」與「外學」並重〔註 89〕，甚至向學生傳授自己的購書經驗（「叢書宜多購，得一書，有百數十種之用。如《粵雅堂》《知不足齋》之類最博，可涉獵，其專門之叢書，如《經學匯函》《小學匯函》之類，尤宜多購」〔註 90〕），足見個人藏書資源（特別是西學書籍）在其治經之路上發揮的獨特作用。

二、康有為藏書與文學研究

作為身處東西方文明交匯和劇烈碰撞時代的著名學者，康有為不僅專注於經學研究，在文學研究上亦多有建樹。正是由於其身處中西方文化交匯與碰撞並存的時代，康有為的文學研究亦以「中西交融」為特色，既保留了中國傳統文學批評中注重創作經驗總結、徵引廣博、以夾敘夾議批評為主的特點，又不乏對西方近代科學研究方法及近代西方文學作品的譯介和接受。康有為前輩學者在論及康有為在文學研究領域的成就時，或以方法論的視角為切入點，關注其在古典文學研究方法論變革上所具有的先導意義，或從文體觀念變化的角度出發，關注其對於通俗文學的提倡。從康有為個人的藏書情

〔註 86〕康有為：《我史》，北京：中國人民大學出版社 2011 年版，第 63 頁。

〔註 87〕康有為：《我史》，北京：中國人民大學出版社 2011 年版，第 64 頁。

〔註 88〕康有為：《我史》，北京：中國人民大學出版社 2011 年版，第 112 頁。

〔註 89〕康有為撰，姜義華、張榮華編校：《康有為全集》（第二集）（北京：中國人民大學出版社，2007 年版，第 18～23 頁。

〔註 90〕康有為撰，姜義華、張榮華編校：《康有為全集》（第二集）（北京：中國人民大學出版社，2007 年版，第 23 頁。

況來看，文學類藏書是其個人藏書資源的重要組成部分。以廣西師大館藏的康有為藏書為例，其中集部書籍共 690 種，4651 冊，包括 100 餘種中國歷代詩、詞、賦、駢散文總集以及 500 餘種歷代文學家、史學家之文集、詩集、雜集，堪稱博廣〔註 91〕。與經學研究一樣，康有為的文學研究與其個人藏書之間亦有著非常密切的關聯，具體來講，主要體現在以下幾個方面：

首先，豐富的文學類藏書資源是康有為文學研究得以開展的重要基礎。通過梳理康有為生平經歷可見，對於中國古典文學作品和文學理論批評類書籍的閱讀可謂貫穿其整個治學生涯。按《康南海自編年譜》所言，他五歲即得族中長輩教授，「能誦唐詩數百首」〔註 92〕，十四歲流連於家中藏書樓，「讀書園中，縱觀說部、集部」〔註 93〕；十五歲時「慕袁子才詩文，時文亦仿焉」〔註 94〕，十九歲從學朱次琦後得其指點，「渙然融釋貫串，而疇昔博雜之學，皆為有用」，於是「大肆力於群書」，「《楚辭》《漢書》《文選》、杜詩、徐庾文，皆能背誦」〔註 95〕；二十四歲「讀書鄉園」時「誦《招隱》詩，惟憂句盡」〔註 96〕；此外，從其光緒十二年到十五年所作《澹如樓日記》中亦多有閱讀前人詩文集的記載。豐富的家族藏書資源不僅對其文學造詣的提高大有裨益，更為其日後進行文學研究打下了堅實基礎。就其創作論而言，由於其藏書資源中以儒家經典為最多，因此，康有為的詩文創作論亦多受到中國古代文論中儒家創作論的影響。如以其在《日本雜事詩序》中對黃遵憲詩作的讚賞為例，在康有為看來，「窈窕其思，娟嫟其辭，條杝繁複，華葉舒鋪，文用互舒，綱目列臚，可娛可誦」〔註 97〕是黃遵憲《日本雜事詩》的最大特點，而這一創作特點正是對《詩經》「述國政，陳風俗」、「一章一句之所涵託，意旨無窮」〔註 98〕之傳統的繼承；這種「經濟世人」的創作觀既是對傳統儒家詩論中以「厚人倫，美教化，易風俗」為詩歌創作之歸旨的繼承和延續；又與康有為

〔註 91〕虞浩旭主編：《天一閣論叢》，寧波：寧波出版社，1996 年版，第 361 頁。
〔註 92〕康有為：《我史》，北京：中國人民大學出版社，2011 年版，第 5 頁。
〔註 93〕康有為：《我史》，北京：中國人民大學出版社，2011 年版，第 8 頁。
〔註 94〕康有為：《我史》，北京：中國人民大學出版社，2011 年版，第 8 頁。
〔註 95〕康有為：《我史》，北京：中國人民大學出版社，2011 年版，第 10～11 頁。
〔註 96〕康有為：《我史》，北京：中國人民大學出版社，2011 年版，第 13 頁。
〔註 97〕康有為撰，姜義華、張榮華編校：《康有為全集》（第四集），北京：中國人民大學出版社 2007 年版，第 1 頁。
〔註 98〕康有為撰，姜義華、張榮華編校：《康有為全集》（第四集），北京：中國人民大學出版社 2007 年版，第 1 頁。

「經世致用」的治經思路一脈相承。又如他在談到韓愈文章時首推其宗經之
義，將「約『六經』之旨以成文」視為韓愈文章的最大特點，盛讚其「一人倡
於前，李習之等合於後……昌黎後而其道大行，學者仰之如泰山北斗」﹝註99﹞，
這一觀點的形成亦顯然受到傳統儒家文論中提倡「原道」、「宗經」、「徵聖」
的影響。除受傳統儒家創作論的影響外，前輩及同時代批評家對於詩文創作
問題的相關論述亦對其創作論的形成所產生的影響亦不容忽視，如在論及文
章創作方法的問題上，康有為即對桐城派刻板的理論框架提出質疑，指出「文
章家尤兵法家，運用之妙存乎一心，固不為法度所困。……文章之道至大，
精騖八極，心遊萬仞，籠天地於形內，挫萬物於毫端」﹝註100﹞；「夫文法，猶
兵法也，變化不測。程不識廣，均是名將，因時制宜，相機應變，奇正相生而
已」﹝註101﹞，這些觀點的提出顯然受到了陸機《文賦》、劉勰《文心雕龍》等
論著中相關主張（包括論詩文創作的構思問題、詩文創作的「守正」與「新
變」等）的影響。此外，光緒十四年的《澹如樓日記》中亦有康有為夜讀曾國
藩《求闕齋日記》的記載，由其中「文正論文，謂用意宜斂多而侈少，行氣宜
縮多而伸少。古人為文，但求氣之縮。氣恒縮則○○多○。○於文者當從此過。
昔潘伯寅尚書謂余文塞，余行文，頗同此意。潘尚書知言也」﹝註102﹞的記述，
亦足見康氏豐富的藏書資源對其詩文創作理論產生的深刻影響。

　　另一個典型的例子是康有為對於詩文創作中師法選擇問題的相關論述。
對於這一問題，康有為特別提倡後學者對梁蕭統《昭明文選》的學習。通過
梳理《康南海自編年譜》《澹如樓日記》中的相關記載可知，《昭明文選》是康
有為案頭必備的書籍之一，如光緒十五年的《澹如樓日記》中即有其「自嘉
興至吳江……雨入船窗，被褥為濕，船中看文選」﹝註103﹞的記載。在他看來，
「昭明之為《文選》，其別裁最精。梁武帝三度捨身同泰寺，於時佛教最重，
而《文選》不登佛碑一字，惟登一《彌勒寺碑》，止取其人最微而輕者，以示
佛教之不足重，其識高矣」﹝註104﹞；後學者在學習過程中不僅應該通讀全書，
還應該按照「先書、次箋、次賦」的順序，「學其筆法、調法、字法」，與循序

﹝註99﹞ 康有為撰，康同璧、任啟聖編校：《萬木草堂遺稿》（卷六下），第38頁。
﹝註100﹞ 康有為撰，康同璧、任啟聖編校：《萬木草堂遺稿》（卷六下），第35頁。
﹝註101﹞ 康有為撰，康同璧、任啟聖編校：《萬木草堂遺稿》（卷六下），第30頁。
﹝註102﹞ 康有為：《我史》，北京：中國人民大學出版社，2011年版，第38頁。
﹝註103﹞ 康有為：《我史》，北京：中國人民大學出版社，2011年版，第49頁。
﹝註104﹞ 康有為撰，康同璧、任啟聖編：《萬木草堂遺稿》（卷六下），第32頁。

漸進中逐步體會其構思運筆的妙處所在。此外，康有為還特別提示後學者應該做到善擇其師與明辨源流兼顧，而這一點在其《桂學答問》中即多有論及：

> 辭章之學。先讀《楚辭集注》，次讀《文選》，武昌胡克家翻宋本為佳，次則葉樹藩朱墨本亦可。……《文選》當全讀，學其筆法、調法、字法。兼讀《駢體文鈔》，則能文矣。作駢體，兼讀《徐庾集》及《四六叢話》。國朝駢體中興，以胡、洪為最，有《駢體正宗》及《八家四六》正、續可觀。散文讀《古文辭類纂》《韓》《柳集》則有法度矣。若能讀《全上古三國六朝文》《唐文粹》《宋文鑒》《元文類》《明文海》，則源流畢貫。若欲成家數，當浸淫秦、漢子史，乃有得處。〔註 105〕

結合前文所述康有為的讀書經歷可見，康有為在《桂學答問》中對於學生在學習詩文創作過程中師法選擇的指導恰是其多年讀書學文的經驗之談；而從《南海珍藏宋元明版書目》中的相關記載來看，其之所以能夠如此詳盡地羅列出後學者「善擇師法」與「明辨源流」時的必讀書目，對於部分書籍甚至能夠精確到版本的選擇問題，亦有賴於其個人藏書資源中數量龐大、種類繁多的善本古籍資源。

其次，豐富的藏書資源（特別是西學類藏書）也是康有為在文學研究方法上實現轉變和更新的重要助力。郭英德《中國古典文學研究史》指出，「中國古代文學的研究方法，有三種傳承久遠的基本類型：一是『知人論世』的史學研究方法，二是『述而不作』的經學研究方法，三是考據索隱的文獻學研究方法」〔註 106〕，具體到本文所論康有為的文學研究而言，這三種方法在康有為的文學研究中亦多有應用；但較之於那些僅僅是簡單繼承並沿襲這些研究方法的同時代其他學者而言，對近代西方科學研究方法的引入和接受是康有為文學研究中最為突出的特點，這一特點亦使得康有為成為推動 20 世紀初的中國古典文學研究在方法論上實現新變與轉型的標誌性人物之一；而這一特點的形成恰恰得益於康有為個人藏書資源中種類豐富的西學類書籍，具體來說，這種「轉型」和「新變」主要體現在對近代西方科學歸納研究法的引入和文體觀念的轉變兩個方面。

〔註 105〕康有為撰，姜義華、張榮華編校：《康有為全集》（第二集），北京：中國人民大學出版社，2007 年版，第 24 頁。
〔註 106〕郭英德：《中國古典文學研究史》，北京：中華書局 1995 年版，第 659 頁。

就其對近代西方科學歸納研究法的引入和接受而言,按《康南海自編年譜》記載,康有為大規模地接觸西學書籍是在其 1882 年(光緒八年)順天鄉試失利之後,他不僅從上海等地購買了大量的西學書籍,訂閱了《萬國公報》,還著意攻讀「聲、光、電、重學及各國史志,諸人遊記……並及樂律、韻學、地圖學」,如此廣泛的大規模閱讀不僅使康有為瞭解了大量的近代西方科學知識,更促使其瞭解和逐步掌握了一些西方近代自然科學常用的研究方法。以英國著名哲學家培根提出的「歸納實證法」為例,這一研究方法在 1877 年版的《格致彙編》和 1878 年出版的《萬國公報》上均有較為詳盡的介紹,而康有為在《桂學答問》中論及西學書籍時,即有「《格致彙編》最佳,農桑百學皆有」〔註107〕之說,可見這兩種全面介紹西學的刊物不僅是康有為的案頭必備,更是其在教授後學時要求學生認真閱讀,以「通知西學」的重要參考書籍。值得注意的是,與同時代那些「講求西學」的學者相比,康有為在文學研究上並不僅僅滿足於對西方近代科學知識及其研究方法簡單介紹,而是將這種歸納實證的研究方法與乾嘉以來盛行於國內的考據索隱之學結合,「合經、子之奧言,探佛、儒之微旨,參中、西之新理,窮天、地之賾變」〔註108〕,這就從根本上實現了 20 世紀中國古典文學研究在學風上的轉變。康有為以萬木草堂「書藏」為依託撰寫而成《新學偽經考》和《孔子改制考》就是能夠體現這一轉變的典型例證。如康有為在《新學偽經考》中曾有「《左傳》係劉歆將《國語》改寫而成」的說法,由前輩學者的相關論述可知,若單從學理上講,這一觀點其實是很難成立的;但若從「學術研究方法的轉變」的角度而論,這樣的觀點亦有其積極的一面──它打破了之前古典文學研究中唯經學權威之馬首是瞻的局面,對於當時及後來的研究者們具有解放思想的特殊意義。而康有為豐富的個人藏書資源正是促成這一轉變的重要助力。

就其文體觀念的轉變而論,康有為對通俗小說的提倡和重視是其文學研究中頗為值得稱道的一點。眾所周知,在中國古代傳統文體觀念看來,通俗小說乃是民間「稗官野史」、「道聽途說」的產物,是「不登大雅之堂」的鄙俗之作,長期處於被封建正統文人所鄙視的地位,更遑論對其意義和價值進行系統而深入的研究了。作為清末學界頗具影響力學者之一,康有為之所以會

〔註107〕康有為撰,姜義華、張榮華編校:《康有為全集》(第二集),北京:中國人民大學出版社,2007 年版,第 23 頁。
〔註108〕康有為:《我史》,北京:中國人民大學出版社 2011 年版,第 16 頁。

如此重視和提倡通俗小說，與其受到近代西方「天賦人權」、「自由平等」等思想的影響有著很大關聯；而康有為瞭解和接受這些思想亦源自其個人藏書中種類繁多的西學書籍。在康有為看來，「孔子立教，一切以仁為本」，「孔子之道，皆近取諸身，故能合乎人性，協乎人情」；既然「仁者，……在人為博愛之德」，而「人本身有好貨、好色、好樂之欲，聖人不禁」，那麼民情所喜聞樂見的戲曲和小說亦不應被打入另冊，一概以「鄙俗」視之。據《康南海自編年譜》記載，康有為曾於1896年（光緒二十二年）得到了一批日本書籍，並在長女同薇的翻譯下得以瞭解其中之概要，最終將這些書籍編入其所著《日本書目志》中。《日本書目志》中專列「小說門」一類，收錄日本通俗小說共一千六百五十餘種，可見康有為對於通俗小說的關注和收藏亦由來已久。在「小說門」後的志識中，康有為明確表達了自己關注和重視通俗小說的原因：

> 易逮於民治，善入於愚俗，……今日急務，其小說乎？僅識字之人，有不讀經，無有不讀小說者。故六經不能教，當以小說教之；正史不能入，當以小說入之；語錄不能諭，當以小說諭之；律例不能治，當以小說治之。天下通人少，而愚人多，深於文學之人少，而粗識之無之人多。《六經》雖美，不通其義，不識其字，則如明珠夜投，按劍而怒矣。……今中國識字人寡，深通文學之人尤寡，經義史故亟宜譯小說而通講之。泰西尤隆小說學哉！〔註109〕

由前文所論可知，西學書籍中西方某國「無論貧富男女，自七八歲皆需入學」〔註110〕的記載對於康有為教育思想的形成有著很大影響，通過創辦教育，「開啟民智」以實現國富民強亦因此成為康有為教育思想中最為核心的部分。由此觀之，則康有為之所以大力提倡學界重視和研究小說，正是基於其改變當時中國「識字人寡，深通文學之人尤寡」這一現狀的要求——即「經義史故亟宜譯小說而通講之」。既然小說同樣能夠起到教化世人，導其向善的作用，學界就應該破除此前將小說、戲曲等通俗文學視為「鄙俗」代名詞的陳舊觀念，學習和借鑒西方諸國「尤隆小說學」的理念，對小說等通俗文學進行全面而深入的研究。總之，通過梳理康有為文體觀念的轉變可知，其無論從重視民情的角度提倡通俗小說還是從「教育救國」的角度提倡研究小說，

〔註109〕康有為撰，姜義華、張榮華編校：《康有為全集》（第三集），北京：中國人民大學出版社，2007年版，第522頁。

〔註110〕康有為：《我史》，北京：中國人民大學出版社，2011年版，第38頁。

藏書在其中所起到的推動作用都是顯而易見的。

三、康有為藏書與書畫研究

作為中國近代歷史上頗具影響力的思想家和學者，康有為不僅在經學和文學研究上具有承上啟下、「導夫先路」的地位，在書畫研究領域亦取得了舉世矚目的成就。就其書學研究而論，康有為的書學研究著作主要以其 1888 年所作《廣藝舟雙楫》為代表。通過梳理相關資料可知，這部康有為耗時兩年完成的書學研究著作逅經問世便在當時學界引起了強烈反響，甚至有「攪動碑學一世新」的美譽；康有為亦因此被當時及後世學界稱為「書法史上改變方向的第一人」；若我們以此為基礎，從藏書與其書學研究的角度進行探討就會發現，康有為之所以能夠在書學研究上取得如此成就，與其個人豐富的藏書資源亦有著密不可分的聯繫：

早在少年時代，康有為即將那些承載著前人書法技藝「碑帖詩文」作為自己置之案頭的必備讀物之一。據《康南海自編年譜》記載，他十二歲隨祖父赴任連州公學時即得其教導，「凡兩廡之賢哲，寺觀之祖師，儒流之大賢，以若碑帖詩文中才名之士，皆隨時指告」，十七歲「從從叔竹孫先生學，……涉獵群書為多」，二十三歲居鄉教諸弟讀經之餘「用力《說文》，兼作篆、隸」，二十四歲「讀書日以寸記，專精涉獵，兼而行之。是年讀書最多」；這些青少年時期讀書的經歷中雖然有些並未明確涉及到書法碑帖，但從康家書香傳世的底蘊可以推斷，書法碑帖必然是其累世家藏中不可或缺的一部分。這些康家累世藏書中的書法碑帖在成為康有為涉獵書學的「啟蒙教材」的同時亦為其日後大規模地求訪、收購金石碑帖，開展相關研究打下了良好的基礎。

1882 年（光緒八年）五月，康有為赴京參加順天府鄉試，他「藉此遊京師，謁太學，叩石鼓，瞻宮闕」，同時開始著手求訪收集金石碑刻，嘗試「大講金石之學」；這次鄉試雖以康有為的再次落第告終，卻在無形中促使其完成了原有家族藏書的基礎上擴充並進一步完善藏書資源的工作，這些自京師購得的金石碑刻亦由此而成為康有為繼續拓展和深化其書學研究的有力保障。

1888 年（光緒十四年），痛感「自馬江敗後，國勢日蹙。中國發憤，只有此數年閒暇」〔註111〕的康有為毅然上書朝廷，痛陳「外夷交迫，自琉球

〔註111〕康有為：《我史》，北京：中國人民大學出版社，2011 年版，第 32 頁。

滅、安南失、緬甸亡，羽翼盡翦，將及腹心」〔註112〕的危急局面和「兵弱財窮，節頹俗敗，綱紀散亂，人情偷惰」〔註113〕社會現狀，懇請皇帝及時變法（《上清帝第一書》）；這次上書最終因無人代轉而未能上達，且由於其書中不乏言辭激烈之處，故其奏疏亦在當時以「守成」為能事的廣大朝臣中引起了極大的爭議。在這種情況下，康有為不得不暫避鋒芒，「徙居館之汗漫舫，老樹蔽天，日以讀碑為事，盡觀京師藏家之金石凡數千種，自光緒十三年以前者，略盡睹矣」；這段「以金石陶遣」〔註114〕的時光不僅使康有為藏書資源中的金石碑刻作品得到極大的擴充，更成為其撰寫《廣藝舟雙楫》的直接動力。

　　按《康南海自編年譜》記載，康有為在決心「擬著一金石書」後，「以人多為之者，乃續包慎伯為《廣藝舟雙楫》焉」〔註115〕；康有為《廣藝舟雙楫自敘》中亦自謂其「攤碑擒書，弄翰飛素。千碑百記，鈎午是富。發先識之覆疑，竅後生之宦奧」〔註116〕，可見康有為個人藏書資源中的前人書學類著作（如包世臣《藝舟雙楫》等）亦是其寫作此書的重要參考。作為體現康有為書學理論的代表性著作，《廣藝舟雙楫》共計 6 卷 27 篇，書中既對阮元開創、包世臣進一步發展的「尊碑抑帖」的書學思想予以全面總結，同時又在前人的基礎上繼續闡發「尊碑」之說，強調書法創作應該隨時代變化而不斷創新，「其靈而不能自己，則必變數焉」，認為後學者在學習書法的過程中應該做到轉益多師而自成一格，方能有所成就。書中極力推崇漢魏六朝碑刻，並專門總結了北碑書法之「十美」，充分體現了其崇尚「雄拙粗強」的審美理想。以藏書及其書學研究的角度觀之，無論是書中對於前人書學觀點的吸收借鑒還是對自身審美理想的闡釋張揚，無一不是以康有為個人藏書資源中的金石碑帖和前人書學論著為基礎的。此外，康有為還在書中專列《購碑》一篇，在系統梳理自身多年求訪、收購金石碑文經驗的基礎上說明「購碑之握要」，認為購碑當以南北朝之碑為先，唐碑則可以緩購；究其原因，則主要在於六朝碑

〔註112〕康有為撰，姜義華、張榮華編校：《康有為全集》（第一集），北京：中國人民大學出版社，2007 年版，第 180 頁。

〔註113〕康有為撰，姜義華、張榮華編校：《康有為全集》（第一集），北京：中國人民大學出版社，2007 年版，第 180 頁。

〔註114〕康有為：《我史》，北京：中國人民大學出版社，2011 年版，第 33 頁。

〔註115〕康有為：《我史》，北京：中國人民大學出版社，2011 年版，第 33 頁。

〔註116〕康有為撰，姜義華、張榮華編校：《康有為全集》（第一集），北京：中國人民大學出版社，2007 年版，第 251 頁。

帖獨特的藝術價值。在康有為看來，「南北朝之碑，無體不備，唐人名家，皆從此出，得其本矣，不必復求其末」〔註117〕，且「今世所用號稱真楷者，六朝人最工。蓋承漢分之餘，古意未變，質實厚重，宕逸神雋，又下開唐人法度，草情隸韻，無不所有」〔註118〕，從這一點來看，六朝碑帖無疑是後學者最佳的師法對象。與此同時，康有為還特別提示後學者「自魏、晉至隋，其碑不多，可以按《金石萃編》《金石補編》《金石索》《金石聚》而求之，可以分各省存碑而求之」〔註119〕，可見其在日常求訪、搜購金石碑帖時亦經常其藏書資源中的相關書籍為「引路人」，按圖索驥，加以補充和拓展。試想康有為如果沒有此前此前大量求購、收集金石碑帖的揣摩臨寫之功，又如何能在《購碑》篇中言簡意賅地總結六朝碑帖的藝術特色，詳細說明「購碑之握要」呢？

就其繪畫研究而論，康有為藏書與其繪畫研究的關係主要體現在《萬木草堂藏畫目》中。按康有為自述，他曾在戊戌變法失敗前收藏了許多歷代名畫，由於變法失敗後「兵役來大劫掠」〔註120〕，這些藏品被盡數抄沒，不知所蹤。在變法失敗後「中外環遊」、流亡海外的十六年裏，他重整旗鼓，「復搜得歐美各國及突厥、波斯、印度畫數百，中國唐、宋、元、明以來畫亦數百」〔註121〕，《萬木草堂所藏中國畫目》就是其總結和整理這一時期收藏成果的代表。馬洪林《康有為評傳》中指出，這部《畫目》看似是對康氏所藏歷代名畫的詳盡梳理，實則「評論文字佔了很大篇幅」，亦可視為康有為本人繪畫理論的總結。〔註122〕從《萬木草堂所藏中國畫目序》的內容來看，康有為編纂此書的目的正是為了探討「中國近世之畫衰敗極矣」的原因，並通過「正其本，探其始，明其訓」來振興衰敗已久的中國畫學。在他看來，繪畫的特點在於其能夠「以象形類物」，而繪畫的功能則在於保存事物的形象，彌補史書及詩詞歌賦無法直觀反映事物形象之不足；而那些優秀的繪畫作品之所以能

〔註117〕康有為撰，姜義華、張榮華編校：《康有為全集》（第一集），北京：中國人民大學出版社，2007 年版，第 251 頁。

〔註118〕康有為撰，姜義華、張榮華編校：《康有為全集》（第一集），北京：中國人民大學出版社，2007 年版，第 256～257 頁。

〔註119〕康有為撰，姜義華、張榮華編校：《康有為全集》（第一集），北京：中國人民大學出版社，2007 年版，第 257 頁。

〔註120〕康有為：《我史》，北京：中國人民大學出版社，2011 年版，第 103 頁。

〔註121〕康有為撰，姜義華、張榮華編校：《康有為全集》（第十集），北京：中國人民大學出版社，2007 年版，第 455 頁。

〔註122〕馬洪林：《康有為評傳》，南京：南京大學出版社 2009 年版，第 482 頁。

夠起到「見善足以勸，見惡足以誡」〔註123〕的效果，正是緣於其「傳神阿睹，形象之迫肖」〔註124〕。這一觀點顯然受到中國古代儒家畫論中重視和強調繪畫社會功能的影響；此外，康有為對於歷朝繪畫之特點、變化興衰的評價亦均以其收藏的歷代名畫為基礎，足見康氏個人藏書中的相關資源在其畫論形成的過程中亦頗為關鍵。

第四節　康有為的藏書及其文學創作

作為20世紀初「開先時之風氣」的代表人物，康有為不僅在政治改革、學術研究上頗具影響力，在文學創作上亦有不俗的表現。康有為一生的創作成果頗為豐富，除大量詩歌、政論散文外，他還在戊戌變法失敗、流亡異域之時集中差創作了一批介紹異域風情的遊記散文。康有為的詩文創作素以激情澎湃、動人心魄著稱，特別善於將生動形象的描寫與抽象的說理結合，情中寓理而理中含情，使人讀之悅目。就本文所論康有為藏書及其詩文創作的關係而言，主要可以概括為以下幾個方面：

首先，從創作題材來看，「藏書」、「書籍」始終是康有為文學作品的重要主題之一。筆者通過梳理康有為的相關文學作品發現，這類以「藏書」和「書籍」為主題的作品既包括其對自身藏書、讀書經歷的書寫和敘述，對友人贈書的感激和欣喜，又不乏對傳統古籍保護問題的呼籲和思考。如以其詩歌創作為例，《康有為全集》中收錄的以「藏書」和「書籍」為主題的詩作共十五首，而其中又以對康氏家族藏書、自身讀書經歷的抒寫為最多。在這些詩作中，作者或追憶家族藏書之盛、或回憶幼年讀書之事，其詩作的落腳點亦往往側重於對自身的愛書之心、惜書之情和讀書之樂的抒寫：

> 百年舊宅院剩楹書，舊史曾付傷魚蠹。
>
> 一樹梅花清影下，焚香曬帙午晴初〔註125〕。《延香老屋率幼弟博曝書》

〔註123〕康有為撰，姜義華、張榮華編校：《康有為全集》（第十集），北京：中國人民大學出版社，2007年版，第441頁。

〔註124〕康有為撰，姜義華、張榮華編校：《康有為全集》（第十集），北京：中國人民大學出版社，2007年版，第441頁。

〔註125〕康有為撰，姜義華、張榮華編校：《康有為全集》（第十二集），北京：中國人民大學出版社，2007年版，第142頁。

三年不讀南朝史，瑣豔濃香久懶薰。

偶有逃遁聊學佛，傷於哀樂遂能文。

懺除綺語從居易，悔作雕蟲似子雲。

憂患百經未聞道，空階細雨送斜曛。〔註126〕《澹如樓讀書》

結合引文所舉例證可知，康有為這些以敘述自身藏書、讀書經歷為主題的詩作在內容上又可分為兩類，一是以追憶和緬懷家中舊日的藏書盛況為內容，意在表達自己對家族藏書的珍視、對故鄉舊宅的眷戀；引文所舉《延香老屋率幼弟博曝書》即是這類作品的代表。按詩前序言記載，這座延老宅香康有為對自家老宅「為先曾祖通奉公雲衢府君遺宅，自高祖榮祿公炳堂府君及先祖連州公，先考公少農府君，四世藏於是」〔註127〕，且其中不乏如「先師朱九江先生代購全史、杜詩」這樣的珍本善本，不僅是康家「累世藏書」傳統的最無聲的見證，更是康氏歷代先祖用以「傳之子孫」的精神食糧。作者因痛惜其經年無人照管，故選擇在初晴午後於叔父親手種植梅花樹下曝書除蠹，寥寥數筆，其對老屋藏書的珍視之情皆已盡在其中。二是對於自己讀書、藏書所思所感的抒寫和敘述，引文所舉《澹如樓讀書》就是這類作品的代表。據《康南海自編年譜》記載，此時的康有為正過著「讀書園中，縱觀說部集部」的日子。結合詩中內容可知，澹如樓中種類豐富、數量眾多的藏書不僅使少年康有為的閱讀範圍大大拓展，更成為促成其轉變文學創作風格的重要「催化劑」——通過對前輩作家作品的大量閱讀和學習揣摩，康有為逐漸擺脫了之前詩文創作中以尋章摘句、綺麗靡豔為能事的「瑣豔濃香」之風，並逐漸學會像白居易作詩那樣「感於哀樂，緣事而發」，更加注重對自身真情的抒寫和敘述。在他看來，自己這樣的轉變恰如少年以作賦為能事，中年卻「悔作雕蟲」的揚雄；而康氏家族歷代積累的豐富藏書正是康有為實現這一轉變的重要助力。

值得注意的是，這種對於自己藏書、讀書所思所感的敘述在康有為戊戌變法、流亡國外的詩作中亦時有體現。對於經歷了幼弟殉難，舉家倉皇出逃，「患難驚憂，悽惶萬狀」的康有為而言，無論是出逃之時倉促攜帶的幾本書

〔註126〕康有為撰，姜義華、張榮華編校：《康有為全集》（第十二集），北京：中國人民大學出版社，2007年版，第143頁。

〔註127〕康有為撰，姜義華、張榮華編校：《康有為全集》（第十二集），北京：中國人民大學出版社，2007年版，第142頁。

籍還是流亡期間友人相贈的若干新書，都成為其漫長流亡生活中直接觸動其
胸中詩思的重要源泉：

　　　　老夫倚劍西北征，揮割紫雲上青冥。

　　　　披艱掃穢震海靈，鮫鱷呼號神鬼驚。

　　　　重捧玉鏡整金經，重為言曰張公高文鴻烈馨。〔註128〕《桂湖村
　　　以日本刀及〈張非文集〉見贈，賦謝》

　　　　每讀杜陵詩，感慨更摩挲。上念君國危。下憂黎元屙。中間痛身
　　　世，慷慨傷蹉跎。千篇仁人言，低諷長吟哦。……奔走喪世亂，辛苦
　　　道憾軻。我遇與之合，流離同一科。我官步後塵，工部冠同峨。便道
　　　子美詩，可做明夷歌。〔註129〕《避地檳榔嶼不出，日誦杜詩消遣》

　　由引文所舉例證可見，此時的康有為在抒寫自身藏書、讀書的所思所感
時，往往通過「皆著書人之酒杯，澆自己之塊壘」的抒情方式，特別是在化用
杜甫《自京赴奉先縣詠懷五百字》中「葵藿傾太陽，物性固莫奪」、「窮年憂黎
元，歎息腸內熱」數句的基礎上聯繫杜甫「安史之亂」後飄零西南，孤苦無依
的人生經歷，將自己變法未成、流亡海外，空有一腔報國熱忱而無處施展的
無奈與憤懣表現得淋漓盡致。從這一點來看，對於康有為而言，此時的藏書、
讀書活動不僅是觸發其文學創作靈感的重要源泉，更是其藉以宣洩內心之憤
懣，獲得心理安慰的直接助力。

　　此外，在康有為以「藏書」、「讀書」為主題的詩文作品中，還有一類作
品涉及到傳統古籍的保護問題，作為一位飽嘗訪書之甘苦的藏書家，康有為
對於古籍保護的重要意義有著更為深刻的體會。他曾屢次目睹流散海外的珍
貴古籍藏於別國圖書館，發出「睹之傷心」、「辱國莫甚」的慨歎，更屢次在文
章中呼籲國民「搜集國粹」以「保中國之魂」；1921 年夏，時任江西省教育廳
第三科科長的王經佘借訪問日本、考察教育之機與日本人達成密約，欲以 20
萬日元的低價將白鹿洞書院珍藏的眾多古籍盜賣給日本人，並在其回國後夥
同管理嶽麓書院的星子縣圖書館館長梁亦謙、館員胡享盜運藏書，縱火焚燒
書院。消息傳出後，康有為於同年十月致信時任浙江省省長的齊照岩，要求

〔註128〕康有為撰，姜義華、張榮華編校：《康有為全集》（第十二集），北京：中國
　　　　人民大學出版社，2007 年版，第 195 頁。
〔註129〕康有為撰，姜義華、張榮華編校：《康有為全集》（第十二集），北京：中國
　　　　人民大學出版社，2007 年版，第 212 頁。

嚴懲兇犯，以實際行動保護白鹿洞書院的古籍藏書：

> 夫以今古書之少，而日本好古，搜羅無不至，吾國人困窮日甚，
> 貪利無所不至，盜賣國寶於異國，殆必然之事也。……想大君子尚
> 文好古，必有以懲無賴而保文章。〔註130〕

從康有為藏書及其文學創作之間的關係這一角度來看，引文中康有為對「今古書之少」的這一事實的敘述及其對國人「困窮日甚，貪利無所不至，盜賣國寶於異國」的痛惜，均與其自身的藏書經歷、「藏書家」身份所帶來的切身體會有著非常密切的關聯——因其經歷過訪書、購書之艱難、失書之痛苦，故能明白傳統古籍對於保護和傳承中華傳統文化所具有的重要意義；因其流亡海外期間屢見珍貴古籍流落於異國，痛感「寶器之外溢多矣」，加之康有為本人亦從日本帶回大量珍貴典籍文獻，故其對於王經笑盜賣古籍、縱火毀滅證據一事更感憤慨。

其次，從創作內容來看，豐富的藏書資源始終是康有為文學創作最為重要的素材來源。誠如前輩學者指出的那樣，康有為的詩文創作素以才思敏捷，一氣呵成著稱，「不特格調清新，文采斐然，更重要的是能反映民族的要求和時代的脈動，走在歷史前沿」〔註131〕，若從康有為藏書與其文學創作關係的角度而論，則其詩文創作之所以能夠具有如此豐富的內容，其藏書資源起到的重要作用是不可忽視的重要因素之一。按《康南海自編年譜》記載，康有為五歲時即得到家族中各位長輩的悉心教誨，「多提攜教誦唐人詩……於時能誦唐詩數百首」，隨祖父至連州上任時又得祖父指點，「好學敏銳，……執卷倚簷柱，就光而讀，夜或申旦，務盡卷帙」〔註132〕，14歲返鄉後又讀書於家中藏書的澹如樓，「縱觀說部集部」、「涉獵群書為多」；而從康有為日後的文學創作來看，這段少年居鄉、飽覽家族藏書的經歷所帶來的深刻影響亦時時有所體現：

> 吾十二歲侍先祖連州公於連州學署，讀《明史》袁督師傳，至
> 其緯畫邊事，登長城察形勢，奏對思宗計以五年破敵而壯之，為之

〔註130〕康有為《致齊照岩總長書》，康有為撰，姜義華、張榮華編校：《康有為全集》（第十一集），北京：中國人民大學出版社，2007年版，第169頁。

〔註131〕馬洪林：《康有為評傳》，南京：南京大學出版社1998年版，第432頁。

〔註132〕康有為著，樓宇烈整理：《康南海自編年譜》（外二種），北京：中華書局1992年版，第4頁。

低佪，思慕其為人。……夫袁督師之雄才大略，忠烈武棱，古今寡
比。其遺文寥落，而奮揚蹈厲，鶴立虹布，猶想見魯陽揮戈，崆峒
倚劍之神采焉〔註133〕。

　　筆者通過梳理康有為的相關詩文作品發現，康有為不僅曾為門人張滄海
編纂的《袁督師遺集》作序，更有《九月題袁督師祠二首》《明袁督師廟記》
等吟詠、記述袁崇煥其人其事的詩文作品，可見對袁崇煥及其事蹟、詩文崇
敬與仰慕是康有為文學作品中反覆提及的主題之一。而據《康南海自編年譜
記載》，康有為十一歲隨祖父就任連州時不僅得到祖父親自指點，「導以先儒
高義、文學義理」，更得以飽覽祖父藏書，「始覽《綱鑒》知古今，次觀《大
清會典》《東華錄》而知掌故，遂讀《明史》《三國志》，六月為詩文皆成篇」
〔註134〕，可見這種對袁崇煥其人其作思慕之情的最初來源即可追溯這段少年
時期「竟日雜覽群書」的日子。

　　值得注意的是，這種康氏藏書與其文學創作之間的密切關聯還體現在康
有為創作的一些序跋類文章中，這類文章多以評價友人、弟子詩文創作為主
題，既是康有為文藝思想的體現，同時亦可從中窺見康氏藏書對其文學創作
產生的深刻影響：

　　　　吾戊戌遁海外，攜《元遺山詩集》，感傷身世，日諷其《金亡都
　　破》諸作，惻惻心脾，不意數十年竟於吾身親見之。……（門人陳
　　伯瀾）昔來問學，吾多與談經，未知伯瀾之能詩也。……今廿餘年，
　　世變日深，伯瀾懷抱，鬱鬱不得展，皆託於詩。今刻詩成，請吾序
　　之。八月二十三日夕，乃得讀其《審安齋詩集》，則沉痛飛驚，歌泣
　　纏縈，哀屬幽清，悱惻芳馨，何其類遺山也。其《新秋》《春傷》《感
　　秋》《和叔雅、孝方、扶萬》諸律，一唱三歎，哀感頑豔，與遺山《金
　　亡都破》諸作奚異也！〔註135〕

　　　　若海詩詞本多，今此區區散在人間，亦泰山一毫芒耳。若孺博
　　詞章，綿麗沉鬱，尤其天才，自少與梁啟超以才名齊，惟不自收拾，

〔註133〕康有為《袁督師遺集序》，康有為撰，姜義華、張榮華編校：《康有為全集》
　　　　（第十集），北京：中國人民大學出版社，2007年版，第478頁。
〔註134〕康有為著，樓宇烈整理：《康南海自編年譜》（外二種），北京：中華書局1992
　　　　年版，第4頁。
〔註135〕康有為《審安齋詩集序》，康有為撰，姜義華、張榮華編校：《康有為全集》
　　　　（第十一集），北京：中國人民大學出版社，2007年版，第164頁。

吉光片羽，為其親舊搜發者，龍章鳳姿，亦可窺豹於一斑。杜少陵曰：「吾憐孟浩然，短褐即長夜。賦詩不須多，往往凌鮑謝」。後有知音，應同此探賞也。〔註136〕

劉勰在《文心雕龍・知音》中提出「凡操千曲而後曉聲，觀千劍而後識器。故圓照之象，務先博觀。閱喬嶽以形培塿，酌滄波以喻畎澮，無私與輕重，不偏於憎愛，然後能平理若衡，照辭如鏡矣」〔註137〕的主張，這就要求批評家應該注重博聞廣見，才能不斷提升自己對文學作品的鑑賞能力。結合引文所舉例證可見，評價友人或門生的詩文作品時，康有為亦常常結合自己的閱讀經驗，對其友人或門生詩文作品中展開頗具針對性地文學批評；而這種基於自身閱讀經驗而做出的評價亦源自於其本人擁有的藏書資源——戊戌變法失敗之後，康有為倉皇出逃海外，身邊僅攜帶了為數不多的幾本書籍，引文中提到的《元遺山詩集》和杜甫詩集即在其中；對於孤懸異邦、有家難歸的康有為來說，這些隨身攜帶的藏書亦自然成為其時時品讀琢磨，撫慰其心中失落的最佳伴侶；而這種反覆品讀，細緻琢磨的過程亦在無形中影響著康有為自身的文學創作和文學批評實踐——以文學批評的角度觀之，他一方面將這些優秀的前輩作家作品視為後學者詩文創作的典範之一，對其門人詩文集中那些媲美或超越前人佳作的地方予以重點關注和褒揚，如上述引文中對陳伯瀾詩作「一唱三歎，哀感頑豔，與遺山《金亡都破》諸作奚異」的評價就是一個非常典型的例子；另一方面他又會將這些前輩作家的某些評詩論文之作作為自己開展文學批評的重要資料，並在具體的批評實踐中加以引用，如引文在評麥孺博詩作時即引用杜甫《遣興五首》（其五）中「賦詩不須多，往往凌鮑謝」一句作為類比；而從文學創作的角度來看，在這些以評價友人、門生詩文創作為主題的序跋類散文中，其旁徵博引、兼及古今的行文特點亦充分體現出康有為「作為文人政治家的過人才情」〔註138〕，這些都從另一側面證明了康氏藏書對其文學創作產生的深刻影響。

〔註136〕康有為《〈粵二生詩詞集〉序》，康有為撰，姜義華、張榮華編校：《康有為全集》（第十一集），北京：中國人民大學出版社，2007年版，第177～178頁。

〔註137〕劉勰著，范文瀾注：《文心雕龍注》（下），北京：人民文學出版社1958年版，第714～715頁。

〔註138〕左鵬軍：《康有為的詩題、詩序和詩注》，《廣東社會科學》2009年9月，第116頁。

第二章　梁啟超及其飲冰室藏書

　　與其師康有為一樣，梁啟超亦是中國現代藏書史上頗具影響力的重要人物，其在藏書經歷和藏書觀念上既與康有為有著頗多相似之處，又有著區別於康有為藏書的個性特點；而數量豐富、種類繁多的藏書資源在其學術研究（特別是中國古典文學研究）和文學創作之路上發揮的關鍵作用亦不容忽視。本章擬從梳理梁啟超藏書經歷入手，結合相關材料進行分析，重點探討飲冰室藏書與其學術研究、文學創作之間的密切關係。

第一節　梁啟超的藏書經歷

　　與其師康有為一樣，梁啟超的藏書經歷亦可以戊戌變法為界，分為前後兩個時期。戊戌變法之前的梁啟超以讀書求學，參與政治事務為主，間有藏書活動貫穿其中；同時由於受家庭經濟條件制約，其藏書活動只能量力而行，無法像康有為那樣集中大筆資金一次性購買所需書籍；戊戌變法失敗後，梁啟超避走東洋，潛心讀書，晚年回國後更絕意於政壇，以讀書治學為樂事，其後期的藏書活動亦達到了一個全新的高度。本節結合《梁啟超年譜長編》《梁氏飲冰室藏書目錄》等相關資料，對梁啟超前、後兩期的藏書經歷及其飲冰室藏書的特點進行全面梳理與總結。

一、梁氏生平及其前期藏書

　　梁啟超（1873～1929），字卓如，一字任甫，號任公，又號飲冰室主人、飲冰子、哀時客、中國之新民、自由齋主人。廣東新會人。祖父梁維清，號鏡

泉，為人嚴於律己，忠厚仁慈，熱心鄉里，卻在官場頗為失意，「累不得志於
有司，援例捐作附貢生」〔註1〕。祖母黎氏。父親梁寶瑛，字蓮澗，為人仁慈
方正，敦睦鄉里，教子「慈而嚴，督課之外，使之勞作。言語舉動稍不謹，輒
呵斥不少假借」〔註2〕，對童年梁啟超的學問根底和品行養成皆有著非常深刻
的影響。母親趙氏，「以賢孝名」〔註3〕，梁啟超未入學堂時即由其母教授識
字。趙夫人生子六人，四男二女，長子即梁啟超。作為中國近代歷史上一位
頗具影響力的思想家和深有造詣的學者，梁啟超一生酷愛藏書，共搜集圖書
四萬餘冊，碑帖千餘種，並在此基礎上編寫《飲冰室藏書初編》十六冊，詳細
著錄其藏書的書目、卷數、作者以及版本等情況。梁啟超對待藏書的態度非
常開明，他不僅首開中國近代史上的獻書之風，更在去世之前留下遺囑，要
求將自己畢生所藏贈予北京圖書館，以求服務社會，沾溉後人，成為中國近
代藏書史上的一段佳話。

　　以戊戌變法為界，梁啟超的藏書經歷可以劃分為前後兩個時期，這一點
與其師康有為頗為相似。筆者通過梳理相關資料發現，戊戌變法之前的梁啟
超以讀書求學，參與政治事務為主，間有藏書活動貫穿其中；同時由於受家
庭經濟條件制約，其藏書活動只能量力而行，無法像康有為那樣集中大筆資
金一次性購買所需書籍。據《梁啟超年譜長編》記載，梁啟超出生在一個半
耕半讀的家庭，他四五歲時即「就王父及母膝下授《四子書》《詩經》，夜則就
睡王父榻，日與言古豪傑哲人嘉言懿行，而尤喜舉亡宋亡明國難之事，津津
道之」〔註4〕，六歲「就父讀，受中國略史《五經》卒業」〔註5〕，八歲「學
為文」；良好的家庭教育不僅為其日後的著書治學打下了堅實基礎，更使得少
年梁啟超養成了好讀書的習慣。他十歲初就童子試，與父執輩結伴同行，並
在途中吟詩受到大家的讚賞，「神童之名自此始」，十一歲「遊坊間，得張南

〔註1〕丁文江、趙豐田編：《梁啟超年譜長編》，上海：上海人民出版社1983年版，
　　　　第7頁。
〔註2〕丁文江、趙豐田編：《梁啟超年譜長編》，上海：上海人民出版社1983年版，
　　　　第8頁。
〔註3〕丁文江、趙豐田編：《梁啟超年譜長編》，上海：上海人民出版社1983年版，
　　　　第9頁。
〔註4〕丁文江、趙豐田編：《梁啟超年譜長編》，上海：上海人民出版社1983年版，
　　　　第13頁。
〔註5〕丁文江、趙豐田編：《梁啟超年譜長編》，上海：上海人民出版社1983年版，
　　　　第13～14頁。

皮《輶軒語》《書目問答》，歸而讀之，始知天地間有所謂學問者」〔註6〕，十五歲赴學海堂，從學於廣州石星巢先生，當時的學海堂「月考有獎賞，名曰膏火，依等第以為厚薄，所以養寒士也」；據《曼殊室戊辰筆記》記述，梁啟超就學期間日夜苦讀，將其每月所得獎賞皆用於購書，「每屆年假輒載捆而歸⋯⋯如正續《皇清經解》《四史》《二十二子》《百子全書》《粵雅堂叢書》《知不足齋叢書》，皆當日所購」〔註7〕，而這也標誌著梁啟超藏書活動的正式開始。

　　1890年（光緒十六年）春，十八歲的梁啟超入京參加會試，「下第歸道上海，從坊間購得《瀛寰志略》讀之，始知有五大洲各國」，雖因囊中羞澀而無力購買「上海製造局譯出西書若干種」，但這次購書活動依舊在喜好讀書的少年梁啟超心中埋下了一顆求知的種子，成為其日後收藏西學書籍的先聲。同年八月，梁啟超「始交陳通甫（陳千秋）」，並經其介紹，結識了康有為。據其《三十自述》回憶，「時余以少年科第，且於時流所推重之訓詁詞章學，頗有所知，輒沾沾自喜。先生乃以大海潮音，作師子吼，取其所挾持之數百年無用舊學更端駁詰，悉舉而摧陷廓清之，自辰入見，及戌始退，冷水澆背，當頭一棒，一旦盡失其故壘，惘惘然不知所從事⋯⋯明日再謁，請為學方針。先生乃教以陸、王心學，而並及史學西學之梗概。自是決然捨去舊學，自退出學海堂，而間日請業南海之門」〔註8〕，1891年，應陳千秋、梁啟超之請，康有為開始講學於廣東長興里之萬木草堂，萬木草堂專設「書藏」一處，藏書甚富，梁啟超亦得以徹底擺脫因自身家貧而無書可讀、無力大規模搜購圖書的窘境，時時徜徉其中，博覽群書，學問大進。萬木草堂中西兼備、藏以致用的藏書理念對於梁啟超藏書思想和藏書活動亦產生了非常深刻的影響。1892年夏，梁啟超入京參加會試後攜夫人李蕙仙南歸，「鄉居一年有奇」，此時的梁啟超除求訪、搜購國學書籍外，還購得了自己曾經無力購買的「江南製造局所譯之書，及各星軺日記，與英人傅蘭雅所輯之《格致彙編》等書」〔註9〕，可見此時的梁啟超在藏書活動中已經開始逐步重視西學書籍的收藏。

〔註6〕丁文江、趙豐田編：《梁啟超年譜長編》，上海：上海人民出版社1983年版，第16頁。

〔註7〕丁文江、趙豐田編：《梁啟超年譜長編》，上海：上海人民出版社1983年版，第19頁。

〔註8〕丁文江、趙豐田編：《梁啟超年譜長編》，上海：上海人民出版社1983年版，第23頁。

〔註9〕丁文江、趙豐田編：《梁啟超年譜長編》，上海：上海人民出版社1983年版，第28頁。

1894 年 2 月，梁啟超入京，同年六月，中日甲午戰爭爆發，梁啟超「憤悚時局，時有所吐露」，可惜人微言輕，不為他人所重，於是只能埋頭讀書，從自身已有的藏書資源中汲取營養，「治算學、地理、歷史等」；1895 年 3 月，梁啟超與康有為聯合各省公車上書，力言「臺灣萬不可割」，懇請朝廷變法維新；並於同年協助康有為創辦《萬國公報》和強學會。按梁啟超《三十自述》回憶，強學會籌備期間他曾「居會所數月，會中於譯出西書購置頗備，得以余盡日覽之，而後益斐然有述作之志」，可見強學會中的西學藏書對於梁啟超學術視野的拓展、藏書活動的開展亦頗有助益。此外，據《梁啟超年譜長編》記載，梁啟超曾計劃在是年五六月間輯印《經世文新編》，並在給汪穰卿的書信中倡言這部《經世文新編》的編纂主旨在於「專採近人通達之言，刻以告天下，其於轉移風氣，視新聞紙之力量尚似過之」，懇請汪氏提供「大著（即汪氏本人著作）及同志中文字」見寄；但不知何故，這項工作最終未能完成。此後的一年裏，梁啟超除擔任《時務報》主筆，撰述「五洲近事、各國新政、交涉要案」之外，還寫作了《變法通議》《西學書目表》《西學讀書法》等論著，積極提倡「變科舉、興學校」的政治主張和「中西並重」的治學理念。此外，他還在報務工作之餘「學算讀史，又讀內典，所見似視疇昔有進」。1897年，25 歲的梁啟超應陳寶箴之邀，赴湖南時務學堂講學。是年秋冬之際，梁啟超聯合其他同仁創辦了上海大同譯書局，特別委託友人韓雲臺前往日本，調查採購「應譯之日文書籍」。大同譯書局以「首譯各國變法之事，及將變未變之際一切情形之書，以備今日取法」為宗旨，力求「洗空言之誚，增實學之用，助有司之不逮，救燃眉之急難」，康有為所著《孔子改制考》《彼得大帝政變記》《日本書目志》等即由大同譯書局印行。1989 年 4 月，光緒帝下「明定國是詔」，百日維新開始，同年 5 月，梁啟超受到召見，「奉有上諭，命以六品銜辦理譯書局事務」，同年受總理衙門委託，參考英、美、日等國大學學制，起草京師大學堂章程；同年八月，變法失敗，倉促逃亡日本，其「所藏書籍及著述舊稿悉散佚」〔註 10〕。

二、梁啟超的後期藏書和藏書特點

流亡日本期間，梁啟超幽居箱根，潛心讀書，「肆日本之文，讀日本之

〔註 10〕丁文江、趙豐田編：《梁啟超年譜長編》，上海：上海人民出版社 1983 年版，第 93 頁。

書，疇昔所未見之籍，紛觸於目，疇昔所未窮之理，騰躍於腦，如幽室見日，枯腹得酒，沾沾自喜」〔註11〕，獲益良多。1899 年 11 月，梁啟超離開日本前往美洲遊歷，並於當年開始以「飲冰室主人」為筆名寫作。此後數年，梁啟超先後奔走於香港、新家坡、印度、澳洲等地，為康有為保皇會募集資金。1901 年返回日本後著手創辦新民叢報，1902 年正月初一，《新民叢報》正式出刊，梁啟超親任主筆，以專心著述為事；同年十月創刊《新小說報》，「述其所學所懷抱者，以質於當世達人志士，冀以為中國國民遒鐸之一助」〔註12〕；同年 10 月，《飲冰室文集》出版。此後數年，梁啟超又遊歷了美國、加拿大等國，鼓吹君主立憲，創立政聞社；其間曾一度陷入生活困窘之境，以著述謀生。1912 年中華民國成立之後，梁啟超終於得以從日本歸國，並於 1913 年加入共和黨。在目睹了當時國內政局紛擾後，梁啟超開始萌生退意，決心摒棄諸事而以教書著述為己任。在 1914 年底辭去袁世凱政府幣制局總裁，暫居清華園時，梁啟超便已著手安排在天津租界四馬路建造寓所，並於 1915 年春正式搬入新居；同年十二月，為反對袁世凱復辟帝制，與蔡鍔相繼下，「由天津乘中國新濟輪赴滬」，在滬期間除會見友人，討論治事外，「每日作文甚多，尚以餘暇讀哲學書」，頗以著述自課。按《梁啟超年譜長編》所言，他曾於是年十二月致書黃溯初，請求代購「漢碑五種，明拓漢隸四種，《史晨碑》《乙瑛碑》《東海廟殘碑》《孔廟碑》《魯峻碑》《嵩高靈廟碑》《崔敬邕碑》《鄭文公碑》北宋拓《聖教序》，晉、唐小楷十一種，《禮器碑》《曹全碑》、薛紹彭《書譜》，定武《蘭亭觀楞伽記》等……另取碑帖目錄及佛經流通處書目各一張」〔註13〕，而黃溯初《記任公先生題禮器碑》一文中亦有梁啟超「治事之餘，以書自課，日或書十數紙」〔註14〕的記載，可見此時的梁啟超雖憂心於國事，卻依舊保持著其愛書好書的習慣，積極開展藏書活動。

　　1920 年自法國馬賽回國後，梁啟超決計「絕對放棄上層的政治活動」，轉

〔註11〕丁文江、趙豐田編：《梁啟超年譜長編》，上海：上海人民出版社 1983 年版，第 176 頁。

〔註12〕丁文江、趙豐田編：《梁啟超年譜長編》，上海：上海人民出版社 1983 年版，第 306 頁。

〔註13〕丁文江、趙豐田編：《梁啟超年譜長編》，上海：上海人民出版社 1983 年版，第 727～728 頁。

〔註14〕丁文江、趙豐田編：《梁啟超年譜長編》，上海：上海人民出版社 1983 年版，第 728 頁。

而全力投入學術研究和「培植國民實際基礎的教育事業」，並於當年著手承辦中國公學，發起講學社〔註15〕，同時還完成了《墨經校釋》《清代學術概論》兩部著作。自1922年4月起，應各學校及團體邀請，梁啟超開始奔走於各校園學社，舉辦了20多場學術講演，《梁任公學術講演集》（第一輯）於1923年出版。1924年，為了使自己有一個更為安靜的環境開展學術研究，梁啟超邀請意大利建築師白羅尼歐主持設計，在四馬路寓所西側另建書齋，將其命名為「飲冰室」。「飲冰室」書齋中專設四間書房儲存其收藏的古今中外各類圖書和各種文獻資料，晚年的梁啟超大部分時間都在這裡度過，他開始更為頻繁地開展藏書活動，大量收書聚書，專心致力於學術研究和著述工作。通過梳理相關資料可知，對於接連經歷喪妻之痛和疾病折磨的梁啟超而言，這些不辭辛苦、不計花費聚集而來的藏書早已超越了尋常意義上的「書籍」或「參考資料」，而是其晚年生活中不可或缺精神伴侶。他曾在纏綿病榻時讀詞自娛，以「一部汲古閣的宋《六十家詞》，一部王幼霞刻的《四印齋詞》，一部朱古微刻的《彊村叢書》」為伴，「在無聊的時候，把他們的好句子集句做對聯鬧著玩兒，久而久之，竟集成二三百副之多」〔註16〕；亦曾在病魔纏身時叮囑家人，自己零用非常節省，唯一的愛好就是買書，「很想平均每月有二百元的買書費」，甚至在1928年病重住院後仍念念不忘研究著述，依舊託人尋覓關於辛棄疾的材料，「忽得《信州府志》等書數類，狂喜，攜書出院……擬一面服瀉藥，一面繼續《辛稼軒年譜》之著作」〔註17〕；這些事例都足以表明其對於藏書活動的熱忱。1929年1月19日，梁啟超在北京協和醫院病逝，享年五十七歲。遵照梁啟超生前遺願，其遺族仲策、思成、思永、思忠等人將其全部藏書（除飲冰室藏書的全部刻本、抄本共計3470種，41819冊外，還包括梁啟超生前收藏的金石墨本及個人手稿、私人信札等〔註18〕）寄存於國立北平圖書館，並於1930年2月委託律師辦理了移交寄存手續。1931年6月，國立北平圖書館新館落成，特闢梁氏紀念室，陳列梁啟超生前所用文房四寶、

〔註15〕丁文江、趙豐田編：《梁啟超年譜長編》，上海：上海人民出版社1983年版，第896頁。

〔註16〕丁文江、趙豐田編：《梁啟超年譜長編》，上海：上海人民出版社1983年版，第1023～1024頁。

〔註17〕丁文江、趙豐田編：《梁啟超年譜長編》，上海：上海人民出版社1983年版，第1229頁。

〔註18〕國立北平圖書館編：《梁氏飲冰室藏書目錄》，北京：北京圖書館出版社2005年版，第7頁。

金石書畫以示紀念〔註19〕。1933 年，北平圖書館編印了《梁氏飲冰室藏書目錄》（4 冊，鉛印），現藏於國家圖書館。

關於梁啟超藏書的特點，前輩學者已多有論述。范鳳書《中國私家藏書史》指出，梁氏藏書不僅「中西新舊圖書兼備」，更因其藏書活動純為「好學」開展，故其所藏「但期於實用，不必求其精槧，上至典冊高文，下逮百家諸子，旁及海外之書，無不彈事收集」，展現出「與一般藏書家專一於鑒賞古本者不同」的特點〔註20〕；丁宏宣《梁啟超在目錄學和藏書上的貢獻》一文亦將「主張購買實用之書」〔註21〕視為梁啟超藏書最為突出的特點；王瓊《同源而異流──康有為梁啟超藏書之比較》一文則從康、梁二人藏書版本、內容、目的、管理及圖書流向等方面進行比較，指出較之於康有為的藏書具有注重宋元善本、偏重經史類書籍等更加因循傳統的一面而言，梁啟超的藏書活動在版本上以追求實用為主，在內容上偏重於子、集兩部書籍，這些特點均充分展現出其「利用藏書讀書治學的文化特色」和更加與時俱進的一面〔註22〕。

第二節　梁啟超的藏書與思想

孟祥才《梁啟超評傳》指出，梁啟超「對中國在政治、經濟、思想和文化上如何擺脫落後、黑暗、貧窮和愚昧從而走上現代化的探索與追求，留下了許多至今仍然發人深省的思想遺產」〔註23〕；作為近代中國蜚聲中外的著名思想家，梁啟超的一生見證了 19 世紀末 20 世紀初東西方文明交匯碰撞。他既是「三千年未有之大變局」的親歷者，一生致力於近代中國的思想啟蒙事業，同時又是促使古老中國由封建君主專制社會向現代社會轉型的深度參與者和努力推動者。聯繫梁啟超的藏書活動可知，藏書對梁啟超思想產生的深刻影響可謂貫穿始終，而這種影響又以梁啟超的政治思想和哲學思想最為典

〔註19〕國立北平圖書館編：《梁氏飲冰室藏書目錄》，北京：北京圖書館出版社 2005 年版，第 7 頁。

〔註20〕范鳳書：《中國私家藏書史》（修訂版），武漢：武漢大學出版社 2013 年版，第 508～509 頁。

〔註21〕丁宏宣：《梁啟超在目錄學和藏書上的貢獻》，《圖書館理論與實踐》1999 年第 2 期，第 48 頁。

〔註22〕王瓊：《同源而異流──康有為梁啟超藏書之比較》，《廣西圖書館學會 2012 年年會暨第 30 次科學討論會論文集》，第 1 頁。

〔註23〕孟祥才：《梁啟超評傳》，北京：中華書局 2012 年版，第 1 頁。

型。本節從梳理梁啟超政治思想、哲學思想的演變過程入手,聯繫梁啟超的藏書活動進行分析,探尋梁啟超藏書與其政治、哲學思想之間的密切關聯。

一、梁啟超藏書與政治思想

縱觀 19 世紀末 20 世紀初的中國近代思想界,隨著東西方文明和文化的不斷碰撞交流,各種各樣的西方政治思想和理論學說亦隨之傳入,為那些以救亡圖存為己任的有識之士們提供了極為重要的啟示;而近代中國時局的瞬息萬變又常常導致這些有識之士們「對自己剛剛提出的主張、見解還來不及回味,就又要忙於修改訂正了」,正所謂「多變的時代造就了多變的思想」;梁啟超就是其中頗具典型的代表人物。白壽彝主編的《中國通史·近代前編》指出,僅在 1898 年戊戌變法之前到 1912 年辛亥革命開始的這一時間段內,梁啟超的政治思想即經歷了由「追隨康有為」到「徘徊在改良與革命之間」再到「鼓吹立憲」,最後再次轉向「共和虛君主」等五個階段的變化;而在中華民國成立到 1920 年旅歐歸來的這一時段內,他的政治思想又經歷了由「擁袁」到「反袁」,由「護國」到「擁段」,指導最後提出以「東方固有文明」拯救世界,尋求向傳統文化歸復等三個階段的變化,故後世學者對其政治思想亦多有「流質善變」之評。若我們聯繫梁啟超的藏書活動加以考察就會發現,梁氏藏書對於其政治思想所產生的影響可謂是這種「流質善變」中的「不變因素」,貫穿了梁啟超政治思想由萌芽到初步成熟,再到多次轉變的整個過程:

首先,豐富的藏書資源是梁啟超政治思想由最初萌芽到初步成熟的重要基石。按《梁啟超年譜長編》記載,梁啟超於 1890 年 8 月「始識康南海先生」,並就此開啟了在萬木草堂的求學生涯。「先生為講中國數千年來之學術源流歷史,政治沿革得失,取萬國以比例推斷之,余與同學日劄記其講義,一生學問之得力,皆在此年」;除與師友相互切磋,討論學問外,梁啟超還得以在問學之餘流連於萬木草堂種類豐富的「書藏」之間,「得恣涉獵,學稍進矣」;1891 年,康有為開始著手撰寫《新學偽經考》和《孔子改制考》,梁啟超協助參與了部分校勘和編纂工作,這些都促成了梁啟超政治思想的最初萌芽和初步成熟;同時亦使得這一階段梁啟超的政治思想主要在於闡釋康有為的政治思想和理論主張。如他將西方進化論與康有為「公羊三世說」結合,發展為「三世相演說」就是體現這一特點的典型例證。因此,前輩學者在論及梁啟超早期的政治思想時多以「梁隨康行」評之。從藏書資源對其政治思

想的影響來看，無論是借助萬木草堂「書藏」的公共資源還是憑藉自身財力，購買「江南製造局所譯之書，及各星軺日記，與英人傅蘭雅所輯之《格致彙編》等書」，抑或是對恩師康有為《新學偽經考》等著作的收藏，均成為梁啓超初步瞭解近代西方科學知識（如進化論），理解和領會恩師政治思想（《新學偽經考》《孔子改制考》）的重要來源，其藏書資源的「基石」之功亦可謂顯而易見。

　　其次，豐富的個人藏書資源是梁啓超政治思想經歷數次轉變的關鍵助力，其中尤以梁啓超戊戌變法失敗，東渡日本後的政治思想轉變最為典型。誠如前輩學者已經指出的那樣，在經歷了戊戌變法的失敗後，梁啓超開始逐步認識到「破壞」的必要性，而梁氏此時的政治主張亦呈現出「徘徊於『革命』和『改革』之間，搖擺不定」的狀態。若我們以此為基礎，聯繫梁啓超這一時期的讀書情況和藏書活動可知，這種「搖擺不定」的狀態亦與其流亡日本後努力學習日文，並在掃除語言障礙後更加大量地閱讀政治、經濟、哲學、社會學等各個學科領域的日文書籍，接觸到更為大量的西方政治思想和施政理念有關。較之於戊戌變法時期而言，梁啓超這一階段的政治思想已經開始逐漸擺脫「梁隨康行」的狀態，展現出更多自己的特點。如在其《國權與民權》一文中即以「昔法蘭西之民，自放棄其自由，於是國王侵之，貴族侵之，教徒侵之，當十八世紀之末，黯慘不復睹天日。法人一旦自悟其罪，自悔其罪，大革命起，而法民之自由權，完全無缺以至今日，誰復能侵之者」〔註24〕的故事為例，說明「苟我民不放棄其自由權，民賊孰得而侵之？苟我國不放棄其自由權，則虎狼國孰得而侵之」〔註25〕的道理，力圖喚起民眾爭取「國權與民權」的意識以及對「國權」、「民權」的珍視。從其文中所述內容來看，梁啓超亦不反對「法蘭西之民」通過大革命這一「破壞手段」爭取「自由權」的行為，可見其政治思想較戊戌變法時期是有所變化的；而聯繫《梁氏飲冰室藏書目錄》的相關記載可知，梁氏藏書中不乏如《歐米印象記》（日本中村吉藏撰，日本明治四十三年鉛印本）、《通俗世界全史》（日本早稻田編輯部編，日本大正初年早稻田出版部鉛印本）、《西洋歷史集成》（日本阪本健一撰，日本大正六年鉛印本）等介紹西歐各國歷史概況、重要歷史事件、風土人情的著作，這些都成為梁啓超瞭解西歐各國情況及「天賦人權」、「自由平等」等西

〔註24〕梁啓超：《梁啓超全集》（第1冊），北京：北京出版社1999年版，第349頁。
〔註25〕梁啓超：《梁啓超全集》（第1冊），北京：北京出版社1999年版，第349頁。

方資產階級民主思想的重要來源。由此觀之，則梁氏個人的藏書資源在其政治思想轉變過程中無疑起到了非常關鍵的「助推」作用。

　　另一個典型的例子是梁啟超對於「廣開民智」的提倡。通過梳理相關資料可知，早在戊戌變法，百日維新之時，梁啟超即提出「世界之運，由亂而進於平，勝敗之原，由力而趨於智，故言自強於今日，以開民智為第一義」〔註26〕；而在1899年所著《論學日本文之益》一文中，梁啟超不僅大談學習日文對「我國人之有志新學者」的種種好處，更在此基礎上對「中國之治西學者」引進西學思想以「開啟民智」的操作方法進行相應的反思。在他看來，「日本自維新三十年來，廣求智識於寰宇，其所譯所著有用之書，不下數千種，而尤詳於政治學、資生學（即理財學，日本謂之經濟學）、智學（日本謂之哲學），群學（日本謂之社會學）等皆開民強智國基之急務也」〔註27〕，而「中國之治西學者」卻更偏重於翻譯「兵學藝學之書」，「夫兵學藝學等專門之學，非捨棄百學而習之，不能名家，即學成矣，而於國民之全部，無甚大益，故習之者稀，而風氣難開焉」〔註28〕；較之於其早期政治思想中對「開明智」的籠統提倡而言，此時梁啟超再次提出這一主張時顯然已經提出了更具有針對性的操作方案；究其源頭，則不能不歸功於其對於各類日文書籍的求訪、閱讀和收藏。此外，在同年（1899年）二月寫給夫人李蕙仙的信中，梁啟超亦有「令十四兄能來東遊最善。我等讀日本書所得之益極多極多。他日中國萬不能不變法，今日正當多讀些書，以待用也。望即以此意告之」〔註29〕數語，亦可視為藏書資源助力其政治思想轉變的一個佐證。

　　再次，豐富的個人藏書資源還是梁啟超得以明確的論述和闡發其政治思想的「資源寶庫」。眾所周知，梁啟超是中國近代思想史上筆耕不輟的著名思想家之一，在其身後遺留的一千四百多萬字著述中，對於自身政治思想的論述是其中頗為重要的主題之一。就藏書對於其政治思想產生的具體影響而論，則梁氏豐富的個人藏書資源既是其政治思想實現多次轉變的重要助力，同時

〔註26〕梁啟超：《變法通議》，梁啟超著：《梁啟超全集》（第1冊），北京：北京出版社1999年版，第17頁。

〔註27〕丁文江、趙豐田編：《梁啟超年譜長編》，上海：上海人民出版社1983年版，第176頁。

〔註28〕丁文江、趙豐田編：《梁啟超年譜長編》，上海：上海人民出版社1983年版，第176頁。

〔註29〕丁文江、趙豐田編：《梁啟超年譜長編》，上海：上海人民出版社1983年版，第177頁。

亦是其得以旁徵博引、深入淺出地闡明其政治思想的「資源寶庫」。如以其為「鼓吹立憲」所作《各國憲法異同論》為例，文中不僅涉及到對「立憲各國」政體、行政立法司法權、國會及議員之權利、君主及大統領之制與其權力的論述，還包括了對「立憲各國」法律、政府預算、「臣民之權利及義務」、「政府大臣之責任」等多個方面的梳理和考察；而聯繫《梁氏飲冰室藏書目錄》中的相關記載可見，梁氏個人的藏書資源中即包括了如《六法全書》（日本山野金藏編，日本明治三十八年鉛印本）、《英國仲裁裁判制度》（日本布川孫市譯，日本大正九年財團法人協調會鉛印本）、《行政法論》（日本政法協會編，日本明治三十七年日鉛印本）〔註 30〕等介紹「立憲各國」立法概況和法律規定的多種書籍。由此觀之，則梁啟超之所以能夠在「取其憲法之異同」〔註 31〕的基礎上進行如此詳盡的羅列和比較，正是有賴於其豐富的個人藏書資源。

二、梁啟超的藏書與哲學思想

作為中國近代史上「百科全書式」的著名學者，哲學問題是梁啟超一貫關注的主要問題之一。這些論著中既有其對陰陽五行學說、儒家哲學、道家哲學、陸王心學、戴東原哲學思想等的中國古代哲學命題的相關研究〔註 32〕，同時亦包括對於其自身哲學思想的論述和闡釋。關於梁啟超的哲學思想，前輩學者的相關論著中亦有著不同的表述，如侯外廬《中國近代哲學史》指出，梁啟超的哲學思想是儒學、佛學、西方資產階級唯心主義相結合的產物，孟祥才《梁啟超評傳》則認為梁氏的哲學思想是「主唯心論的自然觀、先驗認識論和多元唯心史觀的結合」〔註 33〕；從「梁氏藏書與其哲學思想」的角度來看，豐富的藏書資源對於梁啟超哲學思想產生了非常深刻的影響。具體而論，這種影響主要體現在以下兩個方面：

其一，就西學藏書資源對其哲學思想的影響而言，主要體現在梁氏哲學思想的本體論部分。李平《梁啟超傳》指出，「中國學術本無哲學名目，只以

〔註 30〕國立北平圖書館編：《梁氏飲冰室藏書目錄》，北京：北京圖書館出版社 2005年版，第 587～588 頁。

〔註 31〕梁啟超著：《梁啟超全集》（第 1 冊），北京：北京出版社 1999 年版，第 318頁。

〔註 32〕萬發雲：《略論梁啟超的哲學思想》，《華南師範大學學報》（社會科學版）1983年第 1 期，第 78 頁。

〔註 33〕孟祥才：《梁啟超評傳》，北京：中華書局 2012 年版，第 320 頁。

經史子集分門別類。梁啟超亡命海外，初入此道，譯為『智學』，並形成了以『動力說』為本體論的哲學思想體系」〔註34〕。這一觀點將「動力」視為宇宙進化本源，認為整個世界的發展是本著「物競天擇，適者生存」的規律進行。而其「動力說」的主要思想來源之一便是達爾文的「進化論」學說。聯繫《梁氏飲冰室藏書目錄》中的相關記載可知，梁啟超除藏有達爾文撰，日本開成館譯的《種之起原》（日本明治三十八年鉛印本），還收藏了如《生命論》（日本永井潛撰，日本大正四年鉛印本）、《人間の進化》（日本石川千代松撰，日本大正六年日本學術協會鉛印本）等反映或體現達爾文進化論觀點的著作，這些書籍都成為促使梁啟超提出「動力說」的重要依據。此外，梁氏藏書中還有相當一部分內容涉及宗教哲學（如日本學者石原謙所著《宗教哲學》、波多野精一所著《宗教哲學の本質及其根本問題》等）和陸王心學（如日本高瀨武次郎撰《王陽明詳傳》、井上哲次郎撰《日本陽明學派之哲學》等）的西學書籍，既然梁氏哲學思想是「儒學、佛學、西方資產階級唯心主義相結合的產物」（侯外廬語），那麼這些書籍顯然亦對梁啟超哲學思想中物質論、社會觀、認識論的形成有一定的影響和啟示。

其二，就傳統古籍資源對其哲學思想的影響而言，主要體現在梁啟超哲學思想的物質論、社會觀、認識論部分。筆者此處僅以其物質論和社會觀為例，說明其藏書影響之所在。通過梳理前輩學者的相關研究成果可知，對於「物質和意識」這一哲學關係的基本問題，梁啟超始終將意識（即梁氏所謂「心」）的作用放在第一位。在他看來，「境者，心造也。一切物境皆虛幻，惟心所造之境為真實」，「天下豈有物境哉！但有心境而已！」可見其在物質論的問題上給出的是主觀唯心主義的答案。究其源頭，則梁氏這一思想的產生主要受到了佛教唯心論的影響。通過梳理梁氏飲冰室所藏佛教典籍可見，對於「心物關係」這一問題，這些佛教典籍中多有這樣的表述：

　　　　安立大乘三界唯識。以契經說三界唯心。心意識了名之差別。此中說心意兼心所。唯遮外境不遣相應。內識生時似外境現。如有眩翳見發蠅等。此中都無少分實義。《唯識論二十論會譯》

　　　　（江西馬祖道一禪師）一日謂眾曰：「汝等諸人，各信自心是佛。此心即是佛心。達磨大師從南天竺國來至中華，傳上乘一心之

　　法，令汝等開悟。又引楞伽經文，以印眾生心地。恐汝顛倒，不自
　　信此心之法，各各有之。故楞伽經以佛語心為宗，無門為法門。夫
　　求法者應無所求。心外無別佛，佛外無別心。不取善，不捨惡，淨
　　穢兩邊，俱不依怙。達罪性空，念念不可得，無自性故。故三界唯
　　心。森羅萬象，一法之所印。凡所見色，皆是見心。心不自心，因
　　色故有。汝但隨時言說，即事即理，都無所礙。《五燈會元》

　　由引文可見，以佛教的觀點來看，「心」是世界萬物的本體，三界的一切
現象亦都由「心」創造。通過梳理前輩學者的相關論述可知，雖然各宗對於
「心」的解釋有所不同，但這種「三界唯心」的主張亦是大乘佛教各宗派一
致贊同的命題。而梁啟超所謂「一切物境皆虛幻，惟心所造之境為真實」的
主張幾乎完全重複了這一命題，只是在言語的表述上略有不同罷了。由此觀
之，則梁氏個人藏書中的傳統古籍資源對其哲學思想的影響可謂顯而易見。

　　另一個典型的例子是梁啟超「求變」的社會觀。李平《梁啟超哲學思想
四題》一文指出，梁啟超「在政治上是以鼓吹變法起家的」，而「唯變所適」
的社會觀就是支撐其社會變革主張的哲學基礎〔註35〕。在梁啟超看來，「變」
是「古今天下之公理」，既然「上下千歲，無事不變，無時不變」，那麼對於執
掌一國政權的最高統治者而言，唯有「振刷整頓，斟酌通變」，才能使國家的
政策不斷適應這個變化的世界，保持「日趨於善」的狀態。這種「求變」的觀
點固然受到了達爾文進化論學說「物競天擇，適者生存」的影響，但亦與中
國古代哲學典籍中對於「變」的倡導有著密切關聯。以梁氏飲冰室藏《周易
注》為例，其中即多有關於「變」的論述：

　　子曰：「知變化之道者，其知神之所謂乎？」（夫變化之道，不
　　為而自然，故知變化者，則知神為之所）

　　是以君子將有為也，將有行也。問焉而以言，其受命也如向。
　　無由遠近幽深，遂知來物。非天下之至精，其孰能與至此？參伍以
　　變，錯綜其數。通其變，遂成天地之文，極其數，遂定天下之象。
　　非天下之至變，其孰能與此？

　　子曰：書不盡言，言不盡意。然則聖人之意，其不可見乎？子曰：
　　聖人立象以盡意，設卦以盡情偽。繫辭焉，以盡其言。變而通之以盡

<hr>

〔註35〕李平：《梁啟超哲學思想四題》，《安徽師範大學學報》2002年第1期，第29
　　　頁。

利。（極通變之數，則盡利也。故曰易窮則變，變則通，通則久。）

作為中國古代哲學史上以「通變思維」著稱的儒家經典，《周易》對於「變」的提倡可謂貫穿了全書經傳的各個篇章，其內容既包括「通變」觀念本身，同時亦包含著對於「盈虛消長」的通變法則、「變則通，通則久」的通變價值問題的深入探討。若我們將上述引文與前文所引梁啟超「變者，古今天下之公理」對比，則梁氏所謂「上下千歲，無事不變，無時不變」之論亦可謂深得《周易》「通變」觀念之精髓。聯繫《梁氏飲冰室藏書目錄》中的相關記載可知，除王弼《周易注》外，梁氏藏書的易類書籍還包括宋朱熹撰《易經本義》（清同治四年金陵書局刻本）、明胡廣等撰《周易傳義大全》等十二種古籍，這些書籍亦是梁啟超哲學思想中「求變」社會觀的重要來源。

第三節　梁啟超的藏書與治學

作為中國近代歷史上頗具影響力的著名學者，梁啟超一生「眼中無書，手中無筆之日及少」〔註36〕，他曾在《指導方針之選擇及題目研究之商榷》一文中指出，「眼光異常敏銳，就是古人所說的讀書得問。……讀書亦是做學問的一方面，所有發明創造，皆由生發問題得來……凡別人注意不到的地方，自己都懷疑研究，這是做學問的第一步。……每一問題發生，就搜集材料，不斷觀察，務求周密，務求圓到，這是做學問的第二步」〔註37〕，可謂其自身治學的經驗之談。梁啟超的一生以學者始，以學者終，不僅在史學、文學等領域頗有建樹，在佛學研究上亦成績斐然。通過梳理相關資料及前人研究成果可知，梁啟超學術成就的取得與其對自身豐富藏書資源的利用有著非常密切的關聯，本節擬在借鑒前人研究成果的基礎上，從史學研究、文學研究、佛學研究等三個方面探討梁啟超藏書與其治學之關係，以求教於方家：

一、梁啟超的史學研究與藏書

對於梁啟超在中國近代學術史上的貢獻，張蔭麟《近代中國學術史上的梁任公先生》一文中有著這樣的表述：「自戊戌至辛亥間，先生之所貢獻於國

〔註36〕國立北平圖書館編：《梁氏飲冰室藏書目錄》，北京：北京圖書館出版社 2005
　　　年版，第 5 頁。
〔註37〕吳小龍、張之梅編：《梁啟超箴言錄》，北京：中國文聯出版公司 1998 年版，
　　　第 128 頁。

人者，除應時之政論及激發國民愛國心之宣傳外，尚有三焉。一則，介紹西方學問。國人之聞得亞里士多德、倍根、笛卡爾、斯賓莎娜、康德、盧梭、霍布士、邊沁諸家之學說，實自先生之著作始也。……二則，以新觀點批評中國學術，換言之，即我國學術第一次重新估價。……三則，以新觀點考察中國歷史，而提出『史學革命』方案」〔註 38〕；而縱觀梁啟超一生的治學經歷可見，其於史學研究用力最勤、貢獻最大，研究內容幾乎涉及到史學理論和史書撰寫的各個方面，取得了一大批影響深遠的研究成果。他曾於 1922 年 4 月在北京女子高等師範的演講上稱自己「素來嗜好史學」，林誌鈞《飲冰室合集序》中亦謂其「髫年即喜讀《史記》《漢書》，……所為文如《中國史敘論》《新史學》及傳記、學案乃至傳奇、小說，皆涵史性。……任公先生之於史，猶之秦味經之於《禮》，旁綜九流，無所不賅」〔註 39〕。就本文所論梁啟超的史學研究及其藏書的密切關聯來看，則主要體現在以下幾個方面：

首先，這種密切關聯體現在梁啟超史學思想的形成上。誠如前輩學者總結的那樣，梁啟超的史學思想「以西方進化論為指導」，「批判與創新」則是其史學思想的最大特徵。面對社會變革的時代大潮，梁啟超敏銳地意識到革新中國傳統史學的必要性，在全面批判傳統史學之「四弊」（「知有朝廷而不知有國家」、「知有個人而不知有群體」、「知有陳跡而不知有今務」、「知有事實而不知有理想」）、「二病」（（史家敘述）「能鋪敘而不能別裁」、「能因襲而不能創作」）、「三難」（難讀、難擇別、無感觸）的基礎上，提出從研究變動的「時間至現象」、「研究人群進化之現象」、「求其公理公例」等三個方面入手來改造傳統史學。從其思想淵源來看，這些觀點的提出顯然受到了近代西方自然科學中以達爾文為代表的進化論的影響；而梁啟超之所以能夠知曉這些近代西方自然科學知識並將其熟練運用到自身學術研究之中，亦是其重視閱讀和收藏西學書籍的結果。通過梳理《梁啟超年譜長編》等相關資料可知，早在求學於萬木草堂之時，梁啟超即充分利用萬木草堂「書藏」中豐富的圖書資源，「相與治周、秦諸子及佛典，亦涉獵清儒經注及譯本西籍，皆就有為決疑滯」〔註 40〕，可見其在求學過程中已初步接觸和瞭解了一些西學思想。

〔註 38〕梁啟勳、吳其昌著：《我的兄長梁啟超》，合肥黃山書社 2019 年版，第 9～10 頁。

〔註 39〕梁啟超：《飲冰室合集》，北京：中華書局 2015 年版，第 2 頁。

〔註 40〕丁文江、趙豐田編：《梁啟超年譜長編》，山海：上海人民出版社 1983 年版，

如其在 1896 年所著《論君政民政相嬗之理》中提出「三世相演」的觀點，認為「治天下者有三位：一曰多君為政之世，二曰一君為政之世，三曰民為政之世。……多君者，據亂世之政也；一君者，升平世之政也；民者，太平世之政也」〔註41〕，便是糅合了西方進化論主張與其師康有為「公羊三世說」的產物；又如其在 1897 年所作《〈史記‧貨殖列傳〉今義》中提出「中國舊論每崇古而賤今，西人則不然，以謂愈上古則愈野蠻，愈近晚則愈文明……所謂鄰國相望而老死不相往來者，上古道路未通，所至閉塞，一林之障，一川之隔，則其勢不能相通」的主張〔註42〕，可謂西方進化論學說對其史學思想產生顯著影響的又一例證。但恰如前輩學者指出的那樣，由於此時梁啟超尚處於開闊視野、擴充個人知識儲備求學階段，個人的藏書活動亦處在起步階段，尚未形成獨立而完備的史學思想體系，故其所提出的一些史學觀點和主張亦不夠嚴謹和成熟〔註43〕。

1898 年戊戌變法失敗之後，梁啟超長期流亡國外。據《梁啟超年譜長編》記載，他曾在旅居日本期間努力學習日文，如饑似渴地閱讀大量政治、經濟、哲學、社會學等方面的日文書籍，對於民主、自由、進化論等西學思想有了更為全面瞭解和更加深刻的認識，「疇昔所未見之籍，紛觸於目；疇昔所未窮之理，騰躍於腦」，實現了學術理念上的重大轉變。他開始從新舊史學比較、中西史學比較的視角出發審視中國歷史，並先後撰寫了《中國史敘論》《新史學》《中國通史》等一系列具有標誌性意義的史學論著。如他在《中國史敘論》的開篇即通過「前者史家」與「近世史家」對比，認為「近世史家之本分」與「前者史家」不同的根本原因恰在於二者在史學思想上存在的巨大差異——「前者史家，不過記載事實；近世史家，必說明其事實之關係，與其原因結果。前者史家，不過記述人間一二有權力者興亡隆替之事，雖名為史，實不過一人一家之譜牒；近世史家，必探察人間全體之運動進步，即國民全部之經歷，及其相互之關係」〔註44〕；同時引用德國哲學家埃猛垮濟氏所言，說明改造中國傳統史學的必要性。又如他在 1902 年所著《中國專制進化史論》

第 60 頁。

〔註41〕梁啟超：《梁啟超全集》（第 1 冊），北京：北京出版社 1999 年版，第 96 頁。
〔註42〕梁啟超：《梁啟超全集》（第 1 冊），北京：北京出版社 1999 年版，第 116 頁。
〔註43〕周生傑：《巨靈與泰斗：梁啟超史學研究述略》，《中國礦業大學學報》（社會科學版），2014 年第 3 期，第 38 頁。
〔註44〕梁啟超：《梁啟超全集》（第一冊），北京：北京出版社 1999 年版，第 448 頁。

中以「進化者，向一目的而上進之謂也。日邁月征，進進不已，必達於其極點，凡天地古今之事物，未有能逃進化之公例者也」〔註45〕開篇，將進化論視為「人類之公理公例」；此時進化論剛剛引進中國不久，梁啟超即受其影響，在批判傳統史學「以帝王一人為歷史全部」的治史方法的同時提出以「進化之現象來考察歷史」的研究方法，無疑具有重要的開拓意義〔註46〕。通過梳理《梁氏飲冰室藏書目錄》可見，梁氏藏書中不乏如日本近代史學家瀨川秀雄所著《西洋全史》、箕作元八所著《西洋史講話》及阪本鍵一《西洋歷史集成》等在其旅居日本時的尋訪收藏所得西學書籍，這些日本史學家的著作雖然內容上依舊停留在「敘述」西方各國歷史而非「運用各國史料進行研究的階段」，但這些著作在普及歷史知識的同時已經初步展現出通過引進歐洲史學研究方法、呈現歐洲文明史觀以「適應日本人的需要」的著書意識〔註47〕，而梁啟超在《中國歷史研究法》中亦明確提出「在今日惟個性圓滿發達之民，自進而為種族上、地域上、職業上之團結互助，夫然後可以生存於世界而求有所貢獻。而歷史其物，即以養成人類此種性習為職」〔註48〕，亦體現出明確的開展歷史研究以「適應今日中國之需要」的著書意識，同樣展現出其史學思想中受到西學書籍影響的一面。

其次，這種密切關聯還體現在梁啟超的史學研究實踐中。從方法論的角度來看，梁啟超將實證法、歸納法、總體研究法等西方近代自然科學研究中頗為常用的研究方法引入其史學研究實踐，認為人類歷史是客觀存在的，故亦屬於科學研究的對象，必須「恃客觀所能得之資料以為其研究對象」；在他看來，「吾儕今日所渴求者，在得一近於客觀性質的歷史。我國人無論治何種學問，皆含有主觀的作用，攙以他項目的，而絕不願為純客觀的研究。……今後作史者宜於可能的範圍內裁抑其主觀而忠實於客觀，以史為目的而不以為手段」〔註49〕，此外，史學研究者還必須使用科學的歸納方法，能夠在注重觀察「客觀的歷史實際」、全面搜集相關史料基礎上抽絲剝繭，通過「綜析

〔註45〕梁啟超：《梁啟超全集》（第一冊），北京：北京出版社1999年版，第771頁。

〔註46〕周生傑：《巨靈與泰斗：梁啟超史學研究述略》，《中國礦業大學學報》（社會科學版），2014年第3期，第39～40頁。

〔註47〕趙德宇：《日本近世與近代文化史論》，南京：江蘇人民出版社2019年版，第288頁。

〔註48〕梁啟超：《中國歷史研究法》，上海：上海古籍出版社1998年版，第47頁。

〔註49〕梁啟超：《中國歷史研究法》，上海：上海古籍出版社1998年版，第35～36頁。

比較」以「求得其真相」；梁啟超所著《中國歷史研究》就是其運用上述這些研究方法的典型例證之一。結合《梁氏飲冰室藏書目錄》可見，梁氏藏書中亦不乏如日本哲學家田邊元《科學概論》《最近自然科學》等引進和介紹西方近代自然科學研究方法的書籍，如梁氏所藏田邊元《最近自然科學》中在論及「自然科學的方法」時指出：「自然科學的認識，非由分析著手不可……這種分析研究，並非自然科學所特有的方法，就在常識裏面，也是時常用到的。……但由於常識分析和普通化構成的概念內容，尚多曖昧不定的地方，所以科學研究繼續下去，再加以更精密的分析，使其成為內容極其明確的科學概念。科學中的定義（Definition），就是這種概念內容的明確規定，有了定義，則特殊概念的本質內容，究由何種要素構成，即可明瞭」〔註50〕；而梁啟超《中國歷史研究法》中在談到「史之改造」問題，特別是在談到史學的研究範圍時，亦將釐清史學研究範圍作為「今後史家」開展史學研究的必要前提：

> 史學範圍，當重新規定，以收縮為擴充也。……今之舊史，實以年代記人物傳之兩種原素糅合而成，然衡以嚴格的理論，則此兩種實應別為兩小專科，曰「年代學」，曰「人譜學」——即「人名辭典學」，而皆可謂在史學範圍以外。……研究中國哲理之內容、組織，哲學家所有事也；述哲學思想之淵源及其相互影響，遞代變遷與夫所產之結果，史家所有事也。……由此言之，今後史家，一面宜將其舊領土一一劃歸各科學之專門，使為自治的發展，勿侵其權限，一面則以總神經系——總政府自居，凡各活動之相，悉攝取而論列之〔註51〕。

結合引文可見，梁啟超此處立論的角度即為西方科學研究方法中對於概念和研究範圍界定必須清晰準確的嚴格要求，而其落腳點則在於「今後史家」應該在研究實踐中注意避免「舊史」所涉及的範圍過於廣泛的弊病，同時還應建立起如西方科學研究那樣的學科分類意識，既要將原本屬於其他學科研究範圍的內容劃歸出去，同時又應以「史」的眼光縱覽全局，將關注的目光

〔註50〕田邊元著，周昌壽譯：《最近自然科學》，北京：商務印書館1926年版，第20～21頁。（因梁氏藏書為日文版，為行文方便，此處採用周昌壽先生中譯本）

〔註51〕梁啟超：《中國歷史研究法》，上海：上海古籍出版社1998年版，第32～33頁。

聚焦於關注歷史人物、思想或事件的生發淵源及後世影響等問題上來，唯有如此，才能更好的「節精力於史之外，而善用於史之內」〔註52〕；總之，不論是立論的出發點還是落腳點，均充分體現出近代西方科學研究方法對於梁啟超史學研究的深刻影響，以藏書的角度觀之，梁氏飲冰室所藏西方自然科學及社會科學類叢書的作用和貢獻亦是顯而易見的。

　　此外，就其具體的史學研究實踐而論，梁啟超個人藏書資源的助力作用亦是功不可沒的，這種「助力作用」首先體現在其史學研究過程中對史料的搜集和鑒別上。1925年，梁啟超在為清華大學國學研究院同學所作演講中指出：「做學問，首先怕沒資料，資料太多，又怕無法駕馭。所謂別裁的意思，即在辨別真偽，辨別有無，辨別主要與次要。……別裁以後，貴在綜理」〔註53〕；而在1922年所著《中國歷史研究法·自序》中，他將「客觀資料之整理」視為「近世史學研究」的一大進步，「疇昔不認為史蹟者，今則認之；疇昔認為史蹟者，今或不認。舉從前棄置散佚之跡，鉤稽而比觀之；其夙所因襲者，則重加鑒別，以估定其價值。如此則史學立於『真』的基礎之上，而推論之功，乃不至枉施也」〔註54〕，足見其對史料搜集和鑒別工作的重視。以其1922年所著《中國歷史研究法》為例，梁啟超從其自身的治學經驗出發，在書中專列「說史料」、「史料之搜集與鑒別」兩章，提出了一系列行之有效且影響深遠的史料搜集和鑒別方法。在他看來，史料的搜集和整理既是治史者開展相關研究時面臨的首要問題，又是治史者研究過程中必須解決的首要難題——「史料者何？過去人類思想行事所留之痕跡，有證據傳留至今日者也。思想行事留痕者本已不多，所留之痕又未必皆有史料價值，有價值而留痕者，其喪失之也又極易」〔註55〕；這就要求治史者必須具備極其敏銳的學術「感覺」和足夠的「耐心」，「在此殘缺範圍內，當竭吾力所能逮以求備求確」〔註56〕。在「說史料」一章中，他將史料搜集的途徑劃分為「在文字記錄之外者」和「在文字記錄者」兩種，並從自身的研究實踐出發，對上述兩種途徑作了進一步分類說明。而從這些頗為詳盡的分類和說明文字中，我們亦不難窺見其不辭

〔註52〕梁啟超：《中國歷史研究法》，上海：上海古籍出版社1998年版，第33頁。
〔註53〕梁啟超口述，周傳儒整理：《指導之方針及選擇研究題目之商榷：九月十三日為研究院同學講》，《清華週刊》1925年第4期，第2頁。
〔註54〕梁啟超：《中國歷史研究法》，上海：上海古籍出版社1998年版，第3～4頁。
〔註55〕梁啟超：《中國歷史研究法》，上海：上海古籍出版社1998年版，第40頁。
〔註56〕梁啟超：《中國歷史研究法》，上海：上海古籍出版社1998年版，第42頁。

辛勞、四處求訪書籍以備學術研究之需的痕跡：

> 舊史之作列傳，其本意固非欲以紀社會紀文化也。然人總不能不生活於社會環境之中，既敘人則不能不涉筆以敘其環境，而吾儕所最渴需之史料，求諸其正筆而不得者，求諸其涉筆而往往得之。……吾輩於舊史皆作史稿讀，故如斯同書之繁博，乃所最歡迎也。既如是也，則所謂別史、雜史、雜傳、雜記之屬，其價值實與正史無異，而時復過之。〔註57〕

> 檔案之當設法簡擇保存，所關如是其重也。至於函牘之屬，例如明張居正《太嶽集》及晚清胡、曾、左、李諸集所載，其與當時史蹟關係之重大，又盡人所知矣。善為史者，於此等資料斷不肯輕易放過。〔註58〕

> 又豈惟書籍而已，在尋常百姓家故紙堆中，往往可以得極珍貴之史料。試舉其例：一商店或一家宅之積年流水帳簿，以常識論之，寧非天下最無用之物？然以歷史家眼光觀之，倘將同仁堂、王麻子、都一處等數家自開店迄今之帳簿及城間鄉間貧富舊家之帳簿各數種，用科學方法一為研究整理，則其為瑰寶，寧可復量？……由此言之，史料之為物，真所謂「牛溲馬勃，具用無遺」，在學者之善用而已。〔註59〕

由此可見，在梁啟超看來，治史者不僅應該於「舊史」中發掘哪些那些不為傳統史家所重視的社會文化史料，還應該從雜史傳記、小說戲文、檔案信函甚至「尋常百姓家的故紙堆中」尋找可資利用的材料，得出有價值的結論。結合《梁氏飲冰室藏書目錄》的相關記載可知，梁啟超在撰寫《先秦政治思想史》時即參考並引用了《詩經》《尚書》《禮記》《國語》《左傳》《史記》、諸子百家及《聖經舊約》等多種書籍，內容涉及政治、經濟、思想、文化、歷史、宗教等多個方面；而在撰寫《中國近三百年學術史》時，他更是充分依託和利用其豐富的藏書資源，廣泛參考了《明儒學案》《日知錄輯釋》《亭林先生遺書》《荀子集解》《文史通義》《十七史商榷》《廿二史劄記》等多部明清學者的相關著作，詳細梳理了整個清代在經、史、古籍整理、自然科學等各個

〔註57〕梁啟超：《中國歷史研究法》，上海：上海古籍出版社1998年版，第49頁。
〔註58〕梁啟超：《中國歷史研究法》，上海：上海古籍出版社1998年版，第51頁。
〔註59〕梁啟超：《中國歷史研究法》，上海：上海古籍出版社1998年版，第53頁。

方面學術研究發展脈絡及其成果，可見豐富的藏書資源確實是其具體研究過程中的「資料寶庫」。此外，梁啟超本人的藏書活動素以「藏以致用」著稱，他常常會根據自己的研究需要購買和選擇書籍，因此，《飲冰室藏書目錄》的這些書籍不僅是其開展史學研究的「助手」和「寶庫」，更有相當一部分書籍是其在學術研究過程中廣泛搜集資料所得；梁啟超飲冰室藏書在數量上又以史部和子部佛典為最，更足見其在學術研究的關注重心之所在。此外，在《中國歷史研究法》「史料之搜集和鑒別」一章中，梁啟超還在總結其史學研究經驗的基礎上著重提出了鑒別史料的十二條原則，堪稱其史學研究的經驗之談。

其次，這種藏書資源的「助力作用」還體現在梁啟超對於古代方志的研究上。眾所周知，傳統學者（特別是清以前的史學家）一直將各類方志歸為地理類著作，《四庫全書》收錄其他門類書籍皆以精細詳盡為尚，而此類書籍則殊為簡略，「通計著錄及存目所收，不過百五十部」，可見即便是在相對重視方志學編纂和研究的清代學界，對於方志類書籍的重視程度依舊是遠遠不夠的。而在梁啟超看來，這些不為前輩學者重視的地方志類書籍對於中國史研究恰恰有著非常獨特的作用——由於中國幅員遼闊，地大物博，各地發展狀況前後相差懸殊，而「舊史專以帝都所在為中心，實不能提挈全部文化之真相」〔註60〕，因此，對於如今的研究者來說，「如欲徹底瞭解全國，非一地一地分開來研究不可」；而若其想專門研究某一地區的歷史與現狀，那麼這一地區的地方志就是這一研究過程中不可或缺的重要助手。梁啟超曾在總結清代學者「整理舊學之成績」時特別指出，舊時各地編纂的方志雖有十之八九「皆由地方官員奉行故事，開局眾修，位置冗員，鈔撮陳案，殊不足以語於著作之林」，但這些「蕪雜不整之方志」之中仍然有著無數「可寶之資料」供研究人員「披沙揀金」。此外，梁啟超還特別結合飲冰室藏書資源，羅列了其自身收藏的康熙《鄒平縣志》《濟陽縣志》、乾隆《寧波府志》等一百二十餘種「經名儒精心結撰或參訂商榷」的地方志，並認為其「斐然可列著作者之林」。既然「自漢晉以來二千年，私家史料之缺乏，未有如清代者」，那麼對於清史研究者而言，這些「斐然可列著作者之林」的地方志就是研究整個有清一代經濟、文化、社會生活等各個方面的巨大寶庫。若我們以此為基礎，進一步聯繫梁啟超本人的學術研究可見，其《清代學術概論》《中國近三百年學術史》等論著中即不乏對相關地方志資料或清代學者方志研究成果的梳理或引用，

<hr>

〔註60〕梁啟超：《中國歷史研究法》，上海：上海古籍出版社年版，第146頁。

而這些成果的梳理和材料的引述亦離不開其自身藏書資源的支持。更為值得
注意的是，梁啟超還專門撰寫了《說方志》一文，文章在論述中國的地方志
種類及其發展歷史的同時，還對歷代各家所著方志之優劣進行了詳細述評。
如以其對於各類方志「文體之繁簡」的述評為例：

> 《廣西志》，金鉷本實草創於李穆堂紱在雍正諸志本中已稱佼
> 佼，嘉慶中，謝蘊山啟昆為巡撫，踵修之，蘊山史學根柢本極深，
> 躬為總裁，卷首職銜不題監修，而題總裁者，示親董其事也，阮芸
> 臺《廣東通志》等皆然……故嘉慶《廣西通志》，其價值與章氏鄂志
> 埒，且未經點污，較鄂志更完好也。卷首列敘例二十三則，遍徵唐
> 宋明諸家門類體制，舍短取長，說明其所以因革之由，諸志序例，
> 或未能先也，故後之作者，皆奉為楷模焉〔註61〕。

> 最晚出者為《新疆圖志》，宣統三年成，民國十二年始刊印，王
> 晉卿樹楠等總纂，此志純屬創作，前無所承，搜採極勤，考證極審，
> 非生今日固不能有此書。然有此書亦方志中一榮譽也〔註62〕。

誠如前文所論，梁氏飲冰室藏書中有著極為豐富的方志藏書。就其數量
而言，則尤以清代及近代學者所纂為最。結合引文可見，梁啟超之所以能夠
對《廣西志》《新疆圖志》兩種方志在資料搜集、體制因革等方面的特色予以
詳細評價，並在此基礎上指明其特色所在，亦緣於上述兩種方志皆在其飲冰
室所藏方志之列。此外，從時間上看，梁氏飲冰室藏書涵蓋了宋、元、明、清
及近代諸位學者的修纂各類方志類書籍，這亦使得梁啟超在談到「方志內容
及作者對於方志觀念之嬗變」問題時能夠從「史」角度縱論其由「以記山川
城邑宮室名勝」為主到兼重「人物傳記」、「古蹟遺書遺文金石」及「現代風俗
掌故經制因革」等多方面內容的變化過程，並在此基礎上進一步指出，方志
在取材與行文上應該特別注意詳略得當的問題，在「為國史取材」的基礎上
做到「剪裁有法，排列得宜，可以省若干閒贅筆墨」〔註63〕。總之，飲冰室
藏書在梁氏方志研究中所起到的關鍵作用亦是顯而易見的。

最後，這種藏書資源的「助力作用」亦體現在其對於後學者的教育和引
導上。梁啟超曾在《新史學》中指出：「史學者，學問之最博大最切要者也。

〔註61〕 梁啟超：《梁啟超全集》（第七冊），北京：北京出版社 1999 年版，第 4282 頁。
〔註62〕 梁啟超：《梁啟超全集》（第七冊），北京：北京出版社 1999 年版，第 4282 頁。
〔註63〕 梁啟超：《梁啟超全集》（第七冊），北京：北京出版社 1999 年版，第 4281 頁。

國民之明鏡也。愛國心之源泉也。今日歐洲民族主義所以發達，列國所以日進文明，史學之功居其半焉」〔註64〕；可見在他看來，史學對於喚起民眾愛國之心，增強民族凝聚力，推動社會進步發展有著重要作用。既然傳統史學已經不能與這個東西方文明交匯的大變革時代相適應，那麼創立「新史學」，培養掌握「新史學」研究方法的後學人才便自然成為振興當時中國史學研究的當務之急。特別是對於那些有志於史學研究的初學者而言，如何從浩如煙海的各類史籍中整理出一份必讀書目就是其必須面對的首要問題。對於這一問題，梁啟超在其《治國學的兩條大路》《國學入門書要及其讀法》《要籍解題及讀法》等文章中均有詳細論述，而飲冰室藏書中數量眾多、種類豐富的史部書籍正是梁啟超為初學者們羅列書目的重要參考資源。如在《國學入門書要及讀法》一文中，梁啟超專列「政治史及其他文獻學書類」，不僅詳細列舉了《尚書》《國語》《戰國策》《二十四史》《資治通鑒》等傳統史籍，還列舉了飲冰室所藏日本學者稻葉山君的《清朝全史》一書，這亦可從側面體現出梁氏中西匯通的學術視野和中西並重的藏書特色。在羅列這些基本書目的同時，梁啟超還結合自身讀書治學經驗，提出了方便初學者閱讀難繁典籍的「摘讀之法」：

> 一曰就書而摘。《史記》《漢書》《後漢書》《三國志》……其書皆大家一手著述，體例精嚴；且時代近古，向來學人習誦者眾，在學界之勢力與六經諸子埒。吾輩為常識計，非一讀不可。吾希望學者將此《四史》之列傳，全體瀏覽一過，仍摘出若干篇稍為熟誦以資學文之助。

> 二曰就事分類而摘讀之。例如欲研究經濟史財政史，則讀《平準書》《食貨志》；欲研究音樂，則讀《樂書》《樂志》……每研究一門，則通各史此門之志而讀之，且與《文獻通考》之此門合讀，當其讀時，必往往發見許多資料散見於各傳者，隨即跟蹤調查其傳讀之。

> 三曰就人分類而摘讀傳。……全史各傳既不能遍讀（且亦不必），則宜擇偉大人物之傳讀之，……此外又可就其所欲研究者而擇讀：如欲研究學術史，則讀《儒林傳》及其他學者之專傳；……用此法讀書，恐只患其少，不患其多矣。〔註65〕

〔註64〕梁啟超：《梁啟超全集》（第二冊），北京：北京出版社1999年版，第736頁。
〔註65〕梁啟超著：《梁啟超全集》（第六冊），北京出版社1999年版，第4236～4237頁。

　　誠如在前輩學者指出的那樣，梁啟超一生「眼中無書，手中無筆之日極少」，他不僅著書、讀書，更積極投身教育事業，力圖通過振興教育、啟迪後學到達的目的；試想如果沒有豐富的藏書資源和長期的閱讀積累做基礎，他又如何能從浩如煙海的史部典籍中選取出最適合初學者閱讀的入門書籍，並在準確概述書籍內容的同時提出更加適合初學者的閱讀方法呢？

二、梁啟超的文學研究與藏書

　　作為中國近代學術史上頗具影響力的著名學者，梁啟超的學術興趣極為廣博，其研究範圍幾乎涵蓋了凡今所謂社會科學之各個領域。梁啟超在學術研究領域的成就首推其史學研究，然梁氏之貢獻卻又不僅僅侷限於史學，其在文學理論建設和古典文學研究領域取得的成就同樣引人矚目。對於這一點，前輩學者的相關論著中或聚焦於梁啟超後十年的文學研究，詳細梳理和總結其關於詩歌表情藝術的相關主張；或從整體著眼，概述其在中國古典文學研究領域的代表性觀點及研究成果；更有學者以康、梁二人的文學研究之異同為切入點，於對比分析中總結梁啟超文學研究的特點所在。聯繫梁啟超本人的藏書活動而論，《梁氏飲冰室藏書目錄》中收錄的集部和子部小說類書籍雖然在數量上不及史部和子部佛經類，卻亦在整個飲冰室藏書中佔有相當比重，可見文學類書籍亦是其訪書、藏書的重點之一。與其史學研究一樣，豐富的藏書資源在梁啟超的文學研究中同樣扮演著非常重要的關鍵角色：

（一）西學藏書與梁啟超的文學研究

　　首先，豐富的西學藏書資源是梁啟超在文學研究中採用新方法的主要基礎。與其史學研究相似，梁啟超的文學研究在方法論上同樣受近代西方自然科學方法的影響，即將近代西方自然科學中的進化論思想與求真精神應用於具體的文學研究實踐中。據《梁啟超年譜長編》記載，早在18歲入京參加會試時，梁啟超即在「下第歸道上海」途中訪書時見到了「上海製造局譯出西書若干種」，只是囿於經濟條件所限，未能購入這些書籍；直到1892年夏會試下第南歸後，方才如願購得「江南製造局所譯之書，及各星軺日記，與英人博蘭雅所輯之《格致彙編》等書」，並通過這些書籍初步瞭解了近代西方自然科學知識和科學理論。戊戌變法失敗流亡日本後，梁啟超又陸續求訪、搜購了日本田邊元《科學概論》《最近の自然科學》、日本小野寺一雄等翻譯的《現代科學の基礎》、英國達爾文撰，日本開成館翻譯的《種之起源》等大批

自然科學書籍，對近代西方自然科學的研究方法和求真精神有了更為深入的
認識。這一點在梁氏 1899 年所作《論學日本文之益》中即有明確體現：

> 既旅日本數月，肆日本之文，讀日本之書，疇昔所未見之籍，
> 紛觸於目。疇昔所未窮之理，騰躍於腦，如幽室見日，枯腹得酒，
> 沾沾自喜……夫日本於最新最精之學，雖不無欠缺，然其大端固已
> 粗具矣。中國人而得此，則其智慧固可以驟增，而人才固可以驟出，
> 如久屢糟糠之人，享以雞豚，亦足以果腹矣。〔註66〕

　　結合引文內容可知，梁啟超此處雖意在通過自己「旅日本數月」的所見
所感來闡述「學日本文之益」，但亦從側面反映出自己在悉心求訪、搜購西學
書籍的過程中獲得的巨大收益——這些旨在介紹西方近代自然科學和人文科
學知識和研究方法日文書籍不僅使其開闊了學術視野、拓展了原有的知識面
（「疇昔所未見之籍，紛觸於目」），對於其治學思路和研究方法的更新擴展亦
大有裨益。而在同年 2 月寫給妻子李蕙仙的書信中，梁啟超亦暢言自己「讀
日本書所得之益極多極多」。通過梳理梁啟超 1899 年之後的相關論著可見，
要求中國學者轉變觀念，提倡並學習上述這些西學藏書中所提倡的歸納、實
證等科學研究方法，注重求真求實的科學精神，早已成為其論著和演講中反
覆出現的重要命題。如梁啟超 1922 年 8 月 20 日為科學社年會所作題為《科
學精神與東西文化》的演講就是其中非常典型的代表：

> 中國人對於科學的態度，有根本不對的兩點：其一，是把科學
> 看得太低了、太粗了。……多數人以為科學無論如何高深，總不過
> 屬於藝和器那部分，這部分原是學問的粗跡，懂得不算稀奇，不懂
> 得不算恥辱。……其二，把科學看得太呆了，太窄了。……他們以
> 為只有化學數學物理幾何等等才算科學，以為只有學化學數學物理
> 幾何等等才用得著科學；殊不知所有政治學經濟學社會學等等，只
> 要夠得上一門學問的沒有不是科學，我們若不拿科學精神去研究，
> 便做那一門子學問也做不成。〔註67〕

　　由引文可知，在梁啟超看來，今日的中國若想求得進步，中國的學者們
必須改變以往那種將科學視為「藝而下成」或「不知道科學本身價值」的錯

〔註66〕梁啟超：《梁啟超全集》（第一冊），北京：北京出版社 1999 年版，第 324 頁。
〔註67〕梁啟超：《梁啟超全集》（第七冊），北京：北京出版社 1999 年版，第 4005～
　　　　4006 頁。

誤觀念，樹立求真求實的科學精神，並在此基礎上充分運用實證、歸納等科
學的研究方法解決問題；唯有如此，才能逐步矯治彌漫於時下中國學界的「籠
統」、「武斷」、「虛偽」、「因襲」、「散失」等五大弊病，「漸漸把思想界的健康
恢復轉來」。具體到本文所論梁啟超的文學研究來看，這種注重系統研究、追
求「有系統之真知識的方法」的科學精神同樣貫穿於梁啟超的文學研究之中。
如以其屈原研究為例，此前學者對於屈原的關注和研究多沿襲王逸《楚辭章
句》中《離騷》之文，依詩取興，引類譬喻，故善鳥香草以配忠貞，惡禽臭
物以比讒佞，靈修美人以媲於君，宓妃佚女以譬賢臣，虬龍鸞鳳以託君子，
飄風雲霓以為小人」〔註68〕的思路，「每篇每段每句皆膠例而求之」，忽略了
屈原作品本應具有的文學價值；有鑑於此，在著手研究屈原及其作品時，梁
啟超既能以其飲冰室所藏楚辭類古籍（包括屈原撰，朱熹集注《楚辭集注》
八卷（古逸叢書單行本）和屈原撰，宋錢杲之集解《離騷集釋》（民國七年海
虞鐵琴銅劍樓印影宋刻本）為基礎，博採前輩學者之長；又能夠運用近代西
方科學的研究方法，對屈原其人及其作品進行系統性的全面梳理和研究。特
別是能夠從屈原生活的社會環境和生平境遇入手，以探討屈原個人的性格特
徵為切入點，指出屈原人生悲劇的形成原因恰在於其「在哲學上有很高的見
解，但絕不肯耽樂幻想……對於現實社會，不是看不開，而是捨不得」〔註69〕，
「易卜生最喜歡講一句話：All or nothing.（要整個，不然寧可什麼都沒有），
屈原正是這種見解……他說是如此說，做也是如此做」〔註70〕；因此，「他從
發心之日起，便有絕大覺悟……他賭咒和惡社會奮鬥到底，他果然能實踐其
言，始終未嘗絲毫讓步。但惡社會勢力太大，他到了『最後一顆子彈』的時
候，只好潔身自殺」〔註71〕；而屈原的作品亦時時貫穿並藝術性地再現了其
「蘇世獨立，橫而不流」的高貴人格、「看見眾生受苦，便和身受一般」的社
會同情心與舉世渾濁、「上下四方多奸賊」社會環境之間的矛盾，展現出鮮明
的藝術個性；而這種以時代背景、作家個性為切入點，進而揭示出作家作品

〔註68〕（漢）王逸注，洪興祖補注：《楚辭章句補注》，長春：吉林人民出版社2005
　　　　年版，第3頁。
〔註69〕梁啟超：《梁啟超古典文學論著》，上海：上海書店出版社2013年版，第268
　　　　～269頁。
〔註70〕梁啟超：《梁啟超古典文學論著》，上海：上海書店出版社2013年版，第275
　　　　頁。
〔註71〕梁啟超：《梁啟超古典文學論著》，上海：上海書店出版社2013年版，第270
　　　　～272頁。

藝術個性的研究思路亦生動詮釋了其在《科學精神與東西文化》中倡導的「我們想對於一個事物的性質得有真知灼見，……要鑽在這件事物裏頭去研究，要圍繞這件事物周圍去研究，要跳在這件事物高頭去研究，種種分析研究結果，才把這件事物的屬性大略研究出來……經過這種種工夫，才許你開口說『某件事物的性質是怎麼樣』」的科學精神，為推進 20 世紀初中國古典文學的研究方法的更新起到了非常重要的作用。若我們由此而追根溯源，則梁氏飲冰室藏書中豐富的西學藏書資源可謂功莫大焉。

其次，豐富的藏書資源也是梁啟超開展文學理論研究，創立「以情感說為中心的創作、研究、鑒賞體系」〔註 72〕的重要助手。誠如前輩學者所論，文學理論研究既是梁啟超文學研究的重要組成部分，也是梁啟超 1920 年後文學研究的重點之一。就其文學理論研究和飲冰室藏書的關係來看，則主要在於以下三個方面：

其一在於飲冰室藏書中的西學書籍對其在具體的文學理論研究中借鑒和吸納新的批評概念和批評方法所帶來的啟示。通過梳理《梁氏飲冰室藏書目錄》收錄的相關書籍可見，梁氏飲冰室藏書中不僅有如英溫徹斯特撰，景昌極錢堃新翻譯的《文學評論之原理》、吳獻書編輯的《柏拉圖之理想國》、周作人《歐洲文學史》、日本學者吹田順助翻譯的《十九世紀文學の主潮》等直接或間接譯介近代西方文學理論概念、發展過程、主要觀點等問題的著作；更包括了如阿部次郎《美學》、瀧村斐男《美學思潮》、大隈重信《東西文明の調和》、廚川白村《文藝思潮論》等一批受到近代西方文藝理論思潮影響後致力於譯介或開展西方文藝理論研究、東西方文化比較和融合的日本學者著作。此外，梁氏還收藏了舒新城編纂的《心理學原理實用教育學》、日本高橋讓的《心理學》、速水滉《現代の心理學》以及野上俊天《青年心理講話》等一批心理學書籍，這些書籍或為其戊戌變法失敗後流亡日本，潛心求訪所得，或雖係其歸國後購買收藏，卻亦與其海外遊學的經歷有著千絲萬縷關聯，這一點在梁啟超與家人、朋友的日常通信中亦多有提及：

> 數月來主要功課，可分為四：一曰見人，二曰聽講，三曰覽名勝，四曰習英文。……吾在此發憤當學生，現所受講義：一、戰時各國財政及金融，二、西戰場戰史，三、法國政黨及現狀，四、近

〔註72〕連燕堂：《試論梁啟超對中國古代文學研究的貢獻》，《文學遺產》1986 年第 6 期，第 109 頁。

世文學潮流。即此已費時不少矣。其講義皆精絕，將來可各成一書
也。〔註73〕（1919 年 6 月 19 日《致梁仲策》）

　　初登舟即開始習法文，頃已記誦二百字，循此不倦，歸時或竟
能讀法文書矣。每日功課晨起專司法文，約一時許，次即泛覽東籍
（約兩三日盡一冊）。〔註74〕（1919 年 1 月 13 日《致梁思順》）

　　結合引文所述可知，在遊學海外、「發憤當學生」的過程中，梁啟超不僅
通過苦學外語，泛覽書籍以開拓眼界，還在聆聽當地學者講座的過程中接受
了大量的新思想和新知識，而這些經歷又直接成為梁啟超大力求購、收藏相
關書籍的重要動力。從梁啟超與女兒的日常通信來看，這些旨在譯介、闡釋
西方文學理論批評概念和話語體系的書籍亦逐漸成為梁啟超進行文學研究時
不可或缺的參考資料：

　　有人來時可將下列書撿托帶來，但撿交季常丈處，彼自能理會
也。《哲學大辭書》七冊；《文藝全書》一大厚冊，似是早稻田大學
編輯，隆文館發行。〔註75〕（1916 年 1 月 2 日《致梁思順》）

　　若我們以此為基礎，進一步結合梁啟超文學研究的實際個案就會發現，
這種以藏書資源為依託，在一定範圍內引進或借鑒西方文論概念、理論範疇
來評價和闡釋中國古代文學的研究思路堪稱梁啟超在中國文學研究思路上的
一大創新。以其 1922 年在清華大學所作題為《中國韻文裏頭所表現的感情》
的講座為例，梁啟超在講座中特別提到了「浪漫派的文學」和「寫實派文學」，
認為「浪漫派文學，總是想像力愈豐富愈奇詭便愈見精彩」，其特色則在於「用
想像力構造境界」；而「寫實派做法，作家把自己情感收起，純用客觀態度描
寫別人情感」，其創作要訣則在於「將客觀事實照原樣極忠實的寫出來，還要
寫得詳盡……簡單說，是專替人類作片段寫照」〔註76〕；並以此為基礎，結
合屈原、李白、杜甫、韓愈、蘇軾等一大批頗具代表性的中國古代詩人及其
作品，深入闡釋中國古典文學中的韻文之美；而聯繫梁氏飲冰室的藏書情況

〔註73〕梁啟超：《梁啟超全集》（第 10 冊），北京：北京出版社 1999 年版，第 6024
　　　　頁。

〔註74〕梁啟超：《梁啟超全集》（第 10 冊），北京：北京出版社 1999 年版，第 6180
　　　　頁。

〔註75〕梁啟超：《梁啟超全集》（第 10 冊），北京：北京出版社 1999 年版，第 6165
　　　　頁。

〔註76〕梁啟超：《作文教學法》，北京：商務印書館 2018 年版，第頁。

可知，梁氏此處所謂「浪漫派文學」和「寫實派文學」等概念提出顯然受到了18 世紀末到 19 世紀三四十年代歐洲出現的浪漫主義和現實主義理論影響；其來源恰是梁氏飲冰室中的西學藏書資源。試看梁氏飲冰室所藏丹麥批評家勃蘭兌斯撰、日本學者吹田助順翻譯的《十九世紀文學の主潮》一書中對「德國浪漫派」及其理論主張的敘述：

> 這個新的藝術福音的宣告者用一種使人感到他像含羞草一樣敏感的語言，宣告他憑藉對美的深刻而純真的愛悅，擺脫了一切規則的強制……這種內心的激動和興奮，像我已經說過的，通過對於詩的音樂的處理或者通過音樂本身來引發，是最自然，最容易不過的。〔註77〕

> 古人只是當自然在微笑、表示友好並對他們有用的時候，才真正發現自然的美。浪漫主義者則相反，當自然對人們有用的時候，他們並不認為它美；他們發現自然在蠻荒狀態中，或者當它在他們身上引起模糊的恐怖感的時候，才是最美的。〔註78〕

結合以上引文可見，勃蘭兌斯書中所謂德國浪漫派「擺脫了一切規則的強制」、認為「自然在蠻荒狀態中，或者當它在他們身上引起模糊的恐怖感的時候，才是最美的」等觀點恰與梁氏文中浪漫派文學「想像力愈豐富愈奇詭便愈見精彩」的觀點一致，聯繫梁氏在這一時期與女兒的書信往還中多次提到自己「講演之多既如此，而且講義都是臨時自編，……（一個月）撰約有十萬字」，「用功真極刻苦」的情況來看，梁氏對於這一問題的論述應該是其充分參考如勃蘭兌斯《十九世紀文學の主潮》等西學藏書的成果。此外，《中國韻文裏頭所表現的感情》一文中還提到了「浪漫派文學」創作與詩人想像力、作品之「神秘性」乃至詩人「胸次高曠」之間的關係問題。如在談到蘇軾詩作時，即謂其「也是胸次高曠之人，但他的文學不含神秘性，純浪漫的作品相對較少……他作詩時候所處的境界，恰好是最浪漫的，他便將那一剎那間的實感寫出來，不覺便成為浪漫派中上乘作品」；這就涉及到了詩人的創作心理

〔註77〕（丹）勃蘭兌斯著，李宗傑譯：《十九世紀文學主流·第 2 分冊 德國的浪漫派》，北京：人民文學出版社 1982 年版，第 119 頁。（梁氏飲冰室所藏為日文版，為行文方便，此處引文採用中譯本）

〔註78〕（丹）勃蘭兌斯著，李宗傑譯：《十九世紀文學主流·第 2 分冊 德國的浪漫派》，北京：人民文學出版社 1981 年版，第 139 頁。（梁氏飲冰室所藏為日文版，為行文方便，此處引文採用中譯本）

問題。而梁氏飲冰室藏書中亦包括一定數量的心理學類書籍，這些書籍無疑有助於其在研究這一問題時做出更為合理的論述。

其二是飲冰室中的西學藏書對於梁啟超提出文學研究應注重「中西結合」、「中西比較」主張起到了非常重要的助力作用。誠如尹紅茹主編《比較文學》一書中指出的那樣，作為在時代激變中「把目光投向西方，尋求救國之路」，積極倡導文學改良運動的代表人物之一，梁啟超的文學理論研究已經開始「自覺地把中西文學藝術進行對比，其論著中已經有了明確的比較文學意識」；而聯繫梁氏飲冰室的藏書情況可知，這種「明確的比較文學意識」的產生，亦應該歸功於其種類豐富的西學藏書資源。通過梳理《梁氏飲冰室藏書目錄》中的相關記載可見，梁氏藏書中除一定數量的西方文論和美學書籍外，西方文學作品亦是梁啟超訪書、藏書活動中的重點關注對象。這些藏書中不僅有中譯本《俄國戲曲集》《海上夫人》《洞冥記》《情海疑波》《不滅的火》等，還包括了如日譯本《十日物語》（即卜伽丘《十日談》）、《英國近代傑作集》（存下卷）〔註79〕等西方文學作品集，這些作品集的收藏不僅使梁啟超對於西方各國作家及其文學作品有了更為直觀的認識，對於相關的西方文論和美學觀點有了更加深刻的理解，亦促使其在具體的研究實踐中採取「中西結合」、「中西比較」的方法，於「結合」和「比較」中充分發掘和突顯中國古典文學的特色所在。同樣以其《中國韻文裏頭所表現的情感》一文為例，梁氏在開篇導言中即明確表示自己講演這個題目的目的，「是希望諸君把我所講的做基礎，拿來和西洋文學比較，看看我們的感情，比人家誰豐富誰寒儉，誰濃摯誰淺薄，誰高遠誰卑近，我們文學家表示情感的方法，缺乏的是哪幾種。先要知道自己民族的短處去補救他，才配說發揮民族的長處」〔註80〕。文中論述「奔迸的表情法」時，更是直接指出「這種情感表現法，西洋文學裏頭恐怕很多，我們中國卻太少了。我希望今後的文學家，努力從這方面開拓境界」〔註81〕；而在論及「西北民族的表情法」時更是直接以歐洲文學作品作為參照系來突顯西北少數民族文學「伉爽真率」的表情特質。若結合上文所述梁氏飲冰室的藏書情況可見，梁氏之所以會從「中西比較」的視角研究

〔註79〕國立北平圖書館編：《梁氏飲冰室藏書目錄》，北京：北京圖書館出版社2005年版，第544～545頁。

〔註80〕梁啟超：《梁啟超古典文學論著》，上海：上海書店出版社2013年版，第187頁。

〔註81〕梁啟超：《梁啟超古典文學論著》，上海：上海書店出版社2013年版，第193頁。

問題，自然與其飲冰室藏書中的相關書籍資源有著密不可分的聯繫。

其三在於飲冰室藏書中的西學書籍是促使梁啟超文體觀念發生轉變的重要推手。縱觀梁啟超的相關研究論著可知，文體問題是梁啟超文學理論研究中關注頗多的問題之一。關於梁啟超的文體觀念及其演進過程，前輩學者已多有論述。較有代表性的如夏曉虹《梁啟超的文類觀念》一文中指出，「晚清已降，受西方文類概念以及文學創作新趨向的影響，各類文體經歷了大規模的重組與區劃，為現代的文體分類學奠定了基礎」〔註82〕；而梁啟超正是實現這種變革，特別是推動小說異軍突起的關鍵性人物之一。羅嗣亮《現代中國文藝的價值轉向》一書中則將梁啟超視為20世紀初「具有強烈民族主義色彩的文藝價值論」〔註83〕的代表人物，並將「新民」視為梁氏文藝價值論的核心所在——既為「新民」，則文學創作亦應在「政治和道德啟蒙中發揮重要作用」，而在中國傳統文學觀念中被視為「最為鄙俗」的小說恰恰能夠起到這樣的作用。因此，梁啟超極力推崇小說的作用，並將小說視為「文學之最上乘」。連燕堂《試論梁啟超對中國古代文學研究的貢獻》一文認為，梁啟超在理論上「給小說以『文學最上乘』的地位，給戲曲以文學之『大國』，韻文之『巨擘』的地位」，這些努力無疑為改變僅以詩文為正宗的中國古代文學結構頗有助益〔註84〕。如果我們在綜合這些前人論述基礎上聯繫梁氏飲冰室的藏書情況加以考察就會發現，梁氏之所以能夠提出這些主張，同樣與其飲冰室藏書中豐富的西學書籍資源有著密切關聯。如其在《桃花扇叢話》的開篇即有這樣的論述：

> 斯賓塞嘗言：「宇宙萬事，皆循進化之理，惟文學獨不然，有時若與進化為反比例」云云。（彼推原其故，謂文學必帶一種野蠻之迷信，乃能寫出天然之妙，文明愈開，則此種文學愈絕，故文學與科學之消息，適成反比例云云，其言頗含至理。）此論在中國，尤為文家所認同而無疑義者矣。〔註85〕

〔註82〕夏曉虹：《閱讀梁啟超》，北京：讀書　生活　新知三聯書店2006年版，第125頁。

〔註83〕羅嗣亮：《現代中國文藝價值的轉向　毛澤東文藝思想與實踐新探》，北京：社會科學文獻出版社2015年版，第14頁。

〔註84〕連燕堂：《試論梁啟超對中國古代文學研究的貢獻》，《文學遺產》1986年第6期，第106頁。

〔註85〕陳多，葉長海選注：《中國歷代劇論選注》，長沙：湖南文藝出版社1987年版，第394頁。

眾所周知，作為西方近代學術史上「進化論」的代表人物之一，斯賓塞
在哲學上「是一個實證主義者」，將宇宙一切事物的發展過程視為一個逐步
進化的過程是其主要觀點之一。聯繫梁氏飲冰室的藏書情況可知，涉及進化
論及其相關問題的書籍一直是梁啟超訪書、藏書的重點。換言之，其在文章
開篇即引用斯賓塞所言探討「文學之進化」，並按照「進化論」的思路繼續
提出「以風格論，誠當爾爾，以體裁論，則固有未盡然者。凡一切事物，其
程度愈低級者則愈簡單，愈高級者則愈複雜，此公例也」，同時據此提出「中
國之韻文，其後乎今日者，進化之運，未知如何；其前乎今日者，則吾必以
曲本為巨擘也」的主張，賦予中國古代傳統批評家視為「下里巴人」、「不入
流」的曲本以「韻文之巨擘」的地位，自然可以視為其豐富西學藏書資源影
響下的產物。

（二）傳統古籍藏書與梁啟超的文學研究

除西學藏書外，梁氏飲冰室藏書中的傳統古籍對於梁啟超文學理論研究
產生亦產生了非常深刻的影響。需要強調的是，就本研究關注的「飲冰室藏
書對梁啟超文學理論研究之影響」而論，梁啟超在文學理論研究所取得的一
系列成績既得力於其飲冰室藏書中的西學書籍的啟發，亦得益於其藏書資源
中數量繁多、種類豐富的中文傳統古籍。誠如前文所述，梁啟超在古籍收藏
的問題上一貫秉承「講求實用」的原則，正所謂「世之顓愛宋元版本，直是
骨董家。『藏書』但其切於實用，而不必求其精槧」〔註86〕。其飲冰室中珍
藏的古籍雖數量眾多，但多以清咸同光宣以及民國初期的通行本為主，另有
少部分為明代精刻版；其收藏的集部詩文評類書籍亦均為清刻本或民國初年
通行本，充分體現了梁氏藏書活動中「藏以致用」的原則。就飲冰室所藏傳
統古籍對於梁啟超文學理論研究產生的影響而言，主要體現在以下幾個方
面：

其一，這些豐富的古籍資源是梁啟超開展文學理論研究時最為重要的資
料來源。如在其1922年為北京美術學校師生所作題為《美術與科學》的講演
中提到「如何觀察自然」的問題時，即有這樣的論述：

> 美術家的觀察，不但以周遍精密為能事，最重要的是深刻。蘇

〔註86〕余紹宋《飲冰室藏書目錄序》，國立北平圖書館編：《梁氏飲冰室藏書目錄》，
北京：北京圖書館出版社2005年版，第5頁。

東坡述文與可論畫竹的方法，說道：「畫竹必先得成竹於胸中；執筆熟視，乃見其所欲畫者，急起從之，振筆直遂，以追其所見，如兔起鶻落，少縱則逝矣。」這幾句話，實能說出美術的密鑰。〔註87〕

而在論及美術的「表情技能的應用」問題時，則引用了黃荃論吳道子鍾馗圖的故事：

> 相傳五代時蜀主孟昶，藏一幅吳道子畫鍾馗，左手捉一個鬼，用右手第二指挖那鬼的眼睛，孟昶拿來給當時大畫家黃荃看，說道：若用拇指，似更有力，請黃荃改正他。黃荃把畫帶回家去，廢寢忘食地看了幾日，到底另畫一本進呈，孟昶問他為什麼不改，黃荃答道：「道子所畫，一身氣力色貌，都在第二指，不在拇指，若把它改，便不成一件東西了，我這別本，一身氣力，卻都在拇指。」吳黃兩幅畫，可惜現在都失傳，不能拿比勘，但黃荃這番話，真是精到至極。〔註88〕

聯繫梁氏飲冰室的古籍收藏情況可知，「蘇軾述文與可畫竹」的故事在梁氏所藏明張丑撰《清河書畫舫》（清乾隆二十八年仁和吳氏長元池北草堂刻本）、清孫岳頒等撰《佩文齋書畫譜》（清翻刻殿本）等古籍中均有記述，而黃荃論吳道子畫鍾馗則可見於飲冰室所藏宋李昉等撰《太平廣記》（清乾隆二十年天都黃氏校刻本）、清張玉書等編《佩文韻府》（清重刻內府本）等古籍，而文中所引如「師法自然」、「意在筆先」、「傳神寫照」等觀點或主張等中國古代文論常見的概念範疇在梁氏飲冰室藏書中內容豐富、數量眾多的詩文評類古籍之中亦多有記載；此外，在梁啟超為其飲冰室藏書所作題跋中，我們亦不難發現類似的例證：

> 言之無物，務尖險，晚唐之極敝也。妄自尊大，彌資匪笑耳〔註89〕。（題《劉蛻集》）

> （《天問閣集》）明李長祥撰。……謝山謂其文不稱於作家。然新樂侯一傳，法度森然，生氣遠出。吾於明人之文，乃罕見其比〔註90〕。（題《天問閣集》）

〔註87〕梁啟超：《梁啟超全集》（第7冊），北京：北京出版社1999年版，第3961頁。

〔註88〕梁啟超：《梁啟超全集》（第7冊），北京：北京出版社1999年版，第3961頁。

〔註89〕梁啟超：《梁啟超全集》（第9冊），北京：北京出版社1999年版，第5269頁。

〔註90〕梁啟超：《梁啟超全集》（第9冊），北京：北京出版社1999年版，第5264頁。

結合引文可見，梁啟超對於晚唐詩「言之無物，務艱險」的評價與其飲冰室所藏宋胡仔《苕溪漁隱叢話》中評晚唐詩「氣象衰苶」、「語到而實無見處」等觀點頗有契合之處，而其在評價李長祥《天問閣集》時更是直接化用所藏《佩文齋書畫譜》中「姿態縱逸而法度森然」和司空圖《詩品》中「生氣遠出，不著死灰」來突顯其行文之特點，這些都足以證明梁氏飲冰室中珍藏的傳統古籍是其開展文學理論研究特別是在引述文學批評資料時不可或缺的「寶庫」。

其二，梁氏飲冰室藏書中豐富的古籍資源亦是梁啟超在其文學理論研究中繼承和發展中國古代文論主要概念、論題及其話語體系的重要基礎。如其在《中國韻文裏頭所表現的情感》一文中在談到「漢魏六朝樂府詩」時有這樣的論述：

> （舉《東門行》《有所思》等幾首為例）讀這幾首，大略可以看得出當時平民文學的特采，是極率真而又極深刻，後來許多專門作家都趕不上。李太白刻意學這一體，但神味差得遠了。
>
> （評《隴頭歌》）這些都是用極簡單的語句，把極真的感情儘量表出，真所謂「一聲何滿子，雙淚落君前」。你若要多著些話，或是說得委婉些，那麼真面目完全喪掉了。〔註91〕

對「文」、「情」關係的探討是中國古代文論的重要議題之一。聯繫梁啟超飲冰室的藏書情況可知，無論是飲冰室所藏尚書類典籍中對「詩言志，歌詠言」的標舉（《尚書·舜典》）還是《詩毛氏傳疏》（清光緒十年吳縣朱記榮校刻本）中「在心為志，發言為詩，情動於中而形於言」的主張，亦或是劉勰《文心雕龍》（清乾隆六年刻本）中「鉛黛所以飾容，而盼倩生於淑姿；文章所以飾言，而辨麗本乎性情。故情者，文之經，辭者，理之緯；經正而後緯定，理定而後詞暢」的觀點，無不揭示著作家之「真情」在文學創作中的重要作用——對於作家來說，唯有胸中蘊積真情，才能將其形諸筆端，使讀者與字裏行間中收穫感動人心的力量；但這並不意味著寫作者可以忽略辭藻的修飾作用，而是要求寫作者在詩文創作中必須注意平衡「情」、「采」二者之間的關係，做到「文采兼備、華實並茂」。引文中梁啟超在評述漢魏六朝詩作時即特別注重發掘這些作品「用極簡單的語句，把極真的感情儘量表出」的特

〔註91〕梁啟超：《梁啟超古典文學論著》，上海：上海書店出版社2013年版，第189頁。

點，力贊其「極率真而又極深刻，後來許多專門作家都趕不上」。可見在具體的文學批評實踐中，梁啟超本人亦極為推崇寫作者在文學創作中「真情」的抒寫，由此觀之，則梁啟超飲冰室藏書中數量豐富、種類眾多的傳統古籍資源恰恰是其在分析和論述相關問題時能夠由中國古代文論的概念範疇和話語體系出發，充分發掘中國古典文學作品之審美特點的重要基礎。

　　另一個典型例證是梁啟超對文學教育作用的強調和重視。如在《要籍解題及其讀法》一文中談到「讀《詩》之法」時，梁啟超曾有這樣的論述：

> 孔子曰：「詩可以興，可以觀，可以群，可以怨。」……古者以詩為教育主要之工具，其目的在使一般人養成美感，有玩賞文學的能力，則其人格不期而自進於高明。夫名詩僅諷誦涵詠焉，所得已多矣，況孔子舉三百篇皆弦而歌之，合文學、音樂為一，以樹教育之基礎，其感化力之大云胡可量！〔註92〕

　　連燕堂曾在《試論梁啟超對中國古代文學研究的貢獻》中指出，梁啟超之前的《詩經》研究多以「經學研究」為主，「雖然自劉勰始，不少有識之士亦從文學角度探討《詩經》，但總沒有人敢於否定它的經學地位，把它作為純粹的文學作品看」〔註93〕；梁啟超此處以孔子《論語》中對於《詩》功能的相關論述為基礎，同時結合南宋書院諸學者頗為推崇的「諷誦涵詠」之法來充分說明《詩經》在中國古代美學教育上發揮的重要作用（「使一般人養成美感，有玩賞文學的能力」）。從文學理論研究的角度來看，梁氏此論既與傳統儒家文論一貫重視和提倡的文學「風以動之，教以化之」的教化作用一脈相承，同時又在一定程度上突破了「經學研究」的藩籬，更加注重發掘《詩經》「作為表情文學的獨特價值」〔註94〕。聯繫梁氏飲冰室的藏書情況及梁啟超與其親友的書信往來可見，這種對於《詩經》等傳統儒家經典「教化之功」的推崇與闡釋亦源於其對自身閱讀經驗的總結。就其藏書情況而言，梁氏飲冰室中的「詩類」藏書達十餘種，其中不乏如宋謝枋得《詩傳注疏》二卷（民國十六年鉛印本）、清方玉潤《詩經原始》二十卷（民國三年雲南圖書館刻本）、

〔註92〕梁啟超著：《梁啟超全集》（第 8 冊），北京：北京出版社 1999 年版，第 4656 頁。

〔註93〕連燕堂：《試論梁啟超對中國古代文學研究的貢獻》，《文學遺產》1986 年第 6 期，第 112 頁。

〔註94〕連燕堂：《試論梁啟超對中國古代文學研究的貢獻》，《文學遺產》1986 年第 6 期，第 112 頁。

清王先謙《詩三家義集疏》二十八卷（民國四年虛受堂刻本）等詩經學著作；換言之，這種對於文學社會功能，特別是其「教化之功」的重視，亦源自梁啟超對於其自身閱讀經驗的總結。誠如前輩學者指出的那樣，正是依託於其飲冰室豐富的藏書資源，梁啟超一生「眼中無書，手中無筆之日」絕少；從梁啟超與其親友的日常書信往還來看，他曾在其與兒女、親友的書信往還中數次提及《詩經》等傳統儒家經典「有益修身」、「猶藥物也，可以攻病，猶鍵鑰也，可以啟關」、「使氣血和暢，膚革充盈，永不為再病媒」的教化作用，而這些觀點和主張亦源自中國古代文論特別是儒家文論中對文學社會價值的論述，可見這些珍藏的古籍確實是梁啟超進行文學理論研究，特別是繼承和發展中國古代文論主要概念、命題及其話語體系的重要基礎的重要資源。

此外，梁氏飲冰室豐富的古籍藏書資源在其對中國古代作家作品進行個案研究上亦頗有助力誠如趙敏俐先生在《古典文學的現代闡釋及其方法》一書中指出的那樣，梁啟超的古典文學研究無論是在研究方法還是學術視野上「都具有一定的創新開拓性」〔註95〕，而其在研究對象的選擇上亦能夠保持冷靜的頭腦，對於中國古代的文人創作予以更為充分的關注〔註96〕；而在其開展相關作家作品的個案研究之時，梁氏飲冰室中豐富的古籍藏書資源亦常常成為其最為倚重的「寶庫」，梁啟超對於陶淵明及其詩作的研究就是一個非常典型的例子。在 1923 年 3 月 20 日寫給友人高夢旦的信中，梁啟超曾這樣敘述自己的日常讀書與文學研究活動：

> 弟因遵醫戒養病，暫屏絕費心血之作，讀陶詩以自遣。此兩旬間成一書，擬提曰《陶淵明》。內分三部分：（一）陶淵明之品格及其文藝價值；（二）陶淵明年譜（胡適之來此數日，極激賞此作），（三）陶詩解題及其新箋（此部分尚有少許未成）〔註97〕。（《致高夢旦》1923年 3 月 20 日）

由此可見，《陶淵明》一書是梁啟超遵醫囑養病期間「讀陶詩以自遣」的有感而成之作，聯繫梁啟超的飲冰室藏書情況可知，其中既包括如清陶澍注《靖節先生集》（清光緒九年江蘇書局刻本）等注書者「十年之力以成，今昔

〔註95〕趙敏俐：《古典文學的現代闡釋及其方法》，北京：商務印書館 2013 年版，第113 頁。

〔註96〕趙敏俐：《古典文學的現代闡釋及其方法》，北京：商務印書館 2013 年版，第113 頁。

〔註97〕梁啟超：《梁啟超全集》（第 9 冊），北京：北京出版社 1999 年版，第 6043 頁。

之陶集注，此最精覈矣」為特色珍本、善本，又有如古直《陶靖節詩箋》（民國十五年上海聚珍仿宋書局鉛印本）這類當時學者研究陶詩的最新成果；從梁啟超書中對陶淵明及其詩作品格的解讀和闡釋，特別是其在《陶淵明年譜》中對陶淵明生平事蹟的詳細考證來看，這些精心求訪所得的書籍顯然是其研究過程中最為重要的資料來源。故其在《陶淵明年譜》開篇中亦自謂其寫作時「便屏百慮，讀陶集自娛。偶鉤稽其作品年月，而前人所說，多不能愜吾意。⋯⋯遂發憤自撰此譜，三日而成。成後，檢篋中故書，得舊譜數種，復以兩日校改之為斯本。號稱養病，亦頗以鎪刻愁肝腎矣」〔註98〕，足見飲冰室藏書在其進行作家個案研究時發揮的重要作用。

　　值得注意的是，在具體的文學研究實踐中，梁啟超亦常常將藏書活動貫穿於其文學研究過程中，特別是能夠結合其研究過程中遇到的具體問題及研究對象的不同特點開展相應的訪書、藏書活動，以彌補現有藏書之不足。這種文學研究與藏書活動之間的相互促進作用在梁啟超對於辛棄疾詞的研究上有著尤為明顯的體現。通過梳理相關資料可知，辛棄疾是梁啟超治學生涯中關注頗多的詞人之一，他不僅「好之尤篤，平時談詞輒及稼軒」，晚年更是在此前研究的基礎上進一步著手編纂《辛棄疾年譜》，以擴展自己對辛棄疾及辛詞研究的廣度和深度；而隨著研究過程的逐步深入，梁啟超開始感覺到自己手中現有的藏書資源（包括明毛晉編汲古閣本《宋六十名家詞》、清周濟撰道光十二年刻本《宋四家詞選》等）之不足，並針對這一問題而開展了相應的訪書、藏書活動。這一點在其《跋四卷本稼軒詞》一文中即有明確體現：

　　　　《稼軒詞》在宋有三刻，一為長沙一卷本，二為信州十卷本，三即四卷本。明清以來，傳者惟信州本⋯⋯近武晉陶氏景印宋元本詞集，中有《稼軒詞》甲乙丙三集，其編次與毛王本全別，文字亦多異同。余讀之頗感興趣，顧頗怪奇何以卷數畸零，與前籍所錄悉無合也。嗣從直隸圖書館假得明吳文怡（訥）所輯《唐宋名賢百家詞》，其《稼軒詞》正採此本，而丁集赫然在焉乃拍案叫絕⋯⋯此本最大特色，在含有編年意味⋯⋯若欲為稼軒詞編年，憑籍茲本，按歷年遊宦諸地次第，旁考其來往人物，蓋十可得其五六。〔註99〕

〔註98〕梁啟超：《梁啟超古典文學研究論集》，上海書店出版社2013年版，第312頁。
〔註99〕梁啟超：《梁啟超全集》（第9冊），北京：北京出版社1999年版，第5275～5277頁。

另據《梁啟超年譜長編》記載，他曾在 1927 年致葉揆初、陳叔通等人的信中稱自己「惟籀讀著述之病，殊不能減。日來撰成《辛稼軒年譜》，並為稼軒詞作編年，竟什得七八，又得一佳鈔，用校四印齋重雕之元大德本，是正偽舛，將及百條，深用自喜。一月來光陰全消磨此中」〔註100〕，甚至在 1928 年重病住院後，他仍然託人尋覓相關材料，「忽得《信州府志》等書數類，狂喜，攜書出院，痔疾並未見好，即馳回天津……擬一面服瀉藥，一面繼續《辛稼軒年譜》之著作」〔註101〕；可見在梁啟超編纂《辛棄疾年譜》的過程中，文學研究與其藏書活動始終呈現出一種相輔相成，互為助力的密切關係；而後來學者亦將梁啟超對於辛棄疾及其《稼軒詞》的研究譽為「以社會批評的方式肯定了辛詞的價值」、「揭示辛詞的思想遠比以往的詞學家深刻」〔註102〕，總之，飲冰室藏書在梁啟超的文學研究過程中所起到的助力作用亦是不容忽視的。

范鳳書《中國私家藏書史》指出，在長期沒有遍設圖書館的封建時代，中國的私家藏書「實際肩負著公共圖書館的部分職能，與國家藏書相輔相成共同推動著中華文化學術的發展」；也正是有賴於一代代私人藏書家的辛勤努力和付出，才使得中華文化火種能夠歷經劫難而生生不息。從這些私人藏書家們的藏書目的來看，則既有單純基於個人「性嗜書」的興趣愛好而開展藏書活動者，又不乏以鑒古知今、傳承中華文化之根脈為己任，視藏書為「人生中第一要事」者；更有一些藏書家為求一珍本、善本而不惜耗費鉅資、散盡家財，人稱「書癡」者；而結合本文所論梁氏飲冰室藏書及其文學研究來看，則梁啟超開展藏書的目的與上述三類藏書家皆有所區別——他雖然也是嗜書如命的愛書人，卻並非只因個人興趣愛好而訪書藏書；其飲冰室藏書中雖然亦不乏善本古籍，卻從未刻意講究書籍的刻印年代，而更加注重「服務於學術研究」的現實要求。因此，通過我們深入論析「梁啟超飲冰室藏書及其文學研究」這一問題，不僅有助於我們發掘梁啟超藏書的特色之所在，更能夠使我們在分析和解讀梁啟超文學研究的特點及其形成原因時形成做出更為全面、更加客觀的結論。

〔註100〕丁文江、趙豐田編：《梁啟超年譜長編》，上海：上海人民出版社 1983 年版，第 1193 頁。

〔註101〕丁文江、趙豐田編：《梁啟超年譜長編》，上海：上海人民出版社 1983 年版，第 1199 頁。

〔註102〕謝桃坊：《中國詞學史》，成都：巴蜀書社 2002 年版，第 438～440 頁。

三、梁啟超的藏書和佛學研究

　　作為中國近代學術史上「百科全書式」的學者，梁啟超在其學術研究的每一領域都取得了不俗成就，佛學研究就是其中頗具典型的代表。按其《清代學術概論》所言，「晚清思想家有一伏流，曰佛學，……龔、魏為『今文學家』所推獎，故『今文學家』多兼治佛學。石埭楊文會……夙棲心內典，學問博而道行高。……譚嗣同從之遊一年，本其所得以著《仁學》，……康有為本好言宗教，往往以己意進退佛說。章炳麟亦好法相宗，有著述。故晚清所謂新學家者，殆無一不與佛學有關係」〔註103〕；因此，從晚清學術發展史的角度來看，梁啟超的佛學研究既是時代潮流影響下的產物，又是「佛學復興運動」的重要組成部分；就其研究內容而言，梁啟超的佛學研究涉及對佛教史的梳理和考證、佛教與哲學的分析比較研究、佛教經典辨偽、佛教經義考釋、佛學理論、佛典翻譯研究等多個方面，可謂用力頗勤、成果頗豐，其本人亦被後世學者譽為「中國近代佛學的傑出代表」。聯繫梁啟超的藏書活動及《飲冰室藏書目錄》所載相關書籍可知，子部釋家類是梁氏飲冰室藏書中藏書數量最多的門類之一，可見對於佛學類書籍的求訪和收藏亦是其藏書活動的關注重點；與其史學研究、文學研究一樣，梁啟超的佛學研究亦與其藏書有著非常密切的聯繫，具體來講，主要體現在以下幾個方面：

　　首先，豐富的藏書資源是梁啟超開展佛學研究的重要基礎。據前輩學者考證，梁啟超的佛學啟蒙始於其1918年就學於萬木草堂期間，此時的梁啟超不僅得以聆聽恩師康有為的教導指點，對於佛學經典有了最基本的認識，更在與師友「相與治周秦諸子及佛典」的過程中互相切磋砥礪，在廣泛「涉獵佛教經論」的同時逐步實現對自身佛學思想體系的構建。需要指出的是，這一時期梁啟超的佛學思想尚處在「完全依附在康有為藩籬之內」階段，其研讀佛學典籍及開展佛學研究的資料來源亦主要依託萬木草堂「書藏」中的公共藏書資源，其個人收藏雖時有所得，但尚未形成大規模、有針對性的佛教典籍收藏。直到戊戌變法失敗東渡日本之後，梁啟超才真正開始有計劃地進行佛教典籍的求訪搜購，而其佛學思想亦由此逐漸擺脫了康有為的影響而開始具有獨立的個性色彩。通過梳理《梁啟超年譜長編》及《梁氏飲冰室藏書目錄》中的相關記載可知，這一時期的梁啟超不僅如饑似渴地閱讀了大量佛

〔註103〕梁啟超：《清代學術概論》，上海：上海古籍出版社1998年版，第99頁。

教典籍，陸續搜集了如所載明密藏編，日本鐵眼校《大藏經》（日延寶六年翻刻本）、日本國民文庫刊行會編《和譯大藏經》（日本大正間鉛印本）、日本高楠順次郎等編《大正新修大藏經》（日昭和三年大正一切經刊行會印本）等佛學原典外，還努力學習日文，逐步接觸和研讀一些日本著名學者撰寫的佛學研究著作。據相關資料記載，1899 年，梁啟超曾在日本著名宗教學者姉崎正治的引薦下結識了日本著名佛學家井上圓，並於同年五月參加了在日本東京舉辦的哲學大會。會議結束之後，梁啟超依舊與這兩位學者保持聯繫，閱讀並收藏了這兩位學者的多部著作。《梁氏飲冰室藏書目錄》所載姉崎正治《宗教學概論》（日本明治三十三年鉛印本）、《印度宗教史考》（日本明治三十一年鉛印本）、《新時代の宗教》（日本大正十年鉛印本）、《根本佛教》（日本明治四十三年鉛印本）等就是其在這一時期陸續收藏的。若我們在此基礎上對梁啟超這一階段的佛學研究論著加以梳理就會發現，這些梁氏陸續求訪、搜集到的藏書資源恰是其得以順利開展相關研究的重要基礎。以其 1902 年所作《泰西學術思想變遷之大勢》一文為例，文中在介紹古希臘埃黎亞學派學者巴彌匿智（Parmenides）和天演學派宗師額拉來吉圖（Heraklitos）的學說時即援引佛教語言加以概括：

> 巴氏之論，以「有」（being）為宗，而額氏之論以「成」為主；巴氏以萬法實相為一如不變，額氏以為流轉無已。〔註104〕

> 巴氏之說曰：「存者惟『有』，『非有』不存；匪為不存，亦不可識。所謂『有』者，無始無終，惟有現在，不生不滅，又不可分。」〔註105〕

> 額氏之說曰：「一切物相，非有非無。有無兩相，同時而現。惟趨於成，以為其鵠。即集即散，方散方集。忽來倏去，孰睹其朕。」〔註106〕

由引文可見，梁氏此文的重點雖聚焦於西方哲學家及其主要觀點，但其在闡述過程中不僅使用了如「萬法實相」、「無始無終」、「不生不滅」等佛教

〔註104〕梁啟超：《梁啟超全集》（第二冊），北京：北京出版社 1999 年版，第 1017 頁。

〔註105〕梁啟超：《梁啟超全集》（第二冊），北京：北京出版社 1999 年版，第 1017 頁。

〔註106〕梁啟超：《梁啟超全集》（第二冊），北京：北京出版社 1999 年版，第 1017 頁。

術語，對上述二位古希臘哲學家核心觀點的概括方式亦與佛經的表述方式極為類似，故有前輩學者曾有「猝讀下列文字，人們或許還會誤認為它出自某卷佛經」的評價〔註107〕。從飲冰室藏書及其佛學研究的角度來看，對佛教典籍的閱讀和深入理解無疑是梁氏能夠採用這種「援佛入西」的方式闡發西哲學說的重要基礎，由此觀之，則梁氏個人藏書中數量豐富的佛學類典籍的重要作用可謂不言而喻。

　　按前輩學者考述，自 1920 年遊歐歸來後，梁啟超的佛學研究開始轉入「頗為深入的學力研究階段」，其特點則主要表現為「以學問研究為目的，使用科學方法，對佛教歷史、佛教經典、佛教哲學進行學術研究」〔註108〕，並在最初兩年撰寫了大量相關論文，取得了頗為豐碩的成果；而梁氏藏書這種「重要的基礎性作用」在其晚年的佛學研究，特別是對於佛教經典的闡釋和考辨上亦有著更為明確的體現。如以其《佛學研究十八篇》中所錄《說〈四阿含〉》一文為例，文中開篇即對佛教經典《阿含經》的基本構成、成書和集結情況作了詳細說明，並在考辨其傳譯源流的基礎上著重闡明研究《阿含經》的必要性。在他看來，《阿含經》既是「最初成立之經典，以公開的形式結集，最為可信」的佛家典籍，「佛教之根本原理——如四聖諦、十二因緣、五蘊皆空、業感輪迴、四念處、八正道等——皆在《阿含》中詳細說明」〔註109〕；又是佛經中「比較近於樸實說理」、「含佛語分量多且純」者，加之其具有「不惟與大乘經衝突，且大乘教義，蘊含不少」以及「敘述當時社會事情最多，讀之可以始知釋尊所處環境及其應機宣化之苦心」〔註110〕的特點，對於那些想要真正在佛學研究上取得成就的學者來說，《阿含經》就是其必須重視的對象。聯繫《梁氏飲冰室藏書目錄》中的相關記載，梁氏飲冰室中所藏「經類阿含之屬」中既有其在《說〈四阿含〉》一文中提到的《增一阿含經》五十卷（符秦曇摩難提譯，清光緒十二年江北刻經處刻本）、《雜阿含經》五十卷（宋求那跋陀羅譯，清光緒十四年常熟刻經處刻本）、《中阿含經》六十卷（東晉僧伽提婆譯，民國元年常州天寧寺刻本）、《佛說長阿含經》二十二卷（姚秦佛陀耶舍共竺佛念譯，清光緒三十三年姑蘇刻經處刻本），還包括了《佛說法印

〔註107〕唐文權：《唐文權文集》，武漢：華中師範大學出版社 2013 年版，第 130 頁。
〔註108〕李曉豔：《論梁啟超的佛學》，《船山學刊》2012 年第 2 期，第 136 頁。
〔註109〕梁啟超：《佛學研究十八篇》，上海：上海古籍出版社 2001 年版，第 301 頁。
〔註110〕梁啟超：《佛學研究十八篇》，上海：上海古籍出版社 2001 年版，第 302 頁。

經》（宋施護譯，民國八年北京刻經處刻梅光義徐文蔚輯六經合刻本）、《佛說戒德香經》（東晉竺曇無蘭譯，民國八年北京刻經處刻梅光義徐文蔚輯六經合刻本）等佛教典籍〔註111〕，可見梁啟超之所以能夠在文章中詳細梳理《阿含經》的集結、傳譯情況，特別是在文章最後特別提出「卷軼浩繁」、「篇章重複」、「辭語連犿」、「譯文拙澀」〔註112〕等四點《阿含》研究未能普及的原因，自然離不開其對於《阿含經》的仔細閱讀和反覆揣摩，而《梁氏飲冰室藏書目錄》中所記載的這些歸於「阿含之屬」的佛教典籍，恰是這篇文章得以成型的重要基礎。

其次，豐富的藏書資源是梁啟超佛學研究過程中擴展學術視野、開拓研究思路的重要助力。唐文權《梁啟超佛學思想述評》一文中指出，「梁啟超晚年認為，學佛可分為兩派，一為『哲學的研究』，二為『宗教的信仰』」，而梁氏本人的研究「正是循著這兩條路同時並進」〔註113〕。而通過梳理梁啟超的佛學研究成果可知，正是以其飲冰室中豐富的藏書資源為依託，梁氏本人的學術視野和佛學研究思路亦得以在這一過程中不斷深化擴展。唐文權《梁啟超佛學思想述評》一文指出，自1920年旅歐歸來後，梁啟超在當年內即撰寫了包括《中國佛法興衰沿革說略》《佛陀時代及原始佛教教理綱要》《大乘起信論考證》等十二篇佛學研究論文，而這些論文也是梁啟超「運用資產階級治學方法治佛學的首批成果之一」〔註114〕；同時特別提到了梁啟超「根據斯賓塞的社會有機體論」分析和論述印度佛教的發展概況，可謂「發前人所未發」；足見飲冰室藏書中如《科學概論》《社會學原理》等介紹近代西方科學研究方法的書籍對於梁啟超的佛學研究亦多有方法論上的啟迪。此外，一些以佛學研究、宗教哲學研究為主題的日本學者著作（或日文譯著）如《佛典の研究》（日本松本文三郎撰，日本大正三年鉛印本）、《佛教論理學》（日本村上專精撰、境野黃楊同撰，日本大正七年鉛印本）、《宗教哲學の本質及其根本問題》（日本波多野精一撰，日本大正十年岩波書店鉛印本）、《印度佛教

〔註111〕國立北平圖書館編：《梁氏飲冰室藏書目錄》，北京：北京圖書館出版社2005年版，第221～223頁。
〔註112〕梁啟超：《佛學研究十八篇》，上海：上海古籍出版社2001年版，第302頁。
〔註113〕唐文權：《梁啟超佛學思想述評》，《華中師院學報》（哲學社會科學版），1983年8月，第11頁。
〔註114〕唐文權：《梁啟超佛學思想述評》，《華中師院學報》（哲學社會科學版），1983年8月，第11頁。

史綱》（日本境野哲撰，日本大正八年鉛印本）等對於梁啟超拓展佛學研究思路亦多有助益。如他在 1922 年 6 月 3 日為中華心理學會所作題為《佛教心理學淺測》的講演中即試圖從心理學視角解釋佛教「五蘊皆空」；既有著「嘗試用現代心理學框架和概念梳理佛教心理學內涵」的開拓意義，又展現出梁啟超「認為佛教心理學不同於科學心理學的人文主義心理學的觀點」〔註 115〕，對於後學者探討佛教心理學的內涵和價值均具有一定的啟發意義。按《梁氏飲冰室藏書目錄》記載，梁啟超飲冰室藏書中亦不乏如《心理學》（日本高橋穰撰，日本大正六年岩波書店鉛印本）、《現代の心理學》（日本速水滉撰，日本大正五年鉛印本）〔註 116〕、《佛教心理の研究》（日本橘惠勝撰，日本大正五年鉛印本）〔註 117〕等介紹近代心理學知識、佛教心理學研究的書籍，這些都為梁啟超佛學研究思路的拓展，特別是嘗試採用心理學原理研究和解釋佛教教義提供了一定幫助和啟示。

　　再次，豐富的藏書資源亦是梁啟超開展佛學研究時最為倚重的「資料庫」。誠如前輩學者指出的那樣，「研究所用資料翔實可靠」是梁啟超佛學研究的特色之一；而梁氏飲冰室藏書中的種類豐富、數量眾多的佛學類書籍就是其研究過程中必不可少的「資料寶庫」。這一點以其從目錄學角度對佛學典籍的研究最為典型。在他看來，佛教典籍雖然在中國學術界「占最重要部分」，但一直不為歷代學者所重視，「除《隋・經籍志》《唐・藝文志》鹵莽滅裂，著錄數種外，其餘譜錄，一不之及。惟阮孝緒《七錄》特開佛法錄一門，分為戒律、禪定、智慧、疑似、論記五部，著錄五千四百卷，可謂卓識。惜其書今不存」〔註 118〕；有鑑於此，梁啟超先後撰寫了《佛教典籍譜錄考》《佛家經錄在中國目錄學之位置》等一系列論文，其中對於歷代佛教典籍的存佚情況、版本源流、內容概要、地位價值等問題的梳理考辨即多以其飲冰室藏書資源為依託。如在敘述《開元釋教錄》所載東晉釋道安所撰《經錄》一書時，即引用《高僧傳》「自漢魏迄晉，經來稍多，而傳經之人，名字弗說。後人追尋，莫測年代。安乃總集名目，表

〔註 115〕閣書昌：《中國近代心理學史 1872～1949》，上海教育出版社 2015 年版，第 85 頁。

〔註 116〕國立北平圖書館編：《梁氏飲冰室藏書目錄》，北京圖書館出版社 2005 年版，第 555 頁。

〔註 117〕國立北平圖書館編：《梁氏飲冰室藏書目錄》，北京圖書館出版社 2005 年版，第 574 頁。

〔註 118〕梁啟超：《佛學研究十八篇》，上海：上海古籍出版社 2001 年版，第 205 頁。

其時人,銓品新舊,撰為經錄」〔註119〕的說法,標明其「佛典譜錄,安實作始」的重要地位;而在敘述明翻沙門智旭撰《閱藏知津》時,梁啟超更是結合自己的藏書情況說明「近有金陵刻經處重印本,則四十四卷。而卷首有夏之鼎序,謂四十八卷,未知闕佚否」〔註120〕(《梁氏飲冰室藏書目錄》中有「清光緒十八年金陵刻經處刻本《閱藏知津》四十四卷」〔註121〕),這些都足以證明飲冰室藏書在其佛學目錄學研究中確實起到了不可或缺的助力作用。

需要指出的是,這種「資料寶庫」的助力作用並非僅僅侷限於梁氏的佛學目錄學研究,此處僅舉其佛教史研究中的一個典型例證再做說明——梁啟超曾在《論中國學術思想之變遷大勢》「佛學時代」一章中指出,自己在文章中對「諸宗傳授」的梳理考辨多為直接參考日本學者的研究成果:

> 鄙人雖好佛學,然實毫無心得,凡諸論述,皆貧字說金之類而已。此節所記歷史,據日本人所著《八宗綱要》《十二宗綱要》《佛教各宗綱領》等書,獺祭而成,非能自記憶自考證也。……此等乾燥無味之考據,知為新學界所不喜,但此亦是我國學術思想一大公案,學者所不可不知也。〔註122〕

聯繫《梁氏飲冰室藏書目錄》中的相關記載可知,在梁氏飲冰室藏書中既有如日本佛教各宗協會編輯的《佛教各宗綱要》(十二卷,日本貝葉書院鉛印本)、日本福田義道撰《八宗綱要講解》(六卷,日本京都書林鉛印本)、境野黃洋撰《八宗綱要講話》(日本大正九年鉛印本)等引文中明確提到的日本學者著作,還包括了如日本前田慧雲撰《天台宗綱要》(存附錄,日本大正八年鉛印本)、齋藤唯信撰《華嚴學綱要》(日本丙午出版社鉛印本)、秋野孝道撰《禪宗綱要》〔註123〕等介紹中國佛教各宗派基本主張、發展概況的論著;也正是以這些藏書資源為依託,梁啟超才能在敘述「諸宗傳授」這一問題時做到圖文並茂、條理分明。

〔註119〕梁啟超:《佛學研究十八篇》,上海:上海古籍出版社 2001 年版,第 205～206 頁。

〔註120〕梁啟超:《佛學研究十八篇》,上海:上海古籍出版社 2001 年版,第 210 頁。

〔註121〕國立北平圖書館編:《梁氏飲冰室藏書目錄》,北京:北京圖書館出版社 2005 年版,第 301 頁。

〔註122〕梁啟超:《論中國學術思想之變遷大勢》,上海:上海古籍出版社 2001 年版,第 93 頁。

〔註123〕國立北平圖書館編:《梁氏飲冰室藏書目錄》,北京:北京圖書館出版社 2005 年版,第 571～573 頁。

第四節 梁啟超的藏書與文學創作

作為中國近代文化史上「言滿天下，名滿天下」的風雲人物，梁啟超不僅在學術研究領域取得了令人矚目的成就，在文學創作上亦有著不俗的表現。他不僅積極倡導文學領域的革新運動，鼓吹「詩界革命」、「散文革命」、「小說革命」，嘗試「戲曲改良」，更以其豐厚學養為基礎，筆耕不輟，創作了一系列以反映自身政治理想和抱負，要求「救亡圖存」、「除舊布新」，努力「喚醒國民」為主題的文學作品，堪稱中國近代文學發展史上的「急先鋒」。聯繫梁啟超的藏書活動可見，與其學術研究一樣，梁啟超的文學創作與其個人藏書之間亦有著非常密切的聯繫，具體來講，主要體現在以下幾個方面：

首先，豐富的個人藏書資源是梁啟超在文學創作實踐中開拓新題材的「創意之源」，這一點在梁啟超政治小說有著最為明確的體現。據《梁啟超年譜長編》記載，1898 年戊戌政變失敗後，梁啟超避走東洋，「在彼國軍艦中，一身以外無文物，艦長以《佳人之奇遇》一書俾先生遣悶」〔註124〕，而這本日本作家柴四郎所著《佳人之奇遇》中的「國權思想」亦成為梁啟超譯介他國政治小說的開始。同年 10 月抵達日本後，梁啟超即著手創辦《清議報》；在 12 月 23日出刊的《清議報》第一冊上，他發表了《譯印政治小說序》一文，正式明確「政治小說」的概念（「政治小說者，著者欲以吐露其懷抱政治思想者也」〔註125〕），主張借鑒「在昔歐洲各國變革之始，其魁儒碩學，仁人志士，往往以其身之所經歷，及胸中所懷，政治之議論，一寄之於小說。於是彼中綴學之子，黌塾之暇，手之口之，下而兵丁，而市儈、而農氓、而工匠、而車夫馬卒、而婦女、而童孺，靡不手之口之。往往每一書出，而全國之議論為之一變」〔註126〕的成功經驗，積極翻譯外國政治小說，實現思想改良，「圖強救國」的目的。與此同時，梁啟超亦開始著手嘗試創作政治小說，希望「直接以本國的政治事件來討論國家的政治問題」，更加切實地喚起民眾之改變。以其最為著名的政治小說《新中國未來記》為例，這部小說在人物設置上即效法日本政治小說中常用的「人物演講法」，借「演講人」之口來申明自己的政治理想。通過梳理相關資料可知，梁啟超曾指導、協助其子梁思成等人譯介英國作家韋爾斯的作品，

〔註124〕丁文江、趙豐田編：《梁啟超年譜長編》，上海：上海人民出版社1983 年版，第 193 頁。
〔註125〕梁啟超：《梁啟超全集》（第一冊），北京：北京出版社 1999 年版，第 172 頁。
〔註126〕梁啟超：《梁啟超全集》（第一冊），北京：北京出版社 1999 年版，第 172 頁。

從其1921年寫給友人陳叔通的書信中，我們可以看到這樣的敘述：

> 韋氏（吾在英時曾晤數次，談甚洽，彼書亦有徵引吾說者）為當代
> 一著名文學家，其書文極優美，在歐諸友曾勸吾譯之。吾英文既不
> 通，為事甚勞，故未之許也。小兒輩自告奮勇，約同學三人以從事，
> 彼輩於文學絕無素養，其辜負原著自無待言，吾因授小兒以國文，
> 故本年暑假三個月中每日分半日為之改潤（現仍每日分兩點鐘為之），
> 故此書雖號稱兒曹所譯，實則無異我自譯。〔註127〕

結合其他相關資料可知，梁啟超信中提到的這部由其子梁思成等人翻譯，
自己「為之改潤」的小說正是韋爾思《世界史綱》，該書作於一戰之後，是韋
爾思「以教育『世界公民』為目的而創作的一部歷史普及讀物」〔註128〕，而
這部小說的最大特色則在於其「並不受歷史教科書程序之類的約束」，在敘述
歷史上一些王朝興衰更替的紛繁史實時往往能夠做到繁簡得宜，且「書中許
多地方，都有作者對歷史發展的認識，都反映了作者自己的歷史觀點」，可謂
引人入勝；對於梁啟超而言，自己為梁思成等人的譯作修改、潤色的過程不
僅一個閱讀和瞭解韋氏全書思想脈絡的過程，也是一個接觸西方作家所關注
和採用的新題材和寫作手法，取其所長為己所用的過程。此外，梁氏飲冰室
藏書中還有如英道因著，林紓林凱同譯《情海疑波》（商務印書館鉛印本）等
小說，這些藏書資源無疑均稱為梁啟超在其小說創作實踐中不斷開拓、嘗試
新題材以「開啟民智」的重要來源。

其次，梁氏豐富的個人藏書亦是其開展文學創作時最為倚重的「資料寶
庫」。誠如前文所述，梁啟超一生以書籍為「愉快的伴侶」，而這種勤於讀書
的習慣不僅使其在學術研究中「具有廣博的知識和極強的擇別能力」〔註129〕，
更促使其在文學創作上能夠做到旁徵博引，「下筆如有神」。通過梳理梁啟超
的創作情況可見，無論是傳統詩文創作還是以「文學改良」為目的的戲曲和
小說創作，梁啟超飲冰室中豐富的藏書資源始終是其文學創作過程中最為倚

〔註127〕丁文江、趙豐田編：《梁啟超年譜長編》，上海：上海人民出版社1983年版，
　　　　　第602頁。
〔註128〕趙柔柔：《威爾斯的世界想像及其中國迴響——以梁思成譯世界史綱為中
　　　　　心》，王志宏主編《翻譯史研究2014》，上海：復旦大學出版社2015年版，
　　　　　第185頁。
〔註129〕國立北平圖書館編：《梁氏飲冰室藏書目錄》，北京：北京圖書館出版社2005
　　　　　年版，第4頁。

重的「資料寶庫」。具體來看，這種「資料寶庫」的作用主要體現在以下三個方面：

一是成為梁啟超文學創作實踐中品讀和學習前輩佳作，尋找師法典範的「資料寶庫」。在 1910 年所作《雙濤園讀書》（其三）一詩中，梁啟超曾這樣描述自己徜徉書海的樂趣：「開篇睹片言，神明若來詔。我心實所獲，莫逆為一笑。悠悠千百年，此味無人曉」，的確，對於梁啟超而言，豐富的藏書資源既是其收穫快樂的源泉，更是其文學創作過程中不可或缺的良師益友。這一點在梁啟超的詩詞創作中有著非常明確的體現：

八月十八潮，壯觀天下無（用蘇句，武漢首難正八月十八夕也）。
積此千載憤，一發讐萬夫。豈無錢王弩，欲射未忍殊。哀彼鷗夷魂，
睢皆存古愚。報楚志易得，存吳計恐粗。即此滌洿濁，為功良不污。
習坎幸知止，庶毋魚鱉俱。〔註130〕

六醜

傷春學清真體柬剛父庭院碧桃開三日落盡矣藉寫所傷後之讀
者可以哀其志也

聽徹宵殘雨，正簾外曉寒衣薄。莫道春歸，便濃春池閣，已自
蕭索。問歲華深淺，惜惜桃葉，在舊時欄角。繁紅鬥盡無人覺，待
解尋芳，東風已惡。歡期未分零落，尚曲牆扶繞，頻動春酌。情懷
如昨，只休休莫莫。似水流年，底成漂泊。故枝猶綴殘萼，又蜂銜
燕蹴，乍欺怯弱，愁對汝自扃深閣。卻不奈一陣輕飆無賴，送敲垂
幕，感啼鳥未拋前約。向花間道不如歸去，怕人瘦削。〔註131〕

由此可見，在具體的文學創作實踐中，中國古代諸位優秀作家的名篇佳作均是梁啟超學習和傚仿的重點，而飲冰室內豐富的藏書資源便是其選擇師法對象的最主要來源。僅就引文所舉例證來看，梁啟超在其《感秋雜詩》（其三）的開篇即直接引用蘇軾《催試官考較戲作》中「八月十八潮，壯觀天下無」一句為開篇，其所作《六醜》詞則在小序中標明「傷春學清真體」；聯繫梁氏飲冰室的藏書情況可知，就蘇集而言，梁氏飲冰室中藏有舊本題王十鵬

〔註130〕梁啟超《感秋雜詩》（其三），梁啟超：《梁啟超全集》（第九冊），北京：北
京出版社 1999 年版，第 5447 頁。
〔註131〕梁啟超：《梁啟超全集》（第 9 冊），北京：北京出版社 1999 年版，第 5477
頁。

撰《東坡先生集》（明吳興茅維刻本）等七種蘇軾詩集，且其中亦不乏如宋施之元注，清邵長蘅、李必恒補注《古香齋鑒賞袖珍施注蘇詩》（清光緒八年孔氏三十有三萬卷堂重刻內府本）、清王文浩注《蘇詩編注集成》（光緒間浙江書局刻本）這類彙集前人研究成果的經典之作；就周詞而論，梁氏飲冰室的相關藏書中既有周邦彥《清真集》二卷（光緒二十六年校本），更包括了如宋周密編、清查為仁注《絕妙好詞箋》（清乾隆十五年刻本）、明毛晉編《宋六十名家詞》（錢塘汪氏重校刻汲古閣本）、清朱彝尊編《詞綜》（清康熙十七年刻本）等後人編纂的詞集選本，而這些豐富古籍資源亦自然成為梁啟超直接引用或揣摩、效法東坡、清真二位前輩詩詞作品的重要材料。

二是成為梁啟超的文學創作，特別是在其舊體詩詞創作過程中不可或缺的「用典寶庫」。關於梁啟超的舊體詩詞創作，近代批評家們多從其「倡導詩界革命的領軍人物」這一特殊身份著眼，重點關注其詩詞作品中「不屑拘拘繩尺之間」（汪辟疆《光宣詩壇點將錄》）、「才情橫溢」（錢仲聯《近百年詩壇點將錄》）的一面。今人胡全章則從近代報刊傳媒的視角出發，認為梁啟超的舊體詩詞創作「走過了一條從打破傳統、銳意創新、自成一體到復歸傳統的路子」〔註132〕；筆者通過梳理相關資料發現，無論是其早年的「打破傳統，銳意創新」還是晚年的向「唐神宋貌」的逐步復歸，善用典故可謂是其詩詞創作中一以貫之的重要特點；而梁氏飲冰室中豐富的藏書資源自然成為其創作過程中不可或缺的「資源寶庫」。若結合梁啟超的舊體詩詞作品加以考察可知，這樣的例子亦可謂比比皆是：

> 我所思兮在何處，盧（盧梭）孟（孟德斯鳩）高文本我師。鐵血買權慚米佛，崑崙傳種泣黃義。寧關才大難為用，卻悔情多不自持。來者未來古人往，非君誰矣喻人悲。〔註133〕《次韻星州見寓公見懷二首並示遁庵》（其二）

> 淵明自欺世，止酒豈嘗止。開口歎時運，不達乃至此。乞食本達尊，閒情況明理。圖中形影神，嘵嘵其可已。〔註134〕《對酒圖五

〔註132〕胡全章：《從「才氣橫厲」到「唐神宋貌」——近代報刊視野中的梁啟超詩歌》，《文學遺產》2013年第3期，第144頁。

〔註133〕梁啟超：《梁啟超全集》（第九冊），北京：北京出版社1999年版，第5422頁。

〔註134〕梁啟超：《梁啟超全集》（第九冊），北京：北京出版社1999年版，第5470頁。

章，章八句為寒季常題，以濁醪有妙理為韻》（其五）

　　冷瓢《飲水》，寒驢《側帽》，絕調更無人和。為誰夜夜夢紅樓，卻不道當時真錯。寄愁天上，和天也瘦，廿紀年光迅過。（十二年歲星一周謂之一季）「斷腸聲裏憶平生」，寄不去的愁有麼？〔註 135〕《鵲橋仙》

　　結合引文所舉例證可見，在其早期詩詞創作中，梁啟超有時會將一些西方思想家或思想主張融入其詩詞中，上文所引梁氏 1900 年所作《次韻星州見寓公見懷二首並示遯庵》詩就是一個非常典型的例子。梁啟超在全詩開篇即提到了「盧（盧梭）孟（孟德斯鳩）高文」帶給自己的深刻影響，若我們結合梁啟超同時期的詩作加以考察就會發現，一些旨在體現近代西方思想家相關主張的詞語如「民權」、「自主」、「世界」、「哲理」、「大同」等數見其中，足見這種由「盧孟高文」帶來的影響不僅體現在其政治思想的發展和逐步成熟上，同時亦體現在其具體的文學創作實踐中。就梁啟超本人的藏書情況而論，梁氏飲冰室藏書中不乏如日本金水築子撰《歐洲思想大觀》（日本大正十一年鉛印本）、樋口龍峽撰《現代思潮の解剖》（日本大正三年鉛印本）、桑木嚴翼撰《現代思潮十講》（日本大正九年鉛印本）等以譯介、闡釋盧梭、孟德斯鳩等西方思想家著作和理論主張為內容的西學書籍，而這些種類繁多、內容豐富的西學藏書資源亦自然成為梁啟超早期詩詞創作中援引西方典籍和西人事蹟的重要助力。就梁啟超晚年的詩詞創作而言，這種藏書資源的助力作用則更多體現在梁氏飲冰室藏書中的傳統古籍資源上，上文所引梁氏《對酒圖五章》（其五）及《鵲橋仙》（冷瓢《飲水》）都是能夠體現這一特點的典型例證。前者在用韻上以杜甫《晦日尋崔戢李封》詩中「濁醪有妙理」一句為韻腳，通過化用陶淵明《止酒》《時運》《形影神》等詩篇，緊扣詩題中「對酒圖」之「酒」字，可謂匠心獨運；後者則將納蘭詞集名稱（《飲水詞》《側帽集》）和詞作名句（「夢紅樓」、「斷腸聲裏憶平生」）自然融合於詞作之中，既契合了作者小序中對於創作緣由的說明（「深夜坐月，諷納蘭詞，根觸成詠」），又充分展現出作者本人對於納蘭詞的熟悉和喜愛——因其熟諳納蘭詞，故能借「斷腸聲裏憶平生」抒發個人內心之惆悵；因其喜愛納蘭詞，故更能理解納蘭性德內心中「絕調更無人知」的知音難覓之悲。按《梁氏飲冰室藏書目錄》記載，梁

〔註135〕梁啟超：《梁啟超全集》（第九冊），北京：北京出版社 1999 年版，第 5489 頁。

啟超共收藏陶淵明作品集三種、杜甫詩集七種、納蘭性德詞集一種；而在梁氏與親朋好友日常往來的書信中，亦常常提到「讀文學書」、「讀陶詩以自遣」、「追懷成容若」之事，可見梁啟超之所以能夠在這些作品中巧妙引用、化用前人佳句，首先即應該歸功於其飲冰室中古籍藏書的助力作用。

三是成為梁啟超文學創作過程中發掘故事藍本時最為重要的資料來源，這一點在其小說、戲曲和散文的創作中有著最為突出的體現。如以其戲曲創作為例，梁氏一生共創作傳奇三種（《劫灰夢》《新羅馬》《俠情記》）、粵劇一種（《班定遠平西域》），就藏書對其戲曲創作產生的影響而言，則主要體現在故事的編排和人物的塑造上：

> 千行亡國淚，一曲太平歌。文字英雄少，風雲感慨多。俺乃意大利一個詩家但丁的靈魂是也。……巨耐我國自羅馬解紐以後，群雄割據，豆剖瓜分。縱有俾尼士、志挪亞、米亞藍、佛羅靈、比梭士，名都巨府，輝映歷史，都付與麥秀禾油；任那俄特狄、阿剌伯、西班牙、法蘭西、奧大利，前老後狼，更迭凌遲。〔註136〕

> 儂家馬尼他，原籍意大利國人，先世本累代將門，父親亦曾任少尉之職，只因本國主權，久歸他族，養兵但防家賊，操戈動殺同胞，因此憤憤去官，挈家避地，僑寓這南美洲烏嘉伊國，耕獵為業。……儂家雖屬蛾眉，頗嫻豹略。讀荷馬鐃歌之什，每覺神移；賦木蘭從軍之篇，惟憂句盡。〔註137〕

左鵬軍《梁啟超的戲曲創作與近代戲曲變革》一文中指出，梁啟超的戲曲創作多採用「舊瓶裝新酒」的寫作方式，在形式上多以明清戲曲創作盛行的傳奇為載體，在內容上則多「以啟蒙宣傳、議論時政為主體結構」，特別擅於通過劇中角色來傳達作者的政治理想，表達作者呼喚「國富民強，民族獨立為中心」的主題；而梁啟超的同門好友、自號「捫虱談虎客」的韓文舉曾為梁啟超《新羅馬傳奇》作批註，在提到此劇的創作緣起時亦有著這樣的表述：

> 作者初為《劫灰夢傳奇》，僅成楔子一出，余亟賞之，日日催其成。蹉跎之今，竟無嗣響。日者復見其作《意大利建國三傑傳》，因

〔註136〕 梁啟超《新羅馬》，梁啟超：《梁啟超全集》（第十冊），北京：北京出版社1999年版，第5650頁。

〔註137〕 梁啟超《俠情記傳奇》，梁啟超：《梁啟超全集》（第十冊），北京：北京出版社1999年版，第5662頁。

語之曰：「若演此作劇，誠於中國現今社會最有影響。」作者猶豫未應，余促之甚。端午夕，同泛舟太平洋淚歸。夜向午，忽持此章相示，余受之狂喜，因約每出注評，間監督之，勿令其中途戛然而止也。……此本鎔鑄西史，捉紫髯碧眼兒，被以優孟衣冠，尤為石破天驚……〔註138〕

結合韓文舉批語可知，「鎔鑄西史」是梁啟超創作《新羅馬傳奇》等戲曲作品時最為主要的創作思路；而在這一過程中，梁氏飲冰室數量眾多、種類豐富的西學藏書資源無疑起到了非常關鍵的作用。按《梁氏飲冰室藏書目錄》記載，其飲冰室藏書中不乏如日本早稻田編輯部編《通俗世界全史》（日本大正初年早稻田出版部鉛印本）、日本大日本文明協會編輯《近代泰西英傑傳》（日本明治四十四年鉛印本）以及日本學者瀨川秀雄撰《西洋全史》（日本四十三年鉛印本）、箕作元八撰《西洋史講話》（日本大正二年鉛印本）、日本岸本能武泰譯《伊太利及伊大利人》（正大元年日本文明協會鉛印本）〔註139〕等記敘古希臘、羅馬以及近代西方各國傑出人物及其事蹟的西學書籍，而聯繫引文所舉例證可見，無論是梁啟超發掘故事藍本、塑造劇中人物還是安排和推動故事情節的逐步發展，這些西學書籍所發揮的參考作用和資料價值可謂貫穿始終，足見其影響力之深遠。

另一個典型的例子是梁啟超的散文創作。通過梳理梁啟超的相關作品可見，以呼籲維新改良，倡導除舊布新為主題的政論散文在梁啟超的散文作品中佔有相當大的比重，而其中那些旨在介紹近代西方思想、文學、文化的部分即源自梁氏飲冰室藏書中的西學書籍。如以其1899年所作《商會議》一文為例，文章不僅開門見山地申明「商會」的創立源自「泰西地方自治之政體」外，更在文末引用「昔者英人之得志於印度也，以七萬鎊金之商會，數十年間，規撫全印，指揮若定，籌餉練兵，設官開港，皆商會任之，國家一切不過問，凡數十年治定功成」〔註140〕的例子，進一步說明中國人開設商會的必要性。結合《梁氏飲冰室藏書目錄》的相關記載可知，梁氏藏書中即不乏如英國歷史學家 John Kobert 著，加藤政司郎翻譯的《英國膨脹史論》（大正七年

〔註138〕梁啟超：《梁啟超全集》（第 10 冊），北京：北京出版社 1999 年版，第 5651 頁。

〔註139〕國立北平圖書館編：《梁氏飲冰室藏書目錄》，北京：北京圖書館出版社 2005 年版，第 590～593 頁。

〔註140〕梁啟超：《梁啟超全集》（第 1 冊），北京：北京出版社 1998 年版，第 280 頁。

日本興亡史論刊行會編印興亡史論單行本）、日本學者堀田璋左右編《印度史》
（日本明治三十七年鉛印本）〔註141〕等對英國「印度統治」、「印度征服實況」
等事蹟的記載。又如其在《自信力》一文中通過詳細敘述「日本明治維新初
年，伊藤、大隈二人，謀設東海道鐵路」的來龍去脈，說明自己「任天下者當
有自信力，但其事當行者，即斷然行之」〔註142〕的主張，而梁氏飲冰室藏書
中亦包括如日本學者大川周明《日本文明史》（日本大正十年鉛印本）等介紹日
本明治維新人物及其事蹟的書籍。這些事例均足以證明梁氏飲冰室內豐富的個
人藏書資源是其在進行散文創作特別是政論文創作時必不可少的「資源寶庫」。

再次，梁氏個人豐富的藏書資源對其創作風格和作品形式上亦有著一定
影響。同樣以其散文創作為例，眾所周知，梁啟超的散文在創作風格上素以
善於將淺近文言文與西方現代文學的理性精神、話語方式三者完美結合著稱，
這種平易酣暢、不拘一格的行文風格恰恰體現了梁氏個人藏書中傳統古籍與
西學書籍的雙重影響：

> 我國數千年來不悅學之風，殆未有甚於今日者。六經束閣，《論
> 語》當薪，循此更閱十年，則千聖百王之學，精華糟粕，舉掃地盡
> 矣。或曰：今者新學方興，則舊學之銷沉，亦非得已。日本明治初
> 年，其前事也。雖然，日本此前之騖新學，則真能悅之而以所學名
> 其家與傳其人者輩出焉。日本之有今日，蓋學者功最高。我則何有？
> 治新學者，以之為應舉之敲門磚而已。門闢而磚旋棄，其用恰與此
> 前之帖括無異。……（真正的學者）其所學之致用與否勿具論，要
> 之，捨肉愙外，更有此以供精神上之愉快，於以維繫士夫之人格，
> 毋使墮落太甚，而國家元氣，無形中往往受其賜。〔註143〕

作為中國近代文學史上倡導「文界革命」的先驅，梁啟超論作文時曾提
出「傳世之文」和「覺世之文」的主張，在他看來，寫作者寫作「傳世之文」
的終極目標在於名垂後世，故其「或務淵懿茂古，或務沉博豔麗，或務瑰奇
奧詭，無之不可」；而寫作「覺世之文」的終極目標則在於喚起民眾之精神，
「播文明思想於國民」，故其只需注重「辭達而已」，「當以條理細備，詞筆銳

〔註141〕國立北平圖書館編：《梁氏飲冰室藏書目錄》，北京：北京圖書館出版社2005
　　　　年版，第590～591頁。
〔註142〕梁啟超：《梁啟超全集》（第1冊），北京：北京出版社1999年版，第350頁。
〔註143〕梁啟超《歲晚讀書錄·不悅學之弊》，梁啟超：《梁啟超全集》（第1冊），北
　　　　京：北京出版社1999年版，第400～401頁。

達為上，不必求工也」。就梁啟超本人的創作實踐而言，後者正是其一生致力之所在；而結合引文所舉例證及梁氏飲冰室的藏書情況可知，梁啟超在創作這類以短小精悍的議論文章時之所以能夠形成「中西合璧，平易暢達」的「才士型文風」，與其飲冰室藏書中的西學書籍，特別是以日本著名政論家德富蘇峰為代表的作家作品有著非常密切的關聯，這一點在其 1899 年 2 月所作《夏威夷遊記》中即有明確體現：

> 德富氏為日本二大新聞主筆之一，其文雄放雋快，善易歐文思
> 入日本文，實為文界別開生面者，余甚愛之。中國若有文界革命，
> 當亦不可不起點於是也。〔註 144〕

結合引文所述可知，對於德富蘇峰「雄放雋快」、善於將西方文法、思想融入日文寫作之中的風格，梁啟超不僅十分欣賞，而且認為中國之「文界革命」亦當予以效法，才能創作出一批旨在喚醒國民救亡圖存意識的「覺世之文」。梁氏飲冰室藏書中有德富蘇峰著《時務一家言》一書（大正四年鉛印本），該書不僅是德富蘇峰的代表作之一，更是其回歸言論界的標誌性著作，而這種為梁啟超所欣賞的「雄放雋快」之文風在該書中更是有著非常典型的體現。此外，據德富蘇峰《中國漫遊記》記載，他曾在 1917 年漫遊中國時與梁啟超相見並相談甚歡；且在整個談話過程中梁啟超「頻頻讚賞我（即德富蘇峰）的《杜甫與彌爾頓》，說從來不會錯過我的文章」〔註 145〕；由此可見，德富蘇峰的著作和文章必然是梁啟超日常訪書、購書的關注重點，而這也從另一側面證明了梁氏飲冰室藏書中豐富的西學藏書資源對於其創作風格產生的深刻影響。

〔註 144〕梁啟超：《梁啟超全集》（第 2 冊），北京：北京出版社 1999 年版，第 1220 頁。

〔註 145〕（日）德富蘇峰著，劉紅譯：《中國漫遊記・七十八日遊記》，北京：中華書局 2008 年版，第 70 頁。

第三章　鄭振鐸及其西諦藏書

　　本章以北京圖書館編《西諦書目》為線索，在充分梳理鄭振鐸先生文集、日記、題跋、書信等相關材料的基礎上，深入探尋鄭振鐸先生的藏書經歷及西諦藏書與其學術研究（特別是中國古典文學和文獻研究）、文學創作之間的緊密聯繫。此外，若從「現代作家藏書觀念的變遷」的角度來看，鄭振鐸先生的藏書活動既有基於個人興趣和學術研究需要而進行的尋訪，又不乏在「為國護寶」的責任感和使命感召喚下開展的書籍搜購和搶救行動，因此，本章在梳理鄭振鐸先生藏書活動的同時，亦會對其嘉惠後學、「為國護寶」的特殊意義和巨大貢獻予以特別關注，力求更加全面地展示出西諦藏書在鄭振鐸先生人生道路上所扮演的重要角色。

第一節　鄭振鐸的藏書經歷

　　鄭振鐸先生一生酷愛圖書收藏，他節衣縮食，窮極畢生精力收藏了共一萬七千二百四十二部，四萬九千四百四十一冊中外文圖書，其中數量最多，且最為珍貴的當屬《西諦書目》所錄七千七百四十種線裝古籍文獻，為後人研究和保護中國古代文學、中國傳統文化積累了寶貴財富。本節結合陳福康《鄭振鐸年譜》及其他相關資料，全面梳理鄭振鐸先生的藏書經歷及其藏書的整體特點。

　　鄭振鐸（1898～1958），字警民，筆名西諦、C.T.、郭源新、谷遠等，福建長樂人，生於浙江溫州。祖父鄭承晟，字允屏，號紹平，曾任銅山島海防官，「浙江試用從九品」。祖母陳氏。陳氏有三男三女，長子即鄭振鐸的父親

鄭慶咸。鄭振鐸的母親名叫郭寶娟，生二男二女，長子即鄭振鐸。鄭振鐸先生一生酷愛圖書收藏，他節衣縮食，窮極畢生精力收藏了共一萬七千二百四十二部，四萬九千四百四十一冊中外文圖書，其中數量最多，且最為珍貴的當屬《西諦書目》所錄七千七百四十種線裝古籍文獻，為後人研究和保護中國古代文學、中國傳統文化積累了寶貴財富。

　　鄭振鐸先生自幼喜愛讀書，1915 年在浙江第十中學讀書期間，由於父親病故，家庭財力有限，鄭振鐸先生便借來他人圖書手抄閱讀。據他成年後回憶，自己「童稚時，即手錄《漢書藝文志》及《隋書經籍志》，時自省覽。後得八史《經籍志》，乃大喜，類貧兒暴富。」同樣是在浙江第十中學校讀書期間，他看到同學買到一部《古今文綜》，於是借來閱讀，並「把其中有關於討論文藝的文章，不論論說、書疏等等，都抄了下來，集成兩厚本，名為《論文集要》。」直到 1921 年 5 月鄭振鐸先生進入上海商務印書館編譯所擔任編輯後，這種「無錢購書」窘況方才有所改變。筆者通過梳理相關材料發現，鄭振鐸先生的藏書可以分為以下三個時期：

一、鄭振鐸先生藏書的發軔期

　　1920 年～1937 年的十七年是鄭振鐸先生藏書的發軔期，這一時期鄭振鐸先生的藏書活動主要以對古舊書籍的尋訪和收藏為主。1920 年，鄭振鐸先生與沈雁冰等人發起成立文學研究會，並擔任上海商務印書館編輯後，經濟上終於有了一定的保障，其購書、藏書活動亦自此開始。葉聖陶先生在《西諦書話‧序》中曾經提到鄭振鐸先生當時下班之後「常常拉朋友去四馬路的酒店喝酒」，中途經過書鋪時往往「兩條腿就不由自主的踅了進去」，一旦有所收穫，便「興沖沖地捧著舊書出來，連聲說又找到了什麼抄本什麼刻本」，歡喜之情可謂溢於言表。此外，葉聖陶先生還特別指出鄭振鐸藏書的特點在於「講究版本，注重書版的款式和字體，尤其注重圖版——藏書家注重圖版的較少，振鐸是其中突出的一位。」由此亦足見其在藏書之始即非常重視書籍的版本問題。關於 1920 年代至全面抗戰爆發之前的訪書、購書情況，鄭振鐸先生曾在其《失書記》中有著這樣的記述：

　　　　二十多年來，因為研究的需要和個人的偏嗜，收購了不少古書，
　　一部部地從書店裏挾在腋下帶回來，都覺得是有用的。……書一天
　　天地堆積得多了，書箱由十二隻而二十餘隻，而五十餘隻，而至一

　　百餘隻，不放在箱子裏的書還有不少。……十年前，得到不少彈詞、
　　寶卷、鼓詞和平津到潮汕的小唱本。那些小唱本一批批地購入，或
　　由友人們的贈貽，竟然積至二萬餘冊之多。〔註1〕

　　由此可見，此時鄭振鐸先生訪書、購書的主要途徑包括書店收購、友人贈送兩種，藏書類型則以彈詞、寶卷、鼓詞、唱本等俗文學書籍為最。此外，他還在 1927 年遊學歐洲之際遍訪散佚海外的珍貴古籍，撰寫了《劇作家索引》《巴黎圖書館之中國小說與戲曲》等書目類專論，對於開拓國內學者的學術視野、推進當時學界在相關領域的深入研究具有重要啟示意義。1928 年回國後，鄭振鐸先生先是繼續供職於上海商務印書館，主編小說月報，後兼任復旦大學、中國工學等學校的教職，講授「中國文學史」。1931 年，鄭振鐸先生離滬入京，擔任燕京大學中文系教授，同時在清華大學兼職。在此期間，他出版了詩集《雪朝》、小說集《家庭的故事》《取火者的逮捕》、散文集《山中雜記》《海燕》等，並撰寫了《插圖本中國文學史》四大冊以及《元曲序錄》《元明以來雜劇總錄》《宋金元諸宮調考》《西遊記的演化》等一批頗具影響的專著或單篇論文。

　　此外，由於 1932 年「一二八」戰役爆發，商務印書館總廠遭到日軍炮火猛烈轟擊，鄭振鐸已經編好的所著詩集、短評、雜感各一冊，譯述的《伊利亞特》《奧德賽》兩大史詩，編譯的《民俗學概論》等書稿全部被毀〔註2〕；是時鄭振鐸先生正在燕京大學任教，其在上海東寶興路的寓所則徹底淪入日軍之手，損失慘重。全部彈詞、鼓詞、寶卷及小唱本均喪失無遺。這也是鄭振鐸先生經歷的第一次失書之痛。

二、鄭振鐸先生藏書的艱難期

　　1937 年至 1945 年是鄭振鐸先生藏書活動的艱難期。這一時期既是鄭振鐸先生訪書、藏書活動面臨多重困難的時期，又是其憑藉胸中「一團浩然之氣」，散盡家財，通過收書、藏書來搶救古籍文獻，避免國寶落入日寇之手的「狂擄文獻」的艱難時期。自 1937 年和「八一三」淞滬會戰後，江南許多著名藏書樓皆毀於戰火，大批珍本典籍亦因此而毀於一旦，即便偶有僥倖得以

〔註1〕鄭振鐸：《西諦書話》，北京：生活·新知·讀書三聯出版社 2005 年版，第 200頁。

〔註2〕陳福康：《鄭振鐸年譜》（上），太原：三晉出版社 2008 年版，第 236 頁。

保存者，亦多被藏家的後人拿到市場上變賣，以此換取生活的必需品。據相關資料記載，當時流落於上海書市中的古籍「頗有可觀」，甚至常有「挑著擔子沿街叫賣破爛書的」。這些散佚於市的珍本典籍亦吸引了各地書商紛紛搶購，其中有不少珍籍善本「被英、美、日、德等外國人買走」，民族文獻時時面臨著前所未有的浩劫。面對這種情況，鄭振鐸先生憂心如焚，並開始以一己之力投入到緊迫的文獻搶救工作當中。其子鄭爾康在敘述這段「狂搶文獻」的困難時期時，曾這樣描述鄭振鐸先生面對國寶文獻流失海外的痛惜之情：

> 父親雖然還是竭盡全力地買著書，但是，以他一介寒士之力，縱使勒緊褲帶，舉家食粥，也不過是杯水車薪，所能搶救下來的古書，充其量不過九牛之一毛而已。三月八日他偶從報紙上讀到一條路透社的電文，說美國國會圖書館東方組的主任宣稱：許多從戰火中保全下來的「極珍貴的中國古書」，現已「紛紛運入美國」……看完電文，父親幾不知涕之何從！〔註3〕

而關於這一時期的搜書、購書以搶救國寶的藏書活動，鄭振鐸先生《劫中得書記》中有著更為詳細的敘述：

> 余迫處窮鄉，棲身之地，日縮日小，置書之室，由四而三而二，梯旁榻前，皆積書堆。……然私念大劫之後，文獻凌替，我輩苟不留意訪求，將必有越俎代謀者。史在他邦，文歸海外，奇恥大辱，百世莫滌。因復稍稍過市，果得丁氏所藏《脈望館抄校本古今雜劇》六十四冊，歸之國庫。復於來青閣得丁氏手鈔零稿數冊。友人陳乃乾先生先後持明刊《女範編》《盛明雜劇》及孫月峰硃訂《西廂記》來，余竭阮囊，僅得《女範編》與《西廂記》。……餘力有未逮，……至今憾惜未已。……但於戊寅夏秋之交，余實亦得雋品不尠。萬曆板《藍橋玉杵記》，李玄玉撰《眉山秀》《清忠譜》，程穆衡《水滸傳注略》，螺冠子《詠物選》，馮夢龍《山歌》，蕭尺木《離騷圖》以及《宣和譜》，《芙蓉影》，《樂府名詞》等，皆小品中之最精者，綜計不下三十餘種。……及今追維，如嚼橄欖，猶有餘味。〔註4〕

恰如鄭振鐸先生在《求書日記》中回憶的那樣，自己在1932年後的四年

〔註3〕鄭爾康著：《星隕高秋·鄭振鐸傳》，北京：京華出版社2003年版，第268頁。
〔註4〕鄭振鐸：《劫中得書記》，上海：上海古籍出版社2006年版，第4頁。

裏，「耗盡心力於羅致、訪求文獻」，除了在上海暨南大學授課外，每天最重要的工作就是接待南來北往的各色書商，並從他們帶來的各種書籍中篩選出好書、奇書購買並收藏。結合引文可見，他既欣慰於「丁氏藏《脈望館抄校本古今雜劇》、明刊《女範編》、萬曆板《藍橋玉杵記》」等一批珍貴典籍在自己的不懈努力下得以保全而不至流失海外；又常常痛惜於自己財力有限，雖節衣縮食、傾其所有亦無法將這些流落於街市的古籍珍本全部納入自己的收藏範圍，甚至不得不放棄一些自己已經見到的文史典籍，故「至今憾惜未已」。而在這批鄭振鐸先生搶救下得以「存於國土」的珍貴典籍中，丁氏藏《脈望館抄校本古今雜劇》可謂其中最為珍貴者，這部「戲曲中的寶庫」的發現為中國戲曲研究增添了二百多種之前從未見過的元、明雜劇，其意義和價值「不下於『內閣大庫』的打開，不下於安陽甲骨文字的出現，不下於敦煌千佛洞抄本的發現」〔註5〕。據鄭振鐸先生自述，自己為了收購和保護這部「戲曲中的寶庫」可謂「費盡了心力，受盡了氣，擔盡了心事，也受盡了冤枉」，卻依舊為自己的這一發現而感到喜悅，「這喜悅克服了一言難盡的種種艱辛與痛苦，戰勝了壞蛋們的誣陷」。針對這一重大發現，鄭振鐸先生還特別撰寫了《跋脈望館抄校本古今雜劇》一文，詳細敘述了自己訪書的經過，同時將其與此前所知的中國古代歷代曲類選本或藏書加以對比，突顯其「更大的一個元明雜劇的寶庫」、「變更種種研究觀念的起點」的重要價值。

值得注意的是，這一時期鄭振鐸先生不僅為個人研究需要而藏書聚書，亦為設在戰時大後方的中央圖書館收書聚書，避免珍貴書籍文獻流失海外。據《鄭振鐸年譜》記載，1939年底，在鄭振鐸先生倡議下，鄭振鐸、張元濟、何炳松、張詠霓等人數次聯名致電重慶當局，爭取到一筆專款用以民族文獻的搶救。〔註6〕在他們的努力下，截至1940年冬，共徵得善本古籍3800餘種，其中宋元刊本300餘種，可謂成績斐然。鄭振鐸先生在後來回憶起這一成績時亦頗感自慰。

1941年12月8日太平洋戰爭爆發後，戰時「孤島」上海徹底沉淪，鄭振鐸先生不僅處境更為危險，經濟狀況亦急轉直下；但即便是在如此極端困難的條件下，鄭振鐸先生依舊堅持留在上海，繼續以一己之力搜集和保護古籍

〔註5〕鄭振鐸：《劫中得書記》，上海：上海古籍出版社，2006年版，第5頁。
〔註6〕陳福康：《鄭振鐸年譜》（上），太原：三晉出版社，2008年版，第357～358頁。

文獻。自 1942 年開始，鄭振鐸先生將關注的重心轉向清代文集，特別是嘉慶道光年間樸學家文獻的求訪、搜集和保護工作。到 1944 年夏，他已收集到八百三十多種清代文獻，甚至不惜採用「拆東補西」的辦法，通過出售自己的部分藏書以籌措資金。在此期間，他主要撰寫了《晚清文選序》《清代文集目錄序》《清代文集目錄跋》等多篇專注於研究中國古典文獻研究的論文。

令人痛惜的是，淞滬會戰期間，鄭振鐸先生再次經歷了難以釋懷的「失書之痛」，鄭振鐸先生曾將部分藏書寄存於開明書店圖書館，因「八一三」淞滬會戰期間虹口成為戰區，這批藏書亦未能幸免，「所失者八十餘箱，近兩千種，一萬數千冊的書」，最為可惜的當屬其二十年來費盡心血搜集的「關於《詩經》及《文選》的書十餘箱竟全部毀於一旦⋯⋯尚有清人手稿數部，不曾刊行者也同歸於盡」〔註7〕。1939 年秋末，迫於生活困難和兵連禍結，鄭振鐸先生不得不忍痛將自己歷年所藏之善本戲曲的一部分轉讓給北平圖書館，兩次共出讓書籍 84 種，262 冊，「曲藏為之半空」。〔註8〕而太平洋戰爭爆發後，由於此時日軍已全面佔領租界，為避免日軍挨家搜查時遭遇不測，鄭振鐸先生不得不忍痛燒毀了「許多報紙、雜誌及抗日書籍——連地圖也在內」〔註9〕；此外，由於生活日漸艱難，鄭振鐸先生亦不得不出售部分藏書以換取裹腹之資，關於這一點，其《售書記》中有頗為詳細的記述：

> 誰想得到凡此種種費盡心力以得之者，竟會出以易米麼？誰更會想得到，從前一本本，一部部零星收得，竟會一捆捆，一箱箱的拿去賣的麼？⋯⋯最傷心的是，一部石印本《學海類編》，我不時要翻查，好幾次書友們見到了，總要慫恿我出賣，我實在捨不得，但最後，卻也不得不賣了，賣得的錢，還不夠半個月花。〔註10〕

總之，目前我們已經無法得知這一時期鄭振鐸先生丟失、損毀藏書的具體數字，但結合引文材料可知，眼見自己辛苦求訪、搜集來的書籍或因戰火摧毀而亡失，或因生活所迫而不得不出售，鄭振鐸先生是非常痛心的。他曾

〔註7〕鄭振鐸：《西諦書話》，北京：生活・新知・讀書三聯出版社 2005 年版，第 200
　　～201 頁。
〔註8〕陳福康：《鄭振鐸年譜》（上），太原：三晉出版社，2008 年版，第 356 頁。
〔註9〕鄭振鐸：《鄭振鐸全集》（第 2 冊），石家莊：花山文藝出版社，1998 年版，第
　　417 頁。
〔註10〕鄭振鐸：《鄭振鐸全集》（第 2 冊），石家莊：花山文藝出版社，1998 年版，
　　第 457 頁。

自述自己這一時段「心頭像什麼梗塞著，說不出的難過」，甚至不止一次地為失書而「紅了眼眶」。這一時期鄭振鐸先生出版了詩集《戰號》、小說集《桂公塘》、散文集《西行書簡》以及《中國俗文學史》《困學集》等學術專著，同時還撰寫了《〈詞林摘豔〉裏的戲劇作家及散曲作家考》《索引的利用與編纂》《玄鳥篇》等論文和大量的藏書題跋（包括《跋脈望館抄校本古今雜劇》等）。

三、鄭振鐸先生藏書的拓展期

　　1946 年到 1958 年是鄭振鐸先生藏書活動的拓展期。1945 年抗戰勝利後，為了實現自己編印《中國歷史參考圖譜》的計劃，鄭振鐸先生再次開始大量搜購書籍，在各位友人的鼎力支持下，數月之內即順利搜集到了很多考古學、歷史學的文獻，其中還有很多英文和日文資料，更顯珍貴。自 1947 年 3 月到 1951 年 5 月，他前後共刊行《中國歷史參考圖譜》二十四輯，據劉哲民後來回憶，為完成這部耗時五年之久的巨著，鄭振鐸先生「以淵博的學問從多少圖籍中搜羅關於仰韶、小屯文化，安陽甲骨，商周銅器，西陲漢簡，樂浪漆畫，武梁石刻，北魏造像，正倉唐器，敦煌壁畫，宋元書影名畫，明代的刊本磁皿，清朝人物畫像墨蹟，以及各個時代有關生活文化、工藝美術、建築衣冠等，從幾倍的圖片中，花了多少不眠之夜，取精用宏，披沙揀金地一頁頁編成。」〔註 11〕這一時期鄭振鐸先生還先後求訪並購得了汲古閣刊本《唐人八家詩》、明許自昌編《十二家唐詩》、明潘是仁編《宋元詩六十一種》、明黃貫曾編《唐詩二十六家》、元王楨《農書》、明熊大木《唐書志傳通俗演義》等大批珍貴善本古籍。

　　1949 年新中國成立後，努力保護中華民族的文化瑰寶、繼承並弘揚中華民族優秀的傳統文化是鄭振鐸先生的工作重心之一。1950 年，他倡議成立古典文藝整理委員會，並親自力邀一批著名學者參與其中，為促進古典文藝作品的整理和普及工作的開展做出了重要貢獻。同年五月，有鑑於此前民國政府任由珍貴文物和古籍流失海外的慘痛教訓，在鄭振鐸先生的建議下，中央人民政務院明令頒發《古文化遺址及古墓葬之調查發掘暫行辦法》《禁止珍貴文物圖書出口暫行辦法》等〔註 12〕。此外，在鄭振鐸先生的介紹和積極促成下，以常熟瞿氏「鐵琴銅劍樓」藏書等為代表的一批珍本古籍得以陸續實現

〔註 11〕陳福康：《鄭振鐸年譜》（下），太原：三晉出版社，2008 年版，第 755 頁。
〔註 12〕陳福康：《鄭振鐸年譜》（下），太原：三晉出版社，2008 年版，第 724 頁。

「價購歸公」，避免了「散入私人之手」或流失海外的命運。〔註13〕這一時期鄭振鐸先生先後出版了《劫中得書記》《中國文學研究》等著作，主持編纂了《中國古典文學》叢書、刊印了《古本戲曲叢刊》（影印本）第一到第四輯，發表了《為做好古典文學的普及工作而努力》《中國繪畫的優秀傳統》《文物保護與歷史發展》等論文，並撰寫了大量藏書題跋。

四、鄭振鐸先生的藏書特色

對於自己的藏書愛好，鄭振鐸先生曾有著這樣的敘述：「我有一個壞脾氣，用圖書館的書，總覺得不大痛快，一來不能圈圈點點，塗塗抹抹或者折角劃線作記號；二來不能及時使用，『急中風遇到慢郎中』，碰巧那部書由別人借走了，就只好等待著，還有其他等等原因，寧可自己去買。」〔註14〕（《劫中得書記新序》）鄭振鐸先生一生聚書甚多，其中尤以線裝古籍珍本為最。據趙萬里《西諦書目序》記載，其古籍線裝書的主要類別包括「歷代詩文別集、總集、詞曲、小說、彈詞、寶卷、版畫和各種政治經濟史料等，範圍十分廣泛。」〔註15〕從其藏書版本來看，其中「明清版本居多數，手寫本次之，宋元本最少，僅僅陶集、杜詩、佛經的數種。就數量和質量論，在當代私家藏書中，可算是屈指可數的。」〔註16〕1959年2月，遵照鄭振鐸先生的生前的囑託，鄭振鐸先生的家人將其生前收藏的兩萬餘種，九萬一千七百餘冊古今中外圖書全部捐獻給國家，並由文化部交付北京圖書館保存。1963年10月，文物出版社出版了由王樹偉、朱家濂等合編的《西諦書目》，該書目所收錄的書籍皆為鄭振鐸先生收藏的線裝古籍珍本，全書按四部分類法進行分類，不全之書於書名下著明所存卷數，以便查考。地方志於書名上冠以纂修年代，但1912年以後的地方志不加標記。凡著者皆錄其本名。後附西諦書跋，按西諦書目類別順序編排。

第二節　西諦藏書與鄭振鐸先生的學術研究

鄭振鐸先生學術研究的成果是非常豐富的。作為中國現代學術史上最早倡導中國古典文學整理和研究的學者之一，鄭振鐸先生主要致力於中國

〔註13〕陳福康：《鄭振鐸年譜》（下），太原：三晉出版社，2008年版，第715頁。
〔註14〕鄭振鐸：《劫中得書記》，上海：上海古籍出版社，2006年版，第2頁。
〔註15〕北京圖書館編：《西諦書目》，北京：北京圖書館出版社2004年版，第1頁。
〔註16〕北京圖書館編：《西諦書目》，北京：北京圖書館出版社2004年版，第1頁。

文學史特別是中國古代文學的整理和研究，其已經出版的、以古典文學研究為主題的學術專著主要包括《文學大綱》（商務印書館 2015 年版）、《插圖本中國文學史》（嶽麓書社 2013 年版）、《中國俗文學史》（商務印書館 2005 年版）、《鄭振鐸古典文學論文集》（全二冊）（上海古籍出版社 2009 年版）等。關於西諦藏書與其學術研究的關係，鄭振鐸先生曾有這樣的論述：「我不是一個藏書家，我從來沒有想到為藏書而藏書。我之所以搜藏一些古籍，完全是為了自己研究的方便和手頭應用所需的。有時，連類而及，未免旁騖；也有時，興之所及，便熱衷於某一類的書的搜集。總之，是為了自己當時的和將來的研究工作和研究計劃所需的。」〔註 17〕由於鄭振鐸先生的治學成就主要集中在詞學、戲曲、小說幾個方面，本節據此分為三個部分，分別討論西諦藏書與鄭振鐸先生詞學研究、戲曲研究、小說研究的關係，以求教於方家。

一、西諦藏書與鄭振鐸先生的詞學研究

作為我國現代學術史上著名的古典文學研究專家，鄭振鐸先生在中國古代文學研究上取得的成就是多方面的，詞學研究就是其中非常重要的一個方面。誠如孫克強、楊傳慶《試論鄭振鐸的詞學研究》一文中總結的那樣，通過一系列相關論著的撰寫，鄭振鐸先生「對詞的起源、詞史分期及詞派等唐宋詞研究的關鍵問題做了精彩的闡釋」〔註 18〕。

筆者通過梳理相關資料發現，若我們從西諦藏書與鄭振鐸先生詞學研究的關係而論，則主要可以總結為以下四個要點：

第一，這種緊密的聯繫體現在鄭振鐸先生對於唐宋詞人詞作的全面敘述上。

以《插圖本中國文學史》為例，較之於同時代其他詞學史在論及詞的發展歷史、唐宋詞人詞作之高下優劣等問題時或受傳統觀念影響，僅以是否諧律作為品評準繩（劉毓盤《詞史》），或以時間為軸線，在細緻梳理詞體演變過程的同時著重介紹唐宋諸位名家詞作（胡雲翼《中國詞史略》）等書寫方式而言，鄭振鐸先生在敘述唐宋詞的發展歷程時能夠做到以詞人詞作為中心，

〔註 17〕鄭振鐸：《劫中得書記》，上海：上海古籍出版社，2006 年版，第 2 頁。
〔註 18〕孫克強、楊傳慶：《試論鄭振鐸的詞學研究》，《求是學刊》，2011 年 9 月，第 123 頁。

通過詞史分期呈現出詞這一新興文體在不同時期的發展及其特點。特別是在敘述每一階段具有代表性的詞人詞作時，鄭振鐸先生能夠在詳盡敘述「大家」詞作風格特點的同時亦兼顧到那些名不見經傳的「小家」，從而更為準確地還原這一時段詞壇發展的真實情況；而他的敘述之所以如此細緻，與其藏書的助力作用有著非常密切的關係。如在談到北宋詞人李之儀的詞作特點時，《插圖本中國文學史》中有著這樣的敘述：

> （論李之儀詞）他的小詞，殊「清婉峭蒨」……然像《卜算子》：
> 「我住長江頭，君住長江尾，日夜思君不見君，共飲長江水。此水
> 幾時休？此恨何時已？只願君心似我心，定不負，相思意。」直是
> 《子夜辭》《讀曲歌》中的最好之作。〔註19〕

在鄭振鐸先生收藏的眾多宋人詞集中，明毛晉編《宋名家詞》八十九卷（明崇禎毛氏汲古閣刊本）是非常重要的一種，該書又名《宋六十家詞》，原分六集，除第六集收十一種外，其餘五集各收十種，故該書實收六十一家詞人詞集，各集後均附有毛氏跋文。鄭振鐸所藏李之儀《姑溪詞》一卷即為這一版本。若我們將引文中鄭振鐸先生對李之儀詞作的特點敘述與毛晉《姑溪詞跋》進行對比就會發現，二者之間其實存在著非常密切的關聯：

> （姑溪詞）中多次韻、小令，更長於淡語、景語、情語……至
> 若「我住長江頭，君住長江尾，日日思君不見君，共飲長江水。」
> 直是古樂府俊語矣。〔註20〕

通過對比可見，鄭振鐸先生將《卜算子》（我住長江頭）視為李之儀詞作的代表，並稱其「直是《子夜辭》《讀曲歌》中的最好之作」，無疑是受到了毛晉《姑溪詞跋》中「直是古樂府俊語矣」的影響，並在此基礎上將籠統的「古樂府」具體化為「《子夜辭》《讀曲歌》」，這就更明確地體現出擅長「淡語、景語、情語」是李之儀詞作的最大特點。此外，「清婉峭蒨」一詞亦非鄭振鐸先生獨創，而是來源於《四庫全書總目提要》對李之儀詞的評價（《提要》云：「之儀以尺牘擅名，而其詞亦工，小令尤清婉峭蒨，殆不減秦觀」），鄭振鐸先生所藏書目類藏書中有清武英殿刊本《清四庫全書總目》二百卷（首四卷），由此更足見藏書在鄭振鐸先生詞學研究中的助力作用。

〔註19〕鄭振鐸：《插圖本中國文學史》（上），長沙：嶽麓書社2013年版，第486頁。
〔註20〕（宋）李之儀：《姑溪詞》一卷，（明）毛晉編《宋六十家詞》八十九卷（西諦藏），明崇禎毛氏汲古閣刊本。

　　另一個典型例證是鄭振鐸先生對柳永詞的評析。筆者通過梳理相關資料發現，在鄭振鐸先生收藏的所有北宋詞人詞集中，柳永詞集的種類是最多的（共七種）。而鄭振鐸先生《插圖本中國文學史》對柳永詞的敘述也是眾多北宋詞人詞作中最為詳盡的。鄭振鐸先生在書中不僅將柳永視為北宋詞人的典型，更將北宋詞壇發展的第二個時期直接命名為「柳永的時期」；而在談到柳永詞作的特點時，鄭振鐸先生充分利用其豐富的詞類藏書資源，除引述時人「凡有井水處、皆能歌柳詞」、李之儀「耆卿詞，鋪敘展衍，備足無餘。較之《花間》所集，韻終不勝」、孫敦立「耆卿詞雖極工，然多雜以鄙語」及其黃昇「耆卿長於纖豔之詞，然多近俚俗」等評價外，還穿插了「奉旨填詞柳三變」和俞文豹《吹劍錄》中「（耆卿詞）以十七十八女郎，按紅牙拍唱之」的故事，全方位展現出柳永詞「文辭上『異常淺近諧俗』」的特點。此外，鄭振鐸先生還結合毛晉《樂章集跋》中對柳永詞「音調諧婉，尤工於羈旅悲怨之詞，閨幃淫媟之語」的評價，指出柳永詞的妙處恰在於其能夠以「千樣不同的方法、千樣不同的詞意」來傳達「幾乎千篇一律的『羈旅悲怨之辭，閨幃淫媟之語』」〔註21〕，並認為「這是他慢詞最擅長之一點，也是他最足以使我們注意的一點」。這就方便後學者在學習過程中從前人紛繁複雜的評價中抽離出來，進而更為準確地理解和體會柳永詞作在文辭、表現手法、情感表達等方面的特徵。同時亦可以使後學者通過橫向（柳永與同時代其他詞人）和縱向（柳永詞與《花間》《尊前》詞）的比較來明確其在兩宋詞史上的重要地位，可謂提綱挈領、周到詳盡。

　　需要指出的是，在涉及到「品評詞人詞作之高下」這一問題時，鄭振鐸先生有時亦並非完全依照其藏書所涉及的前人觀點加以評述。這一點可以從其對題為歐陽修所作《醉翁情趣外編》的評價中得以體現。按《西諦書目》中所列，鄭振鐸收藏的歐陽修詞集共有兩種，其一為明吳訥編《百家詞》（一百三十卷，商務印書館 1940 鉛印本）中收錄的《六一詞》，據鄭振鐸《西諦題跋》所言，該書「舊藏天津圖書館，……此複印本，並虎賁、中郎之似而無之，然絕難得。蓋植板精華，而由香港刷印，印成後即逢港變，存書都作一炬，僅有數部運平」〔註22〕，其文獻價值自然不言而喻。其二為明毛晉編《宋

〔註21〕鄭振鐸：《插圖本中國文學史》（上），長沙：嶽麓書社，2013 年版，第 474 頁。
〔註22〕北京圖書館編：《西諦書目》（下，附《西諦題跋》一卷），北京圖書館出版社，2004 年版，第 26 頁。

名家詞》（八十九卷，明崇禎毛氏汲古閣刊本）中收錄的《六一詞》，其版本和
文獻價值前文已有介紹，此處不再贅言。筆者通過梳理相關資料發現，上述
兩個版本的《六一詞》中均附有前人跋語：

> 公（歐陽修）性至剛，而與物有情，蓋嘗致意於《詩》。為之《本
> 義》，溫柔寬厚，所得深矣。吟詠之餘，溢為歌詞，有《平山集》盛
> 傳於世，曾慨《雅詞》不盡收也。……其甚淺近者，前輩多謂劉煇
> 偽作，故削之。〔註23〕

> 然集中更有浮豔傷雅，不似公筆者，先輩云疑，以傳疑可也。
> 〔註24〕

由羅、毛二人跋語可見，題為歐陽修所作《醉翁情趣外編》中那些以「淺
近」為特點的「豔詞」多持否定態度，或謂其係「劉煇偽作」，「當是仇人無名
子所為」；或謂其「浮豔傷雅，不似公筆」。而在鄭振鐸看來，這些詞作雖然
「似和《六一詞》的作風，太不相同了，顯然是非出同一手筆，當便是所謂劉
煇偽作罷」〔註25〕，但這類詞作「實在不壞，在《花間》《陽春》裏，我們找
不到那麼真情而質樸的東西」〔註26〕。總之，鄭振鐸先生《插圖本中國文學
史》中之所以能夠對涉及到的詞人詞作做出比較公正的評價，特別是能夠在
充分辨析前人觀點的基礎上提出自己的不同意見，而非人云亦云，正是有賴
於西諦藏書中的詞類珍本古籍這一「資源寶庫」的助力作用。趙萬里在《西
諦書目序》中指出：「西諦很早就開始收集唐宋以來詞人的著作。記得一九三
〇年夏天，我在他上海虹口東寶興路寓所中，看到他新收的天一閣舊藏的幾
種明版詞集。……紙墨俱佳，十分漂亮，但作品功力不深，風格不高，值得一
讀的寥寥無幾。……解放後，他又在北京收得明代石村書屋藍格抄本宋元明
三十三家詞，前後有清初朱彝尊竹垞老人藏印，又有竹垞親筆題識和眉評的
評語。……此外，他為了全面評價明清人詞，採取雙管齊下辦法，除了搜集
孫默編的《留松閣名家詩餘》、聶先和曾王孫合編的《百家名詞》……等總集

〔註23〕羅泌《六一詞跋》，歐陽修：《六一詞》一卷，吳訥編《百家詞》一百三十卷
（西諦藏），上海：商務印書館1940年鉛印本。

〔註24〕毛晉《六一詞跋》，歐陽修：《六一詞》一卷，毛晉編《宋名家詞》八十九卷
（西諦藏），明崇禎毛氏汲古閣刊本。

〔註25〕鄭振鐸：《插圖本中國文學史》（上），長沙：嶽麓書社2013年版，第470頁。

〔註26〕鄭振鐸：《插圖本中國文學史》（上），長沙：嶽麓書社2013年版，第470頁。

外，又廣收明清人詞別集。」〔註27〕可見這一特點不僅適用於唐宋詞人，明清詞人亦然。

第二，這種緊密的聯繫還體現在鄭振鐸先生對詞派問題的論述上。

以宋代詞人詞派研究為例，在論及這一問題時，同時代其他學者多以某一詞人代表性的寫作風格為依據，將兩宋三百年間的詞人劃分為「豪放」、「婉約」兩派。同時代其他文學史類著作亦多依據這一劃分方法，將晏殊、柳永、李清照等作家歸為「婉約派」詞人，將蘇軾、辛棄疾等作家歸為「豪放派」詞人；鄭振鐸先生《插圖本中國文學史》則沒有按照這個思路進行劃分。如在談到蘇軾詞作的特點時，《插圖本中國文學史》中有著這樣的敘述：

> 東坡詞實有兩個不同的境界；這兩個境界，固不同與《花間》，也有異於柳七。一個境界是「橫放傑出」，不僅在作「詩」，直是在作史論，在寫遊記；例如《念奴嬌》（舉《念奴嬌》（大江東去）為例）……諸詞皆是。這一個境界，所謂「橫放傑出」者，誠不是曲中所能縛得住的。〔註28〕

> 然東坡的詞境，還有另一個境地，另一種作風。這便是所謂「清空靈雋」的作品，這使東坡成了一個絕為高尚的詞人。黃庭堅謂東坡的《卜算子》一詞，「語意高妙，似非吃煙火食人語。」胡寅謂：「詞在東坡，一洗綺羅香澤之態，使人登高望遠，舉首浩歌，超乎塵埃之外。於是《花間》為皂隸，柳氏為輿臺矣」。……這些好評，非在這一個境界裏的詞，不足以當之。〔註29〕

鄭振鐸先生此處擺脫了同時代其他文學史慣用的思維模式，從東坡詞作的整體特徵出發，通過對東坡詞作「兩個境界」的細緻分析，不僅為後學者呈現出蘇軾「隨物賦形」、「當行於所當行。當止於不可止」的創作特點，亦有助於其更加深入地理解蘇軾詞作風格的多樣性，而非簡單地將「東坡詞」視為「豪放」的代名詞。而鄭振鐸先生之所以能夠如此全面而細緻地分析東坡詞作的特色，亦是其充分學習、借鑒西諦藏書中的相關書籍（特別是詞類書籍）中前人詞評的結果：

〔註27〕北京圖書館編：《西諦書目》（上），北京：北京圖書館出版社2004年版，第1～2頁。

〔註28〕鄭振鐸：《插圖本中國文學史》（上），長沙：嶽麓書社，2013年版，第477～478頁。

〔註29〕鄭振鐸：《插圖本中國文學史》（上），長沙：嶽麓書社，2013年版，第478頁。

　　缺月掛疏桐，漏斷人初定。時見幽人獨往來，縹緲孤鴻影。

　　驚起卻回頭，有恨無人省。揀盡寒枝不肯棲，寂寞沙洲冷。

　　東坡道人在黃州時作，語意高妙，似非吃煙火食人語。非胸中
有萬卷書，筆下無一點俗塵氣，孰能至此？〔註30〕

　　東坡先生長短句既鏤板，復得張賓老所編，並載於蜀本者悉收
之。江山秀麗之句，樽俎戲劇之詞，搜羅幾盡矣。傳之無窮，想象
豪放風流不可及也。紹興辛未孟冬，至遊居士曾慥題。〔註31〕

　　東坡詩文不啻千億刻，獨長短句罕見。近有金陵本子，人爭喜
其詳備，多混入歐、黃、秦、柳作，今悉刪去。至其詞品之工拙，
則魯直、文潛、端叔輩自有定評。古虞毛晉記。〔註32〕

　　若我們將引文諸評與鄭振鐸《插圖本中國文學史》加以對比就會發現，
毛氏《跋東坡詞》中提到了「魯直、文潛、端叔輩自有定評」，而鄭振鐸先生
在敘述東坡詞「清空靈雋」的境界時即直接引用了黃庭堅的評價；曾慥《東
坡詞拾遺跋語》則將東坡詞的特點總結為「江山秀麗之句」與「樽俎戲劇之
詞」兼備，「想像豪放風流不可及也」，可見在曾慥看來，「豪放」確實是能夠
體現東坡詞風的重要特徵，但並非是唯一特徵；而鄭振鐸先生《插圖本中國
文學史》中亦將東坡詞作風格特徵總結為「兩個境界」，可見在鄭振鐸先生看
來，既然當時及後世的批評家都沒有簡單地將「東坡詞」總結為「豪放」二
字，那麼自己在談到這一問題時亦應該在參考前人評價的基礎上對東坡詞作
特點進行全面細緻的考察，才能得出一個更加契合客觀事實的結論。誠如孫
克強、楊傳慶《試論鄭振鐸的詞學研究》一文中指出的那樣，這種不著意強
調東坡「豪放詞風」的觀點充分體現了鄭振鐸先生「對詞體內涵的把握，也
可視為對一些新派詞學家視豪放詞為詞壇主流論調的一種撥正」〔註33〕，鄭
振鐸先生的這種觀點雖然在相當長的一段時間得不到應有的重視，卻最終被
證明更能夠真實反映整個宋代詞史的發展過程。

〔註30〕黃庭堅撰，黃嘉惠編：《蘇黃題跋尺牘合刻·山谷題跋》（西諦藏），卷二，明
　　　　刊本。

〔註31〕曾慥《東坡詞拾遺跋語》，（宋）蘇軾：《東坡詞》二卷（附拾遺一卷），明吳
　　　　訥編《百家詞》一百三十卷（西諦藏），上海：商務印書館 1940 年鉛印本。

〔註32〕毛晉《跋東坡詞》，毛晉編《宋名家詞》八十九卷（西諦藏），明崇禎毛氏汲
　　　　古閣刊本。

〔註33〕孫克強，楊傳慶：《試論鄭振鐸的詞學研究》，《求是學刊》，2011 年 9 月，第
　　　　128 頁。

　　再次，這種緊密的聯繫體現在鄭振鐸先生對詞學文獻的重視上。專注並致力於詞學文獻的整理是鄭振鐸先生詞學研究的主要特點之一，較之於同時代其他新派詞學家較少關注這一問題而言，鄭振鐸先生可謂別具一格。在鄭振鐸先生看來，唯有以全面、紮實的詞學文獻為基礎，才能在具體的研究過程中秉持客觀、理性的態度，也才談得上在詞學研究領域有所進步、有所收穫。恰如他在《中國文學研究的重要書籍介紹》一文中指出的那樣，「我們讀書，第一要緊的是讀全部的書」〔註34〕。筆者通過梳理《西諦題跋》中的相關資料發現，這種嚴謹的治學方法在鄭振鐸先生詞類藏書的題跋中亦有著非常明確的體現：

　　　　久欲購此書，今日始到博古齋一次，將他買回，同時並得納書楹一部。〔註35〕西諦一九二三年三月十七日《跋宋六十名家詞》九十卷

　　　　《集選歷代名賢詞府全集》九卷，附《中原音韻》一卷，鈔本不舊，然極罕見，故亟收之。編者為新都鱅溪逸史。有嘉靖丁巳一得山人跋。一九五七年四月十三日購於北京來薰閣。西諦。〔註36〕《跋集選歷代名賢詞府全集》九卷（附《中原音韻》一卷）

　　　　是書初出時，意不欲購，以多可商處也。今發願讀詞，乃以六百金得之來薰閣，較前不啻二十倍餘。余藏詞滿一小室，無一書昂過於此者。予所藏明清精刊不下數百，獨無宋元本，亦一憾事也。〔註37〕（幽芳閣主。九月三日）《跋全宋詞》三百卷（附錄二卷，索隱一卷）

　　結合引文可見，為了保證自己在進行詞學研究的過程中能夠更為全面地掌握材料，鄭振鐸先生不僅非常重視古籍珍本的搜集，對於那些「鈔本不舊，然極罕見」的線裝古籍、雖然「多可商處」卻能夠較為全面地反映整個宋代

〔註34〕鄭振鐸：《鄭振鐸古典文學論文集》（上），上海：上海古籍出版社年版，第64頁。

〔註35〕北京圖書館編：《西諦書目》（下，附《西諦題跋》），北京：北京圖書館出版社2004年。第26頁。

〔註36〕北京圖書館編：《西諦書目》（下，附《西諦題跋》），北京：北京圖書館出版社2004年。第26頁。

〔註37〕北京圖書館編：《西諦書目》（下，附《西諦題跋》），北京：北京圖書館出版社2004年。第26頁。

詞壇創作情況的鉛印本書籍亦非常重視。從文獻學的角度來看，這種對於版本多樣性的重視特別有助於其在具體的研究實踐中做到去偽存真，甄別善本。鄭振鐸先生《跋圖書集成詞曲部》一文就典型地體現了這種「去偽存真」的考辨工夫。在鄭振鐸先生看來，「對於圖書集成，明鈔暗襲者尤多。一般纂書的人，好走捷徑，不查原書……而不知從此「間接來源」擷取的東西，根本上是很不可靠的」〔註38〕。隨後便從自己最為熟悉的「詞曲部」入手，在詳細列舉詞曲部文獻來源之後，對其中「觸目皆是」的「疏謬之處」予以嚴屬批判：

> 最不能原諒的一點是，編者取材的譾陋與疏忽；忽略了（或未見到）第一道的來源而採用了輾轉鈔襲的譾陋的著作。如關於「詞」，張炎的《詞源》，陸輔之的《詞旨》均易得；沈義府的《樂府指迷》也附在《花草粹編》後，《詩餘圖譜》為張綖所著，明代刊本也甚多。……今集成乃獨從《三才圖會》錄得《詩餘圖譜》三卷，可謂「間接」的了。而《詞源》一書，乃混名為《樂府指迷》，陸輔之《詞旨》乃亦混名為《樂府指迷》，而沈氏《指迷》則獨遺之。此可見編者未見原書，而徒知從明人很譾陋的輯本裏間接取材。（蓋係從陳眉公《秘笈》本之誤，《秘笈》總名《樂府指迷》，而以《詞源》為上卷，《詞旨》為下卷），故致雜亂無章如此。〔註39〕

若我們將以上引文中提到的書籍與《西諦書目》對比就會發現，西諦藏書中不僅有清刊本沈義府《樂府指迷》一卷、張炎《詞源》二卷、陸輔之《詞旨》一卷，還有一九一八年北京大學鉛印本張炎《詞源》二卷；鄭振鐸先生正是以此為基礎，才能一針見血地指出《圖書集成》中詞類書籍的最大謬誤。誠如鄭振鐸先生所言，編者之所以會出現這樣的錯誤，其根本原因還在於「忽略了（或未見到）第一道的來源而採用了輾轉鈔襲的譾陋的著作」，由此亦更加突顯出詞學文獻整理這一基礎工作的重要性。

詞學書目的整理編訂是鄭振鐸先生詞學文獻整理工作中的又一重要內容。誠如鄭振鐸先生在《三十年來中國文學新資料發現記》一文中指出的那樣，「今日所要走的，乃是就許多新的資料的出現而將文學史的局面重為審定

〔註38〕鄭振鐸著：《鄭振鐸全集》（第5卷），石家莊：花山文藝出版社，1998年版，第3頁。

〔註39〕鄭振鐸著：《鄭振鐸全集》（第5卷），石家莊：花山文藝出版社，1998年版，第5～6頁。

的一條大道。……有許多已久被忘卻在塵土堆裏的要籍，如今是開始發現其重要。」〔註40〕而在這些被發掘的典籍中，「宋、元詞集的搜集和刊布，是這時代最早的、最成功的工作之一。」〔註41〕而這些詞集的大量刊布亦引發了一個新的問題，即後學者在入門伊始便能於眾多書籍中選擇出校刻精良的善本進行閱讀。如果說紮實的文獻基礎是開展古典文學研究的第一步，那麼相關書目的整理和編訂便是引導後學者走好第一步的「指南針」。有鑑於此，鄭振鐸先生特意撰寫了《中國文學研究的重要書籍介紹》一文，並在文章開篇即申明自己的寫作目的在於「把最好的、最易購的中國文學的書籍，介紹給平素對中國文學沒有系統研究的諸君。」〔註42〕文中雖然「僅舉最有影響、最為偉大並易得的通行本者」，但就詞學部分而論，已儘量全面地囊括了所有當時可見的善本，並對其中尤為重要者進行了簡明介紹。如文中在列舉「清朱彝尊編《詞綜》」一書時提示初學者「此書選錄唐、五代、宋詞，通行本常合王昶的《明詞綜》及《清詞綜》而為一書」；在列舉王鵬運編《四印齋所刊詞》時特別稱讚「此書校勘極精」；提到「朱古微編《彊村叢書》」時則稱此書「搜羅最為宏富，校刊亦精，計有總集四種，唐詞別集一家，宋詞別集一百二十家，金詞別集五家，元詞別集五十家。為『詞』的最大叢刊本」〔註43〕。從這些提綱挈領式的簡介中我們不難發現，鄭振鐸先生之所以能夠準確地挑選出這些「校刻極精」的善本推薦給後學者，正是以其藏書資源中數量龐大、種類豐富的詞類藏書為基礎的。

第三，這種緊密的聯繫還體現在鄭振鐸先生的詞學批評上。

按趙萬里《西諦書目序》所言，西諦藏書的最大特點便在於其「從詩經、楚辭到戲曲、小說、彈詞、寶卷，面面具到，齊頭並進」〔註44〕，這一特點亦使得鄭振鐸先生在開展詞學批評特別是在批評術語的選擇上能夠做到靈活

〔註40〕鄭振鐸：《鄭振鐸全集》（第 5 卷），石家莊：花山文藝出版社，1998 年版，第 487 頁。

〔註41〕鄭振鐸：《鄭振鐸全集》（第 5 卷），石家莊：花山文藝出版社，1998 年版，第 489 頁。

〔註42〕鄭振鐸：《鄭振鐸古典文學論文集》（上），上海：上海古籍出版社 2009 年，第 39 頁。

〔註43〕鄭振鐸：《鄭振鐸古典文學論文集》（上），上海：上海古籍出版社 2009 年，第 49 頁。

〔註44〕北京圖書館編：《西諦書目》（上），北京：北京圖書館出版社 2004 年版，第　頁。

多變，針對不同作者的詞作風格，選取最為生動而恰當的批評術語進行評價。以《插圖本中國文學史》為例，在書中對於一百多位兩宋詞人詞作風格的評價中有些直接擷取自前輩批評家的論述，如以「高麗」評陳克詞（陳振孫《直齋書錄解題》：「子高詞格高麗，晏、周之流亞也」），以「婉媚深窈」評價呂渭老詞（黃昇《花庵詞選》：「聖求詞婉媚深窈，視美成、耆卿伯仲」），以「婉眉」評趙鼎詞（黃昇《花間集》謂趙鼎詞作「詞章婉眉，不減《花間》」）等；有些是其在綜合前人評價和自身閱讀體驗後的精闢總結，如以「作風頗帶些激昂豪放之氣」評韋驤詞、將王觀詞的風格特點歸納為「受到柳詞的不少影響」（綜合黃昇、陳振孫二人的評價）、稱張孝祥詞「頗饒自然之趣」（參考湯衡《紫薇雅詞序》）等；更有一些是對戲曲、小說中常用語言的直接引用或借鑒，如在論及秦觀的詞作風格時，鄭振鐸先生認為「他是一個謹慎小心的作者，是一個深刻尖俊的詩人，最善於置景藉辭，遣情使語的」，其中「尖俊」一詞即源自明凌濛初評訂的《南音三籟》。《南音三籟》云：「陸天池作《南西廂》，悉以己意自創，不襲北劇一語，志可謂悍矣；然元調在前，豈易角勝耶！其所為《明珠》，尖俊、宛轉處，在當時固為獨勝，非梁梅派頭，故《南西廂》不及遠甚。」〔註45〕結合其上下文可知，陸氏所作《明珠》之「尖俊、宛轉處」是其「在當時固為獨勝」的重要原因，可見作者此處所云「尖俊」應該是用以形容《明珠》一劇在風格上有別於其他劇作的新穎俊秀之處。而若我們在此基礎上進行擴展就會發現，鄭振鐸先生的其他詞類藏書中亦不乏對於秦觀詞作之「新」與「俊」的評價。如王灼《碧雞漫志》即有「張子野、秦少游俊逸精妙」之論，陳廷焯《白雨齋詞話》中「少游最深厚沉著」一條亦稱秦觀詞作「思路幽絕，其妙令人不可思議」，沉雄《古今詞話》則有「子野詞勝乎情，耆卿情勝乎詞，情詞相稱，少游一人而已」的說法。鄭振鐸先生此處以「尖俊」一詞來評價秦觀的詞作風格，不僅契合了上述各前輩批評家對於秦觀詞作「俊逸精妙」、「思路幽絕」、「令人不可思議」的評價，更生動形象地展現出秦觀詞作風格中善於創新、情辭俊逸的一面；可謂中的之評。

又如書中對於趙令畤詞作風格的論述，筆者通過梳理相關資料發現，前輩批評家在談到趙令畤詞作的特點時或取其《蝶戀花》（卷絮風頭寒欲盡）為例，稱其「陡健圓轉」；或從「同為東坡客」的角度出發，將其詞作與李廌詞進行對比，得出「趙婉而李俊，各有所長」的結論。鄭振鐸先生《插圖本中國

〔註45〕（明）凌濛初評訂，（清）袁志學輯《南音三籟》（西諦藏），清康熙七年刊本。

文學史》則認為「德麟的詞輕圓嬌憨，很有些傳誦人口之作」，如果說「輕圓」
是受沉雄「陡健圓轉」的影響，意在突出其詞作之「聲音和諧」；那麼以「嬌
憨」一詞來評述趙令時的詞作風格卻是鄭振鐸先生的獨創。按《漢語大詞典》
的解釋，「嬌憨」一詞多用以形容年輕女子「天真可愛而不解事」，是戲曲、小
說中的常用語言。如沈德符《野獲編・詞曲・拜月亭》中即有「即旦兒『髻雲
堆』小曲，模擬閨秀嬌憨情態，活脫逼真」，而鄭振鐸先生《插圖本中國文學
史》中將《會真記鳳棲梧》視為體現趙令時詞作風格的代表，其「強出嬌嗔無
一語，絳綃頻掩酥胸索」數句不僅形象生動地刻畫出閨中女兒的嬌憨情態，
更突顯了趙令時詞作之「婉」，因此，鄭振鐸先生選用「嬌憨」一詞加以概括，
可謂貼切之評。總之，不論是直接擷取前輩批評家的論述以為己用、綜合數
位前輩批評家的意見加以總結概括還是直接引用或借鑒戲曲、小說中的常用
語言，都能夠準確而生動的展現出兩宋不同詞人詞作獨有的風格特徵，也從
另一個側面表現了鄭振鐸先生對兩宋詞人詞作風格多樣化的讚賞。而鄭振鐸
先生之所以能夠準確捕捉不同詞人風格中的特色所在，並選取準確的批評術
語加以總結和概括，豐富藏書資源在其中扮演的重要角色是不應被忽略的。

二、西諦藏書與鄭振鐸先生的戲曲研究

中國古代官方正統的文學觀念素來將戲曲視為「不登大雅之堂」的「鄙
俗」、「淫豔」之物，這樣的觀點可以以清乾隆年間官方修纂的《四庫全書總
目》之詞曲小序為代表，以當時官方正統的文學觀念來看，「詞曲二體，在文
章技藝之間，厥品頗卑。作者弗貴，特才華之士以綺語相高耳。……究厥淵
源，實亦樂府之餘音，風人之末派，其於文苑，同屬附庸，亦未可全斥為俳優
也。」〔註46〕有鑑於此，編者採取了「曲則惟錄品題論斷之詞及《中原音韻》，
而曲文則不錄焉」的處理方式，將大量的雜劇、傳奇排除在外。而在鄭振鐸
先生看來，這些封建正統文人眼中的「淫哇之聲」雖然「不為學士大夫所重
視」，卻同樣是「文學上極其偉大的資產」，「不容得我們不加以特殊的研究」。
作為較早開始系統收藏戲曲類圖書的著名學者，戲曲類藏書是西諦藏書中所
佔比重最大的一部分，也是鄭振鐸先生藏書中最為著名者。

按趙萬里《西諦書目序》所言，「西諦藏曲，可分兩個時期，一九三九年
以前為第一期，一九三九年起直到全國解放為第二期。他曾經把第一期藏曲

〔註46〕（清）永瑢等，《四庫全書總目》，北京：中華書局 1965 年版，第 1807 頁。

中的精本，編為《西諦藏曲目》刻寫出版。劉龍田本《西廂記》、玩虎軒本《琵琶記》……是其中白眉。抗日戰爭期間，為了解決生活問題，他把這批藏曲的一部分作價售去……稍後又重整旗鼓，大事補充。那時從徽州、蘇州、揚州、浙東等地流到上海的雜劇傳奇中的精本，十之六七都歸西諦所有」〔註47〕，而其所收藏的散曲本子「不但是很有名的，而且是非常罕見的」。此外，作為「提倡搜集和研究俗曲的第一人」，鄭振鐸先生不僅將那些俗曲集中的精品「作價收歸己有」，從中發掘那些「內容比較清新健康的作品」，還「慫恿書主排版重印」，「給中國俗文學增添了許多光輝的篇幅」〔註48〕。

鄭振鐸先生在《中國俗文學》一書中將「戲曲」分為「戲文」、「雜劇」、「地方戲」和「講唱文學」四類，故本文亦基本按照其上述分類〔註49〕，分別探討西諦藏書與鄭振鐸戲曲研究的關係。

一是西諦藏書與鄭振鐸的戲文研究

按鄭振鐸先生《中國俗文學史》中的定義，所謂「戲文」，是「受了印度戲曲影響產生的，最初包括《趙貞女蔡二郎》及《王魁負桂英》等，到了明代中葉，崑山腔產生以後，戲文（那時名為傳奇）更大量出現。」〔註50〕可見鄭振鐸先生所謂「戲文」就是指宋元南戲和明清傳奇〔註51〕。若我們進一步結合西諦藏書中的戲文加以考察就會發現，這種聯繫首先體現在鄭振鐸先生對戲文故事梗概的敘述和文獻的梳理上。以《插圖本中國文學史》為例，書中在談到「今存的宋人戲文」時首先引述徐渭《南詞敘錄》中關於「宋元舊篇」的記載，說明「這一類戲文，除了《琵琶記》盛行於世外，皆湮沒無聞」，並以此為基礎，結合自身藏書資源，將「我們研究宋元戲文所知的材料」羅列出來（包括《永樂大典》中發現的「戲文三部」、沈璟《南九宮譜》、張祿的《詞林摘豔》，無名氏《雍熙樂府》中的戲文殘文），最後說明「我們所確知的最早的宋人戲文，不過下列數種而已」〔註52〕。而在敘述每一種「宋人戲文」時，鄭振鐸先生均從作者姓名、當時的流傳情況、後世演變、戲文殘存情況

〔註47〕北京圖書館編：《西諦書目》（上），北京圖書館出版社，2004年版，第2頁。
〔註48〕北京圖書館編：《西諦書目》（上），北京圖書館出版社，2004年版，第3頁。
〔註49〕由於「地方戲」與西諦藏書之間關聯較少，故本文不再進行論述。此處僅討論「戲文」、「雜劇」、「散曲」、「講唱文學」與西諦藏書的關係。
〔註50〕鄭振鐸：《中國俗文學史》，上海：上海古籍出版社2013年版，第5頁。
〔註51〕鄭振鐸先生《中國古典文學中的戲曲傳統》一文即採用這種說法，將「戲文」定義為「南方的戲曲，或叫南戲，也就是後來的傳奇。」
〔註52〕鄭振鐸：《插圖本中國文學史》（下），長沙：嶽麓書社2003年版，第頁。

等多個方面加以詳細梳理，使後學者更加清楚地瞭解這些「宋代戲文」淵源流變及其保存情況。值得注意的是，書中還特別選取了西諦藏書中明凌氏刊本《琵琶記》中《趙貞女》戲畫和明刊本《焚香記》中《王魁負桂英》戲畫作為配圖，使讀者能夠更為直觀地瞭解到這些「宋代戲文」的大略面貌，較之於同時代其他文學史可謂獨樹一幟，由此亦突顯出此類藏書在其研究過程中起到的重要作用。而在《插圖本中國文學史》「戲文的進展」一節中，鄭振鐸先生開篇即對「有殘文留存於今的重要的若干本元戲」加以考述，而這一梳理、考證過程中所依據的主要參考資料之一便是鄭振鐸先生以其西諦藏書為基礎編纂而成的《宋元戲文輯逸》。

　　對明清傳奇中新資料的發掘同樣是鄭振鐸先生戲文研究中的一大亮點。在《鈔本百種傳奇的發現》一文中，鄭振鐸先生詳細記述了自己訪書過程中在一家舊書店待售的「抄本的傳奇」中發現百十種珍貴傳奇鈔本的經過，對於這種發現新資料的喜悅之情，鄭振鐸先生有著這樣的敘述：

　　　在歸途中，我的心滿盈盈的如佔領一國一城似的勝利的驕傲。
　　　但同時又有些恐慌，不知有沒有人比我更早得到這個消息，或更捷
　　　足的獲得了它們。……在專心搜求著古傳奇雜劇的十餘年間，幾曾
　　　在同時見到過像這樣一大批的待售的名目呢？那一夜，在大半夜的
　　　驚喜態度中過去，並不曾合眼。〔註53〕

　　而鄭振鐸先生之所以會如此興奮，主要還在於這些傳奇鈔本所具有的文獻價值。按文中所言，這些鈔本不僅「並不易得」，而且其中不乏「從來不曾有過刻本，有的連名目也是初次見到」的；「更可喜者，沈璟之作有三種，汪廷訥之作有兩種，朱素臣之作有五種，張大復之作有三種，畢萬侯、朱佐朝之作各有二種」〔註54〕，這些都是明清戲曲史上的著名作家，且其中亦不乏頗具影響力者（如當時流行的京劇《九更天》就是根據朱素臣《未央天》改編而來）和賴以保存傳世者（如畢萬侯所作傳奇僅有六種傳世，其中《報三恩》《竹葉舟》即賴此鈔本得以保存），更足見鄭振鐸先生發現的這批鈔本具有非常高的文獻價值。

〔註53〕鄭振鐸：《鄭振鐸全集》（第4卷），石家莊：花山文藝出版社1998年版，第588頁。
〔註54〕鄭振鐸：《鄭振鐸全集》（第4卷），石家莊：花山文藝出版社1998年版，第590頁。

另一個典型的例子是鄭振鐸先生為集齊《古柏堂傳奇》所作的努力。《古柏堂傳奇》既是清代戲劇家唐英的代表作之一，同時又是被後世批評家認為最能反映康乾時期戲劇體制變化的作品。而在鄭振鐸先生為西諦藏書中清嘉慶刊本的《古柏堂十四種曲》（十六卷）所作題跋中亦詳細記述了自己頗為艱難的訪書過程：

> 偶撿架上古柏堂傳奇，見祇有十四種，缺第十五種。憶昨晚在隆福寺大雅堂，睹其從山東購來書中有《鐙月閒情》第十五種雙釘案一冊。因即驅車至大雅堂，攜此冊歸，恰好配成全書，大是高興。
> 一書之全其難如此，豈坐享其成之輩所能瞭然乎？〔註55〕

趙志輝《滿族文學史》指出，就其藝術特點而言，理想主義精神的彰顯以及在原有材料基礎上「補作翻改」以展現其獨創性是唐英《古柏堂傳奇》中最具特色之處〔註56〕。特別是那些以前輩作家作品為藍本的「翻改、補易之作」，唐英或在戲文辭藻翻新出奇，使之更加琅琅上口；或從演唱唱腔上做出變化，將原來的梆子改為崑腔，盡顯「新時派」；或在「排場」上做文章，通過「重把排場擺」見其新意，可謂靈活多樣。因此，對於致力於中國古代戲劇特別是清代戲劇研究的學者們而言，《古柏堂傳奇》無疑具有較高的文獻價值。據相關資料記載，吳梅在鄭振鐸先生家中看到此書後立即要求借閱，鄭振鐸先生立馬爽快借出，毫不私藏，成為藏書史上學人之間互通有無的一段佳話。

值得注意的是，鄭振鐸先生對於明清傳奇中「新資料」的發掘並不僅僅止於文字層面，對於那些因其插圖精美而著稱的罕見刊本，鄭振鐸先生亦有著極大的收藏熱情。《劫中得書記》所載明末刊本《韓晉公芙蓉影傳奇》就是其致力於發掘戲劇刊本中插圖文獻價值的典型代表。在鄭振鐸先生看來，就該劇的故事情節而言，其戲文故事不過是「佳人才子傳奇」的老套路，並無特別之處；但其最有特色、最具文獻價值之處恰在於書中「首附插圖十二幅，作圓形，與一笠庵原刻本『一人永占』之圖相同，皆明末清初之流行板式也」〔註57〕；而這一點也正是其「殊罕見」之處。

〔註55〕北京圖書館編：《西諦書目》（下 附《西諦題跋》一卷），北京：北京圖書館出版社，2004 年版，第 27 頁。
〔註56〕趙志輝：《滿族文學史》，第 396 頁。
〔註57〕鄭振鐸：《劫中得書記》，上海：上海古籍出版社 2006 年版，第 15 頁。

　　這種藏書與戲劇研究之間的密切關係不僅體現在鄭振鐸先生對作品源流的考辨和新資料的發掘上，亦體現在其對戲文刊本中所配插圖的細緻考辨上。這一點在鄭振鐸先生《元刊本琵琶記》一文中有著非常典型體現：文章開篇即提出問題，指出這部由「武進董氏用珂羅版影印」的「元刊《琵琶記》」雖然「大類元刊的本相」，但其卷首所附「筆致瀟灑，鏤刻精工」的十幅插圖，卻「甚似明萬曆以後的作品」；而這樣疑問在隨後作者見到明末凌濛初刊本《幽閨記》後得以進一步證實——「其插圖的調子與董印的《琵琶》插圖十分相同，即圖幅邊上所引本文句子的題詞，其筆法也是相類的」，由此他得出了「元刊《琵琶記》的插圖也是凌氏《琵琶》上的」〔註58〕，這一觀點亦在其所見凌氏刊本上亦得以證實。若在此基礎上進一步結合鄭振鐸先生戲文類藏書的收藏情況進行考察就會發現，如此嚴謹細緻的考辨過程亦離不開鄭振鐸先生豐富戲曲類藏書資源的助力——因其西諦藏書中的戲文類藏書數量眾多，種類豐富，故方能由書中插圖的工筆刊刻等細微之處入手，結合自身所見、所藏的同類書籍考辨其刊行年代；而類似的考證方法在鄭振鐸先生為其收藏的明末著壇刊本《清暉閣批點玉茗堂還魂記二卷》所作題跋中亦有非常典型的體現。按鄭振鐸先生跋語所言，世人所見的《還魂記》均為「冰絲館刊本」，「暖紅室所刊亦是翻冰絲館本」，「明萬曆原本則見者益少矣」；而自己的收藏中恰好有「萬曆刊石林居士序本」的《還魂記》。鄭振鐸先生指出，較之於世人所見的通行本而言，該書最為出彩之處即在於其「插圖出虯村諸黃手，尤流麗可愛，線條細如毛髮，而人物神態活躍有聲色，他本皆不及遠甚」〔註59〕。誠如前文所引趙萬里《西諦書目序》中所言，這些「校刻精良且插圖精美」的戲曲類藏書資源不僅使鄭振鐸先生於日常生活中練就了一雙善於辨別刊本插圖的「火眼金睛」，更是其開展戲曲研究，開展文化遺產保護工作的重要助手。

　　此外，鄭振鐸先生一生編纂了許多戲文研究的相關書目，這些書目的編制亦多以其藏書資源中的戲文類書籍為基礎。由於受到中國古代正統文學價值觀的限制，「中國的劇本極不容易搜集，而研究戲劇的書籍，更是極難購

〔註58〕鄭振鐸：《西諦書話》，北京：讀書‧生活‧新知三聯書店 2005 年版，第 9～10 頁。

〔註59〕北京圖書館編：《西諦書目》（下，附西諦題跋），北京：北京圖書館出版社，2004 年版，第 27 頁。

求」〔註60〕。有鑑於此，鄭振鐸先生自上世紀二十年代起便開始著力於戲曲研究書目的整理和編訂工作，戲文研究的相關書目亦自然成為其關注的重心。如其在《關於中國戲曲的研究書籍》一文中羅列了《傳奇研究》等戲文類書籍供後學者參考；20世紀30年代自行影印《清人雜劇初集》《清人雜劇二集》時亦將《西諦所印傳奇雜劇目錄》附於書後。抗日戰爭時期，在經歷了兩次失書之痛後，鄭振鐸先生撰寫了《中國戲曲史資料的新損失與新發現》等論文，詳細記述了毀於日軍炮火的涵芬樓、周氏言言齋等處的戲曲類藏書，其中亦有頗多涉及戲文資料的內容。

二是西諦藏書與鄭振鐸的雜劇研究

在鄭振鐸先生留下的八十多篇（部）研究戲曲的相關著作、論文中，以元明清雜劇研究為主題的專著和論文佔了很大比重。若我們結合西諦藏書中的戲曲類藏書進行考察，則其與藏書之間的密切關聯主要體現在以下幾個方面：

首先，這種密切關聯體現在鄭振鐸先生對雜劇刊本的搜集和整理上。就其研究資料而言，在元雜劇研究剛剛起步的上世紀二十年代，不論是作為研究對象的元雜劇刊本還是與之相關的參考資料都十分匱乏，大部分研究者手中除臧懋循編纂的《元曲選》外，幾乎找不到更多可資參考的文獻資料；此外，由於研究資料的匱乏導致相當一部分研究者在研究過程中存在概念不清，分類不明的問題——或將散曲與雜劇相混，或將雜劇與小說、傳奇並列。正是痛感於上述種種問題的出現，鄭振鐸先生自涉足雜劇研究之日起即致力於雜劇刊本的搜集和整理工作，力圖正本清源，從根本上解決這些問題。正是以西諦藏書的豐富資源為基礎，鄭振鐸先生先後撰寫了《關於中國戲曲研究的書籍》《巴黎圖書館之中國小說與戲曲》《中國戲曲史料的新損失與新發現》《元曲敘錄》《西諦所印雜劇傳奇目錄》《元明以來雜劇總錄》等一系列涉及雜劇研究的相關書目，其中《元明以來雜劇總錄》是繼姚梅伯《今樂考證》、王國維《曲錄》，任中敏《曲錄校補》後出現的又一部較為完整的雜劇總錄，全書旨在「編輯一部較《曲錄》更為有用的戲曲總錄」〔註61〕，為研究者「供

〔註60〕鄭振鐸：《鄭振鐸全集》（第6卷），石家莊：花山文藝出版社1998年版，第387頁。
〔註61〕鄭振鐸：《鄭振鐸全集》（第6卷），石家莊：花山文藝出版社，1998年版，第742頁。

給一部分比較重要的研究資料」。全書「以作者為綱，體別為緯……於每書的序跋凡例，假如有的話，也必載之。有未見者，則從諸總集及文集裏輯鈔出來」。雖然我們現在僅能見到序文、第一卷和第二卷（全書原計劃為五卷），但對於當時及後來的研究者而言，這些輯錄翔實，考據嚴謹的材料確實堪稱其初涉戲曲特別是雜劇研究中不可或缺的重要資料。《元曲敘錄》則主要採取作家生平與作品故事梗概相結合的提要式寫法，在充分利用其藏書資源的基礎上對關漢卿、馬致遠、王實甫、紀君祥、鄭光祖等三十二位作家作品進行介紹，值得注意的是，較之於一般書籍「提要式」的內容介紹而言，《元曲敘錄》中「內容提要」是細化到劇目的每一折故事、登場人物和所唱曲牌的，這就在很大程度上方便了那些並未見到某些劇目全本的研究者充分暸解其概貌，並在此基礎上繼續進行相應研究。總之，鄭振鐸先生之所以能夠編纂像《元明以來雜劇總錄》《元曲敘錄》這樣內容豐富、資料翔實的大型書目，西諦藏書在其中所起到的助力作用是毋庸置疑的。

　　除整理和編纂書目外，鄭振鐸先生亦十分重視對雜劇刊本和相關研究資料求訪和搜購。除前文所述為國家搶救《脈望館抄校本古今雜劇》外，鄭振鐸先生還曾於1931年於孫祥熊家訪得明藍格鈔本《錄鬼簿》（後附續編一卷），由於「其中戲劇資料均為第一手，少縱即逝」，於是他向主人「力請一假，約以次日歸」，並在當夜即與同行的其他兩位好友合作，三人「通夜無眠」地抄寫完成，後「由北京大學付之影印」〔註62〕。對於當時及後世的研究者來說，鄭振鐸先生的這一發現有助於推進元明文學史及其相關研究的深入發展，其本身的文獻價值、參考價值亦是非常重要的。後鄭振鐸先生於上海書市再見此書，「不能不動心，索六十金，乃舉債如其數得之」〔註63〕，其訪書之執著，愛書之心切，堪稱一代學人之楷模。

　　這樣的貢獻同樣體現在鄭振鐸先生對清人雜劇搜集整理和出版刊印上，其中尤以《清人雜劇初集》和《清人雜劇二集》的輯刻為典型。在刊刻此書的過程中，鄭振鐸先生不僅輯錄了過去流傳甚少的諸多雜劇刊本，為清人雜劇研究提供了新的資料；還在《清人雜劇初集序》中對整個清代雜劇的發展歷

〔註62〕北京圖書館編：《西諦書目》（下，附《西諦題跋》），北京圖書館出版社，2004年版，第28頁。

〔註63〕北京圖書館編：《西諦書目》（下，附《西諦題跋》），北京圖書館出版社，2004年版，第32頁。

程做出述評。在他看來，清人雜劇優點在於其「無不力求超脫凡蹊，摒絕俚鄙」〔註64〕，缺點則在於「失之雅，失之弱」。他將整個清代雜劇的發展歷程劃分為四個階段，即「順、康之際，實為始盛……雍、乾之際，可謂全盛……降及嘉、咸，風流未泯。然豪漸消殺，當為次盛之期……下逮同、光，則為衰落之期」〔註65〕，並在每一階段中選取幾位最具代表性的作家作品加以簡要述評，對於當時及後世研究者來說，這樣的資料輯刊和述評均具有非常重要的參考價值。值得注意的是，無論是這兩本書的輯錄刊印還是鄭振鐸先生在序言中對清代雜劇發展所作的述評，西諦藏書中的豐富資源同樣是其不可或缺的重要助力。如《清人雜劇初集》收錄了張韜《續四聲猿》，該書流傳極少，刊本更是極為罕見；而西諦藏書中有清張韜撰《續四聲猿》一卷，係清刊本，可見鄭振鐸先生在輯刊過程中動用了自己的藏書資源。不僅如此，鄭振鐸先生還以其藏書資源為基礎，在該集跋語中對張韜的創作成就予以高度評價，稱其「雜劇尤為當行」、「精潔嚴謹，無愧為純正之文人劇。清劇作家，似當以韜與吳偉業為之先河」〔註66〕，這就從整個清代雜劇發展史的角度肯定了張韜個人的創作成就及其貢獻，對當時及後來的研究者亦多有啟迪。

其次，這種密切的關聯還體現在鄭振鐸先生對雜劇理論的研究上。以元雜劇研究為例，在談到元雜劇的起源問題時，鄭振鐸先生認為，元雜劇是繼承前代多種藝術發展而來，宋金元諸宮調則是這一演進過程中不可或缺的重要階段——「從宋的大麯或宋的雜劇詞而演進到雜劇，這其間必得要經過宋、金諸宮調的一個階段」〔註67〕；而論析諸宮調與元雜劇在體制、演唱形式、歌曲等方面的傳承，並通過舉例來說明「諸宮調給予元雜劇的不可磨滅的痕跡，那便是，組織幾個不同宮調的套數，而用來講唱（就元雜劇方面來說，便是扮演）一件故事」這一問題時，董解元《西廂記諸宮調》便成為文中引用頻率最高的例證。筆者通過查閱相關資料發現，西諦藏書中有明黃嘉惠刊本《董解元西廂記》二冊，按書中題跋所言，是書係鄭振鐸先生「偶過修綆堂」所得，「雖

〔註64〕鄭振鐸：《鄭振鐸全集》（第4卷），石家莊：花山文藝出版社，1998年版，第730頁。

〔註65〕鄭振鐸：《鄭振鐸全集》（第4卷），石家莊：花山文藝出版社，1998年版，第730～731頁。

〔註66〕鄭振鐸：《鄭振鐸全集》（第4卷），石家莊：花山文藝出版社，1998年版，第738頁。

〔註67〕鄭振鐸：《鄭振鐸全集》（第5卷），石家莊：花山文藝出版社，1998年版，第127頁。

奪去序、圖，尤神采動人」，故「亟為收得」〔註68〕；此外，按書中題跋所言，鄭振鐸先生「初讀西廂記諸宮調，乃用坊間排印本。再讀則用西廂十則本。後得西廂六幻本，則未遑三讀之矣。曾見朱墨本，又見海陽適適子本，今復得黃嘉惠本，共凡六本」〔註69〕，可見鄭振鐸先生經眼所見的《西廂記諸宮調》版本更為豐富，因此，鄭振鐸先生之所以會將董解元《西廂記諸宮調》作為例證來說明問題，既是基於董西廂在中國古代戲曲史中地位的考量，亦是其在具體研究實踐中充分應用其豐富藏書資源，對相關問題進行梳理闡釋的體現。

　　此外，在分析、梳理元雜劇中某一劇目的淵源流變時，西諦藏書中的相關資源同樣具有非常關鍵的作用，這一點在鄭振鐸先生對《西廂記》的研究中有著尤為典型的體現。筆者通過梳理《西諦書目》中的相關資料發現，鄭振鐸先生的曲類藏書中共有 24 種以「西廂」命名或帶有「西廂」二字的書籍，較之於同類題材的其他元雜劇刊本而言，這一主題的藏書可以說是最多的。從雜劇研究的角度來看，鄭振鐸先生曾先後撰寫過《西廂記的本來面目是怎樣的》《重刻元本題評音釋西廂記》兩篇以「西廂記」為主題的文章，其中《西廂記的本來面目是怎樣的》一文圍繞「何為《西廂記》古本」這一問題展開討論，從雜劇體例、演唱體制等角度入手進行分析，詳細考述了王實甫《西廂記》從「真正最古的」明嘉靖郭勳輯《雍熙樂府》中的《西廂記》到通行本《西廂記》的流變過程，最終得出「元本《西廂記》當有分五卷的可能，或竟不分卷，全部連寫到底；假如分五卷，每卷也當連寫到底，並不分為若干折；原書在現在的本子（即凌本）的每本（除第五本外）之末，皆有《絡絲娘煞尾》。第一本之《絡絲娘煞尾》當是脫去的；第二卷之《端正好》『不念法華經』一套，當是很重要的正文一部分；《西廂記》的賓白大部分應為後人補撰」〔註70〕等六條結論，並將《雍熙樂府》所輯《西廂記》與凌濛初本（即「現在的本子」）加以對比，認為《雍熙樂府》本在某些情節的安排上更合情理，堪稱「『古本』勝於『近本』的一例」。文中所引述的材料幾乎全部來自西諦藏書中的相關資源，再次突顯出藏書資源與其學術研究之間的密切關係。

〔註68〕北京圖書館編：《西諦書目》（下，附西諦題跋），北京圖書館出版社，2004 年版，第 27 頁。

〔註69〕北京圖書館編：《西諦書目》（下，附西諦題跋），北京圖書館出版社，2004 年版，第 26～27 頁。

〔註70〕鄭振鐸：《鄭振鐸全集》（第 4 卷），石家莊：花山文藝出版社，1998 年版，第 578～579 頁。

三是西諦藏書與鄭振鐸的散曲研究

散曲雖然在上世紀已引起部分學者的關注和重視，但從整體上看，較之於詩、文、小說等其他文體的相關研究而言，學界對於這一流行於金元兩代文壇的新興文體一直關注度不高。作為現代散曲研究的拓荒者之一，鄭振鐸先生的散曲研究與其豐富的個人藏書資源同樣有著非常密切的關聯。這種聯繫首先體現在鄭振鐸先生對於散曲類書籍的搜購及專題書目的編制上。與前文提到的戲文、雜劇研究一樣，鄭振鐸先生的散曲研究同樣以其對於散曲類書籍的求訪和搜購為基礎，這一點從西諦藏書的相關題跋上可以略窺一二。如西諦藏明萬曆三十三年陳氏繼志齋刊本《新鐫古今大雅北宮詞紀六卷南宮詞紀六卷》所作題跋云：

> 初收的幾部，但求其少爛板斷板而已。後乃進而求其初印無缺字者，但終不免每卷均有缺頁、并頁之處。北宮詞紀卷五及卷六的目錄中，間有各附插圖一頁的。得之，已為之驚喜不置。不意最後乃獲初印的北宮詞紀和南宮詞紀各半部……數年之後，復得一初印的殘本，恰好配成全書。……於是，這本百衲衣式的南北宮詞紀，終於成為一部完整無缺的本子了。〔註71〕

恰如鄭振鐸先生多次提到的那樣，這種曲折而艱難的訪書過程是一般人很難理解的，但對於他來說，自己這樣做並非「沒甚意義地玩弄版本」，而是為了能夠更好地開展相關研究工作——既然研究元明文學的人不能「捨散曲而不談」，那麼「作為科學研究必備之書，其能沒有最完整不缺的好本子作為研究的根據麼？」〔註72〕又如鄭振鐸先生尋訪明嘉靖刊本《樂府餘音》，亦是頗費周章的：

> 樂府餘音一卷，明楊廷和撰，明嘉靖刻本。……二十年前嘗於北京圖書館見到此本一部，欣羨不已，即鈔錄一部存於行篋。文奎堂從粵東購得莫天一、李文田舊藏書不少，予僅得其數種。此雖非莫、李所藏，然實罕見善本也，亟收得之，為玄覽堂中的妙品之一。〔註73〕

〔註71〕北京圖書館編：《西諦書目》（下，附西諦題跋），北京：北京圖書館出版社2004年版，第30頁。

〔註72〕北京圖書館編：《西諦書目》（下，附西諦題跋），北京：北京圖書館出版社2004年版，第30頁。

〔註73〕北京圖書館編：《西諦書目》（下，附西諦題跋），北京：北京圖書館出版社2004年版，第31頁。

正是以其豐富的藏書資源為基礎，鄭振鐸先生親自輯鈔了《西諦所藏散曲目錄》，這也是自散曲研究成為專門之學以來的第一部專門目錄，對於當時及後來的研究者們均具有非常重要的指導意義。其次，鄭振鐸先生還充分利用其豐富的個人藏書資源，撰寫了《跋圖書集成詞曲部》《盛世新聲與詞林摘豔》《元明以來女曲家考略》等專題研究論文。其中《跋圖書集成詞曲部》一文旨在指出《圖書集成》（詞曲部）在文獻搜集、編纂體例等方面的「錯謬之處」，避免後學者「以這一部分材料作為『南針』而誤入歧途；《盛世新聲與詞林摘豔》一文重在梳理和考辨《盛世新聲》與《詞林摘豔》這兩部「在《雍熙樂府》未刊行前，選錄南北曲最富的曲集」的版本源流，特別提到了自己尋訪、搜購者兩種書籍的經歷，更加突顯其散曲研究與藏書的密切關係。此外，鄭振鐸先生《中國俗文學史》中專列「元代的散曲」一節，其中鍾嗣成《錄鬼簿》、楊朝英《太平樂府》《陽春白雪》、周德清《中原音韻》等是鄭振鐸先生考述作家作品時引用頻率最高的書籍，而西諦藏書中僅鍾嗣成《錄鬼簿》一書就有明抄本和普通抄本兩種，周德清《中原音韻》則有元周德清撰《中原音韻》二卷（清刊本，一冊）和元周德清撰、明王文璧增注《中原音韻增注》二卷（明刊本，四冊）兩種，足見其在《中國俗文學史》中對於元曲作家作品的詳細考述亦是以其豐富的藏書資源為基礎的。

四是西諦藏書與鄭振鐸的講唱文學研究

按鄭振鐸先生《中國俗文學史》中的論述，所謂「講唱文學」，就是「以說白（散文）來講故事，而同時又以唱詞（韻文）來歌唱之」〔註74〕的一種文學形式，其主要類型包括變文、諸宮調、寶卷、彈詞和遊戲文章等。以中國傳統的文學價值觀而論，這部分文學作品較之戲曲、小說而言更屬「下里巴人」，可謂「末流中的末流」。而在鄭振鐸先生看來，這些作品在中國俗文學史上恰恰「佔了極重要的成分，且也佔了極大勢力」，具有非常獨特的研究價值。誠如趙萬里《西諦書目序》中提到的那樣，鄭振鐸先生自年輕時代「就對寶卷、彈詞、鼓詞等講唱文學發生濃厚的興趣」，並竭力求訪、搜集與此相關的各類書籍。他曾以其藏書為基礎，自編過所藏彈詞、寶卷、鼓詞的目錄，在《西諦彈詞目錄》中，他更是在文章開篇直接表明自己編纂這一目錄的根本目的在於喚起大家對這一類文藝著作的重視，「希望同志能在各處搜羅，或以

〔註74〕鄭振鐸：《中國俗文學史》，上海：上海古籍出版社 2005 年版，第 6 頁。

購得之書見讓，或以目錄見示，俾將來能成一更完備的目錄，且能為一番有系統的研究」〔註75〕。此外，他還撰寫了《佛曲的俗文與變文》《佛曲敘錄》《從變文到彈詞》《再論民間文藝》《民間文藝的再認識問題》等專題論文，《中國俗文學史》中亦專門羅列「寶卷」、「彈詞」、「鼓詞與子弟書」三章來詳細闡述各類講唱文學的起源、發展及各類型中頗具代表性的作品。其中「寶卷」一章中特別談到自己「在北平得到了不少明代（萬曆左右）的及清初的梵篋本寶卷」，並列出尤為重要的二十一種。不僅如此，他還特別善於從自己的藏書中發掘資源，將《目連救母出連地獄昇天寶卷》作為其中「最早且最好的一個例子」，在詳細介紹其版本樣式的同時引用大量原文說明其主要內容和特色所在，這就使得後學者能夠更為全面而直觀認識「寶卷」這一類型的講唱文學。對於當時及後來的研究者們來說，上述這些論著中的相關章節或專題論文都具有「導夫先路」的特殊意義，試想如果沒有鄭振鐸先生的大量收藏和潛心研究，「這些民間藝人的文學創作，怕早就湮沒無聞了」〔註76〕。

三、西諦藏書與鄭振鐸先生的小說研究

從 20 世紀中國小說研究學術史的角度來看，鄭振鐸先生可謂是一位具有「承上啟下」作用的關鍵性人物。作為繼胡適、魯迅之後又一位中國古典小說研究的開拓者，他不僅在研究方法上積極引進和學習西方學術研究的新方法、新思路，同時亦能充分繼承中國古代「辨章學術，考鏡源流」的治學傳統，取得了非常豐碩的成果。以中國古代傳統的文學價值觀而論，小說和戲曲一樣，都是不登大雅之堂的「小道」而已，不僅歷朝時有禁燬之舉，中國古代的藏書家們亦多囿於傳統觀點，將其視為「閒書」，「隨手棄置，輾轉湮滅，亡佚無存者不知凡幾」。因此，對於上世紀 20 年代的研究者們而言，如何更為全面地搜集第一手的研究資料便成為小說研究中必須解決的首要問題。

鄭振鐸先生的小說研究工作亦始於上世紀 20 年代，由於缺乏相應的研究資料，他在研究伊始亦曾經走過一段「盲人騎瞎馬，亂摸亂闖」的曲折之路。對於自己訪書經歷，他曾在《再說我的藏書生涯》一文中有過這樣的回憶：

〔註75〕鄭振鐸：《鄭振鐸全集》（第 5 卷），石家莊：花山文藝出版社，1998 年版，第 256 頁。

〔註76〕北京圖書館編：《西諦書目》（上），北京：北京圖書館出版社，2004 年版，第 4 頁。

「在三十多年前，除少數人之外，誰還注意到小說、戲曲的書呢？這一類不登大雅之堂的古書，在圖書館裏是不大有的。我不得不自己去搜訪」〔註77〕；而其最初做的搜集工作，亦不過是「節省著日用，以淺淺的薪入購書，而即以購入之零零落落的破書，作為研究資料」〔註78〕。後來在魯迅先生的指點和引導下，他的小說收藏和研究之路才得以步入正軌，並逐步發展成為有比較完整體系的專門性收藏。按《西諦書目》中的記載，其藏書中《子部・小說家類》共收入小說類書籍九十四種，《集部・小說類》共收入六百八十一種，另有小說類書目（《寶山樓通俗小說書目》）一種。其收藏小說種類之多、數量之大，在中國現代藏書家中可謂首屈一指。與鄭振鐸先生在其他領域的研究一樣，西諦藏書中的小說類書籍在鄭振鐸先生的小說研究中亦起著至關重要的作用，具體來講，西諦藏書與其小說研究的密切關係主要體現在以下幾個方面：

　　首先，西諦藏書中的小說類書籍是鄭振鐸先生開展中國古代小說文獻研究，特別是編制相關書目的重要參考。早在 1924 年鄭振鐸先生即以「子汶」為筆名，在《中國小說月報》上發表了《中國文學研究的重要書籍介紹》一文，文章全面介紹了涉及中國古代文學各方面研究的參考書籍，雖然此時其藏書資源中的小說類書籍尚不夠全面，但文中已經介紹了《紅樓夢》《儒林外史》等六種古典小說以及魯迅先生《中國小說史略》等四種能夠反映當時學者研究成果的參考書籍供大家選擇；而在 1925 年，鄭振鐸先生以「Y.k」為筆名，在《時事新報・鑒賞週刊》上連載發表《中國小說提要》一文，立志「對於中國小說做一番比較有系統的研究」。這篇文章雖然後來因故未能完成，但其已完成的部分已經著錄了《開闢演義》《五代平話》等二十餘種「講史類」小說，並在此基礎上對每一種小說的作者、故事內容和流變情況、版本、藝術特點等進行詳細介紹；而這篇最終未能完成的論文亦成為二十世紀小說研究史上「第一份古代通俗小說專科目錄」。1931 年，鄭振鐸先生在其主編的《小說月報》第 22 卷上分 7、8 兩期發表了《明清二代平話集》，文章主要介紹了《清平山堂話本》《京本通俗小說》等二十九種明清話本集，對於每一種話本的作者、故事內容和流變情況、版本等情況亦加以詳細介紹，並在文章

〔註77〕鄭振鐸：《西諦書話》，北京：生活・讀書・新知三聯書店 2005 年版，第 204 頁。
〔註78〕鄭振鐸《永在的溫情》，《大家小書・海燕》，北京：北京理工大學出版社 2019 年版，第 197 頁。

引言中詳細論述了話本的歷史及其特徵。按鄭振鐸先生文前跋語所言，文章的寫作旨在將「今所已知的明清話本，本文所述，大略已盡其要」。胡經之先生將這篇文章譽為二十世紀小說研究之「第一份有關明清話本集的書目提要」，足見其對於當時及後來研究者的指導意義。此外，鄭振鐸先生還在《記一九三三年間的古籍發現》《劫中得書記》《劫中得書續記》等專題論文或論著中記述了自己 1933 年和八年抗戰期間求訪購得或友人贈送小說類古籍的種種曲折經歷，從中亦可窺見其在小說研究中對基礎文獻工作（特別是研究書籍的求訪和相關書目的編制）的重視。

其次，西諦藏書中的小說類書籍是其研究小說版本問題時的重要助力。對中國古代小說版本的考述和梳理是鄭振鐸先生小說研究中貢獻最大的工作之一。在鄭振鐸先生看來，對「小說本身的種種版本的故事與變遷」進行梳理和考辨是研究中國古典小說的重要基礎，如果研究者忽視這一工作，就會在進一步探討「小說之『史』」或「小說之內容」時遇到困難甚至發生偏差，「是有多少的不方便與不正確的」〔註79〕。因此，較之於胡適、魯迅等前輩學者而言，鄭振鐸先生在小說版本的研究上著意頗多，除撰寫了《嘉靖本三國志演義的發現》《關於遊仙窟》《論元刊本評話五種》《列國志傳》等一系列旨在介紹、梳理和考辨不同時期各類中國古代小說版本的專題論文外，其在《插圖本中國文學史》「長篇小說的進展」一章中亦花費大量筆墨對《水滸傳》和《西遊記》的版本源流進行詳細論述。如書中在談到「《水滸傳》的改編」問題時，首先說明其祖本「雖創作於施耐庵，編纂於羅貫中，然使其成為今樣的偉大的作品的，則斷要推嘉靖時代的某一位無名作家的功績」〔註80〕，繼而通過「簡本的《水滸傳》」與「嘉靖時出現於世的繁本的『水滸傳』」加以比較，指出其「不同者約有數點，第一是，添加了一部分的『題材』進去……那便是征遼故事的一大段。第二是，擴大了原文的敘述，往往原文十字，嘉靖本可以擴大成百字。……蓋其高出於原本甚遠之處，便在於這種『遊詞餘韻，神情寄寓處』」〔註81〕，以此說明「嘉靖本《水滸》之對於原本《水滸》，不僅擴大、增飾、潤改而已，簡直是給她以活潑潑的精神，或靈魂，而使之……由平常的一部英雄傳奇而直置之

〔註79〕鄭振鐸《中國小說史料序》，《鄭振鐸全集》（第六冊），石家莊：花山文藝出版社 1998 年版，第 730 頁。
〔註80〕鄭振鐸：《插圖本中國文學史》（下），長沙：嶽麓書社，2013 年版，第 887 頁。
〔註81〕鄭振鐸：《插圖本中國文學史》（下），長沙：嶽麓書社 2013 年版，第 888 頁。

第一流的文壇的最高座上。」〔註82〕據《西諦書目》記載，鄭振鐸先生所藏不同版本的《水滸傳》達二十二種之多，其中不僅有被鄭振鐸先生判定為「現存水滸傳版刻中，再沒有比它更早」的明刊本《忠義水滸傳》（存五回）、雖然耗費鉅資，「以一百二十金從中國得之」但文獻價值極高（「惟此本每回有引詩」）、「傳世絕為寥寥」、「足以傲視諸藏家」的明嘉靖刊本《忠義水滸傳》（存四十四回，存卷之十一冊）〔註83〕以及鄭振鐸先生1958年為「水滸研究工作亟待進行，此書乃是絕不可少的一個版本」而「盡傾囊中所有」購得的清楊定見刊本《忠義水滸全書》（一百二十四回），更有如日本享保刊本《忠義水滸傳》（十回）這樣的海外孤本。由此可見，鄭振鐸先生《插圖本中國文學史》中對於《水滸傳》版本源流的梳理之所以能夠做到如此清晰、透徹、條理分明，正是以其西諦藏書中豐富的相關資源為基礎的。

　　另一個典型的例子是鄭振鐸先生在《西遊記的演化》一文中對吳承恩本《西遊記》地位問題的探討。文章在「新證據的發現」一節中詳細列舉了「明刊吳本《西遊記》」的各種不同版本，通過不同版本之間的相互比較及通行本《西遊記》與《永樂大典》中《西遊記》殘文的比較，說明「《永樂大典》本《西遊記》為吳承恩本之祖源」，由此進一步推斷出「古本《西遊記》」確實曾經存在；且這個古本「文字古拙粗率，大類《元刊全相評話五種》和羅貫中的《三國志演義》，……當時元代中葉（或遲至元末）的作品。」隨後文章又通過朱鼎臣本《西遊釋厄傳》與楊致和本《西遊記傳》在章節回目、敘事內容和敘事方式等方面的比較，說明在「古本《西遊記》」與吳承恩《西遊記》之間「是別有一部楊氏書介於其間的」；《西遊記》故事的演化問題亦由此得以勾勒出一個更加清晰的輪廓。在這一系列細緻入微的考辨過程中，鄭振鐸先生既有對圖書館的公共藏書資源（如在北平圖書館查閱到日本村口書店明版《西遊記》二種，其中有四大套「明刻吳本《西遊記》」）的利用，又不忘對自身藏書資源（文中提到其曾在訪書過程中，「在某書封皮的背面，發現明刻本《西遊記》一頁，詫為奇遇。後此頁由趙蜚雲先生送給了我，這一頁萬曆刻寫本西遊記的發現，便是這四大套明刻吳本發現的先聲」〔註84〕）的充分發掘，

〔註82〕鄭振鐸：《插圖本中國文學史》（下），長沙：嶽麓書社2013年版，第887頁。
〔註83〕鄭振鐸：《劫中得書記》，上海：上海古籍出版社2006年版，第114頁。
〔註84〕鄭振鐸：《鄭振鐸全集》（第4卷），石家莊：花山文藝出版社，1998年版，第248頁。

再次體現西諦藏書在鄭振鐸小說研究過程中的重要作用。

值得注意的是，在西諦藏書中佔有一定比例的小說版畫同樣是鄭振鐸先生研究小說版本問題時的「得力助手」。據鄭振鐸先生自述，自己最初對於小說版畫的關注完全是出於個人興趣，「喜歡搜集某一類玩意兒……後來，突然熱心於有彩色的畫片——特別是《三國》人物象，《岳傳》的人物象等的紙煙畫片——的搜集。曾為了一張不經見的畫片，而破費了新年時壓歲錢的一半」；後逐步轉為有計劃、有目的的專業性收藏，特別是在與魯迅先生合作編印《北平箋譜》《十竹齋箋譜》後，鄭振鐸先生開始逐步形成了將「版畫」納入其研究視野的學術意識。具體到其研究實踐而論，鄭振鐸先生一方面從藝術史的角度出發，對小說版畫的藝術價值和美學價值進行深入挖掘和闡釋；另一方面他還將對小說插圖的研究與其小說研究相結合，在一定程度上拓寬了中國古典小說的研究視野。如其在《劫中得書記》中述及明萬曆刊本《新刻明皇開運輯略武功名臣英烈傳》時特別提及其書中「插圖形式，大類羅懋登《三寶太監下西洋記》及周曰校本《三國志演義》，自是同時代產物也」〔註85〕，而對於書中的版畫插圖的關注亦成為鄭振鐸先生最終斷定該書「注為嘉靖刊本，實則為萬曆間所刻」〔註86〕的有力證據之一。又如在述評清雍正甲寅句曲外史序刊本的金聖歎評點《第五才子書》時，鄭振鐸先生特別指出該書的特色在於「首附人物圖四十幅，筆致及讚語均臻上來」〔註87〕，同時根據這一特點推斷其「頗疑即為翻刻老蓮《水滸葉子》者」；後來他又將自己收得的原刻《老蓮水滸葉子》與這一版本的圖像相較，指出「原刻本所缺劉唐、秦明二像可以此本補之。惟此本將武松、戴宗二贊互易，大誤。李逵亦易為手執二板斧，與原作異」，進而得出「原作神采奕奕，詞本則形似耳」的結論〔註88〕。既從古典小說文獻研究的角度釐清了《水滸傳》原刻本與清雍正甲寅本之間的源流關係，又從藝術審美的角度對二者筆法之高下進行了比較，關注不同版本小說插圖的審美趣味。以當時學界對於古典小說的研究情況來看，這樣的研究視角可以說是比較新穎而獨特的。

〔註85〕鄭振鐸：《劫中得書記》，上海：上海古籍出版社2006年版，第34頁。

〔註86〕鄭振鐸：《劫中得書記》，上海：上海古籍出版社2006年版，第34頁。

〔註87〕鄭振鐸：《西諦書話》，北京：生活·讀書·新知三聯書店2005年版，第255頁。

〔註88〕鄭振鐸：《西諦書話》，北京：生活·讀書·新知三聯書店2005年版，第256頁。

　　再次，西諦藏書中的小說類書籍亦是鄭振鐸先生開展古典小說校勘工作的重要基礎。關於古籍的校勘整理，鄭振鐸先生曾在《〈世界文庫〉編例》曾有這樣的論述：「所謂『整理』，至少是有兩項工作是必須做到的。第一，古書難讀，必須加上標點符號；第二，必須附異文之校勘記。新序和必要的注釋也是不能免除的」〔註89〕；而要想做好這兩項工作，校勘書籍版本的選擇便顯得尤為重要。誠如前文所述，鄭振鐸先生一生致力於中國古典文學的傳播和普及事業。早在 1925 年 5 月，他便在《時事新報·鑒賞週刊》第一期上發表了《評日本人編的支那短篇小說》一文，在簡要介紹書中所選中國古典短篇小說的同時亦直接指出其存在的三大問題——遺漏佳作過多、特別偏重「傳奇派」而忽略「平話派」、所列作者姓名錯舛頗多。有鑑於此，鄭振鐸先生開始著手中國古典短篇小說的選編工作，並於 1925 年 5 月、1925 年 8 月、1926 年 6 月、1926 年 9 月先後出版了《中國短篇小說集》三集（共四冊），從鄭振鐸先生所作總序及各冊序言可知，他在選編過程中不僅注意到了「小說的藝術性與內容性」、「小說對當時社會生活的反映」等問題，在選文版本的選擇上亦可謂慎之又慎。如他在《中國短篇小說第一集序言》中談到唐人小說時指出，「唐人小說，大都為《太平廣記》《唐代叢書》《龍威秘書》《古今逸史》所採錄。《唐代叢書》諸書，謬誤極多，惟《太平廣記》成於北宋人之手，最為可靠，故本書所選，大都依據《廣記》」〔註90〕。而鄭振鐸先生之所以能夠在版本選擇問題上做到廣泛比較、嚴選善本，亦有賴於其西諦藏書中的豐富資源。

　　此外，誠如前文所論，自 1949 年新中國成立後，通過對數量眾多的中國古典小說進行系統地校勘整理，並以此促進促進古典文藝作品廣泛普及和深入研究便成為鄭振鐸先生的工作重心之一。如他曾在 1950 年夏與王利器、吳曉鈴等一起參加了 120 回本《水滸全傳》的整理校勘工作，該工作於 1953 年完成〔註91〕。同年 11 月，鄭振鐸先生親自為《水滸全傳》作序，序言不僅簡要概述了各種《水滸傳》版本的流變情況，還在比較其優劣的基礎上對本次整理校勘的版本選擇作了詳細說明。全書「用天都外臣序刻本作底本，再用郭勳本殘卷、容與堂本、芥子園本、鍾伯敬評本、楊定見本、貫華堂等七種本

〔註89〕鄭振鐸編：《鄭振鐸世界文庫》，石家莊：河北人民出版社 1991 年版，第 5 頁。
〔註90〕鄭振鐸：《鄭振鐸古典文學論集》（下），上海：上海古籍出版社 2009 年版，第 882 頁。
〔註91〕陳福康：《鄭振鐸年譜》（下），太原：三晉出版社 2009 年版，第 803 頁。

子來做細緻校勘」，而這些用來校勘的本子中的大部分亦可見於西諦藏書的
「水滸」類書籍中，可見豐富的藏書資源亦是其能夠順利完成《水滸全傳》
整理校勘工作的重要保障。又如 1955 年文學古籍刊行社出版了《大唐秦王詞
話》，在出版說明中特別強調該書「傳本甚少，本社現根據鄭振鐸先生所藏明
刊本作底本，並用傅氏碧蕖館藏明刊本訂補了底本中的殘缺，影印出版，以
供研究者的需要」〔註92〕，而這也成為鄭振鐸先生直接利用其藏書資源，為
古典文學作品的普及工作做出貢獻的又一例證。

第三節　西諦藏書與鄭振鐸先生的文學創作

　　鄭振鐸先生一生創作了大量的詩歌、小說、散文劄記等。其中比較有代
表性的包括詩集《雪朝》《戰號》，小說集《家庭的故事》《取火者的逮捕》《桂
公塘》，散文集《山中雜記》《蟄居散記》，學術隨筆集《民族文話》等。就本
文所論藏書資源與其文學創作的關係而言，主要體現在以下幾個方面：

　　一是鄭振鐸先生常以自己的訪書、藏書的經歷為原型，進行小說創作。
誠如前文所述，鄭振鐸先生一生致力於善本古籍的保護和收藏，而其訪書、
藏書的各種經歷亦成為其小說創作的故事來源之一。1926 年 1 月，《文學週
報》上發表了鄭振鐸先生的短篇小說《書之幸運》，故事的原型即取材於其自
身的購書經歷——主人公仲清愛書成癖，為了能夠將自己撰寫《中國小說考》
的計劃早日落實，他從書局「一大包一大包地買進家」，將「房間裏都堆得滿
滿的」，「四面的牆壁都被書架遮沒了」；甚至為買書而傾盡所有，不僅「把薪
水用得一文都不剩」〔註93〕，有時還不得不向親友借貸救急。面對妻子的抱
怨，仲清內心亦曾有過懊悔，但每當想到這些妻子眼中的毫無實用價值的小
說、傳奇尚未有人系統研究，而上海的圖書館卻沒有一所向公眾開放，想到
這些珍貴的古籍已經被東洋人看中，隨時可能流落異邦而再無歸國之日，心
中的愛書之情和「保存國粹」的責任感又促使其再次走進書局，用借來的一
百二十元購得三本插畫精美的明刊本古籍。從仲清這一人物形象中，我們首
先直觀感受到的便是其愛書之心切、訪書之艱難、得書之欣喜，及其為研究

〔註92〕陳福康：《鄭振鐸年譜》（下），太原：三晉出版社，2009 年版，第 849 頁。
〔註93〕鄭振鐸：《鄭振鐸全集》（第 1 冊），石家莊：花山出版社 1998 年版，第 18～
　　　　22 頁。

工作而進行專門性收藏所進行的種種努力：

> 「借麼？向哪裏去借？那麼大的一個上海，哪裏有一座圖書館
> 給公眾使用？有幾家私人的藏書室，非極熟的人卻不能進去看，更
> 不用說借出來了。況且他們又有什麼書？簡直是不完不備的。……
> 我要的書，他們幾乎全都沒有。怎麼不要自己去買呢！唉！在中國
> 研究什麼學問，幾乎全都是機會使他們成功的。寒士無書可讀，要
> 成一個博覽者是難於登天呢！」〔註94〕

據鄭振鐸先生之子鄭爾康日後撰文回憶，自己的父親「在覓得一部或幾部好書時……那副心滿意足，得意洋洋的神情，不亞於一位佔領了一座城池的將軍」；為了買書，父親「花完了他全部的積蓄，母親也為了支持父親幾乎把當年陪嫁的首飾細軟變賣殆盡」，結合引文可見，面對妻子的勸說和「爭鬧」，小說主人公仲清這段求書之難的慨歎可謂鄭振鐸先生的夫子自道之言；此外，文中還有多處筆墨描寫主人公仲清為購書而耗盡積蓄，借貸親友，與書店主人討價還價的情節。結合鄭振鐸先生本人的藏書經歷可知，這些情節亦來源於鄭振鐸先生本人訪書、藏書生活的真實體驗。

二是在散文創作中對於自身藏書經歷及失書之痛抒寫和記錄。對自身藏書經歷的記敘是鄭振鐸先生散文創作中的常見內容之一。特別是在抗戰期間，鄭振鐸先生為收集、保護珍貴古籍而堅持留守「孤島」上海，經歷了兩次刻骨銘心的失書之痛。這些經歷都被鄭振鐸先生寫入《蟄居散記》中，成為展現西諦藏書與鄭振鐸先生文學創作緊密關聯的又一典型例證。鄭振鐸先生於1945年8月所作《蟄居散記·序言》中自謂其「從八一三事變之後，便過了好幾次流離遷徙的生活；從一二八以後，便蟄居於一小樓上，杜絕人事往來。雖受著不少虛驚，幸而未作楚囚，未受刑迫」，自己提筆敘寫這段經歷的目的則在於「痛定思痛……也許可以使將來的史家們有些參考」。而在《蟄居散記》收錄的十篇散文中，《燒書記》《「廢紙」劫》《售書記》三篇均與藏書有關。其中《燒書記》主要記述了1941年太平洋戰爭爆發，上海這座「孤島」徹底淪陷後為避免在日軍挨家搜查時遇到麻煩，不得不忍痛將自己多年以來精心收藏的「許多雜誌、報紙、抗日書籍」等「違礙」書籍一一焚毀，眼見辛苦求訪得來的書籍難逃付之一炬的命運，其內心的傷痛、憤懣之情可謂溢於言表；《「廢紙」劫》主要敘述了自己親眼目睹世人迫於日寇高壓政策，不得不將「違

〔註94〕鄭振鐸：《鄭振鐸全集》（第一冊），石家莊：花山出版社1998年版，第21頁。

礙」書籍賤賣於紙商,「作為所謂還魂紙之原料」。眼見隨意堆積在中國書店
門前「廢紙破書」中不乏「江刻《五十唐人小集》《兩浙猷軒錄》《楊升庵全
集》《十國春秋》《水道提綱》《藝海書塵》」等珍貴古籍,毅然決定「以六千金
付之,而救得此七八百種書」,對於生活早已陷入困境的鄭振鐸先生來說,自
己這樣做其實是在「以一家十口之數月糧食,作此一擲救書之豪舉」,也就必
然會出現面對「廢紙」之劫而「不能盡救之」的情況。故其在文章結尾感歎
「文獻之浩劫,蓋莫甚於今日也!目擊心傷,回天無力,慘痛之甚,幾有不
忍過世之感」;流露出一種壓抑憤懣卻又無可奈何的傷感之情。《售書記》則
重在敘寫自己困居「孤島」,為應付不斷飛漲的物價不得不忍痛割愛,將自己
辛苦求訪、收藏的部分圖書賣掉,換取一些生活的必需品。對於「愛書如命,
每見可欲,百方營求」的鄭振鐸先生來說,做出「售書」的決定無疑是非常艱
難且萬分痛苦的,在他看來,自己出售的早已不再是簡單的一部部書籍,而
是「我的『感情』、我的『研究工作』,我的『心的溫暖』」,作者以「心情的陰
晦」貫穿全篇,愛書惜書之情盡現於筆端。

　　《訪箋雜記》是鄭振鐸先生對自己求訪版畫經歷的記敘,由於文章寫作
時全面抗戰尚未開始,較之於上文所述《燒書記》《售書記》等文章中充溢的
痛楚與無奈而言,《訪箋雜記》作者的情感表達上顯得較為平靜。文章在展現
作者的「求書之趣」與「訪書之波折」的同時亦將自己對於明清雕版畫的研
究心得融入其中,使讀者能夠於字裏行間感受自己辛苦搜訪、最終得償所願
的欣喜與求訪、刊印過程遭遇的種種辛酸的同時亦有知識上收穫,抒情性與
知識性兼具。

　　三是將藏書資源作為撰寫各類文藝隨筆、雜談的「寶庫」。誠如前文所述,
鄭振鐸先生一生致力於中國古典文學、中國古代傳統文化的普及和教育工作,
撰寫了大量文藝隨筆和雜談。而從這些兼具通俗性與知識性的「小文章」可
見,對於鄭振鐸先生來說,豐富的藏書資源不僅是其開展學術研究,探索未
知領域的重要助力,更是其撰寫各類文藝隨筆、雜談時的「寶庫」。這一點在
鄭振鐸先生的多篇隨筆或雜談中均有著突出的體現,《民族文話》就是一個頗
具代表性的例子。書中收錄了鄭振鐸先生於 1938 年春夏之間發表的十五篇文
藝雜談,「前七則發表於《申報》的《自由談》上,後八則,則發表於《魯迅
風》上」,是鄭振鐸先生抗戰期間文藝雜談的彙集。按鄭振鐸先生自序所言,
其撰寫《民族文話》的目的在於以「往哲先民們的抗戰故事」喚起大家「為

『大我』而犧牲『小我』」、「先天下之憂而憂,後天下之樂而樂」的堅定信念,為整個民族的解放和生存「一體而一致地鬥爭」〔註95〕。從內容上看,作者在每一篇文章中都力圖圍繞著「為民族而奮鬥的不屈精神的頌揚」這一主題展開敘述,以「淺易之辭復述」一則「往古的仁人志士、英雄先烈們」的抗爭事蹟;而無論是事蹟本身的選取還是對其中相關背景知識的闡釋,都離不開西諦藏書這座「資源寶庫」的支持。如《周民族的史詩》一篇重在敘述周民族的逐步發展壯大,其中除涉及《詩經》中有關周民族起源、發展的《生民》《公劉》《綿》《皇矣》;歌頌文王、武王功績的《靈臺》《文王》《大明》諸篇外,文中還提到了《今文尚書》《古文尚書》關於武王伐紂的記載,《汲冢周書》中《郢謀解》《寤敬解》《和寤解》《武寤解》《克寤解》等相關篇目;結合《西諦書目》可知,作為西諦藏書中的重要組成部分,鄭振鐸先生收藏的尚書類書籍多達十一種,詩經類書籍更有五十一種之多,正是以這些豐富的藏書資源為基礎,才使得讀者能夠通過這篇雜談全面瞭解周民族的起源、遷徙以及發展壯大的整個過程。又如在《殷之「頑民」》一篇在敘述殷之遺民「苦鬥二年的復國運動」時,鄭振鐸先生不僅引述了《史記》《詩經》中的相關資料,還在文章特別提到了《列國志傳》和鄭光祖《周公輔成王》中對於這段故事的敘述,雖然作者認為這種後人的創作「全都是以『周公』為中心的」,「所寫的也不怎麼高明」,但這種對於戲曲、小說中相關材料的關注和重視卻是同時代學者中不多見的。由此亦可見西諦藏書中豐富的戲曲小說類資源在其寫作過程中發揮的重要作用。

　　《漫步書林》亦是能夠體現這一特點的典型例證。作者在序言中即以親切的筆觸鼓勵讀者走進書林,在欣賞其中「景色無邊,奇妙無窮」的同時體味「眾裏尋他千百度,驀然回首,那人卻在燈火闌珊處」的求索之趣。繼而從「民以食為天」的視角出發,向讀者介紹了自己「漫步書林」時收穫的幾部中國古代的農業書籍。較之於同類題材的隨筆類作品而言,《漫步書林》中對於這幾部農業類書籍的介紹可謂頗具特色——以元王禎《農書》為例,鄭振鐸先生在概述其編寫體例和主要內容,盛讚其「話語翔實,通俗合用,不僅總結了古代農業科學的好的經驗,而且更有新的見解和新的創造」的同時,還從版畫研究的視角出發,對該書獨具特色的插圖(「書中插圖,渾樸有力,

---

〔註95〕鄭振鐸:《鄭振鐸全集》(第 4 卷),石家莊:花山文藝出版社,1998 年版,
　　　　第 43～44 頁。

氣象甚為闊大,是木刻畫裏的上乘之作」)予以特別關注——從閱讀者的角度
來看,鄭振鐸先生對於《農書》的介紹不但是從最為貼近自己日常的生活的
「身邊事」出發,知識性與趣味性兼具;同時又能夠使自己瞭解到這部《農
書》的編纂體例、主要內容及其文獻價值,在一定程度上彌補了日常閱讀體
驗中的短板。從寫作者的角度來看,對於《農書》的介紹既充分表達了鄭振
鐸先生「漫步書林」後有所收穫的喜悅,又從另一個側面體現出西諦藏書「面
面俱到、齊頭並進」以及鄭振鐸先生「為研究而藏書」的特點。若沒有鄭振鐸
先生對於中國古代政治經濟史料的關注,對於中國古代版畫的深入研究,像
《農書》這樣兼具實用價值與版畫研究價值的珍貴書籍恐怕只能埋沒在故紙
堆中了,又何談將其納入研究視野,並且在《漫步書林》這樣的學術隨筆中
進行詳細介紹呢?

　　四是在藏書題跋中展現其昂揚向上的「赤子情懷」、質樸率真的「詩人氣
質」。縱觀《西諦題跋》所錄跋語可見,鄭振鐸先生為其藏書所作的題跋既有
對所藏古籍內容、版本源流的詳細考述,亦不乏對自己訪書過程的詳細記錄;
既充分展現其作為學者藏書家的嚴謹細緻,又常常流露出其昂揚向上的「赤
子情懷」、質樸率真的「詩人氣質」。如其為所藏李賀《昌谷集》(四卷)所作
跋語云:「李長吉詩想像奔放,奇語迭見。世人情思苦澀,若讀長吉詩便知天
才詩人是如何才思沛旺,像長江大河之不可竭盡。其遣詞用字,又是如何破
天心、揭地膽。凡宇宙間物無不可捉入詩裏,而為之盡忠肆力。予非詩人而素
喜長吉詩,今得曾益釋本,紙墨精良,甚足怡悅,復增誦吟之趣矣。」〔註96〕
在短短百餘字之內,鄭振鐸先生既從古典文學研究者和藏書家的視角出發,
詳細概述了李賀詩歌「想像奔放,奇語迭見」的藝術特點及其所藏《昌谷集》
的文獻價值;又以一位詩人特有的敏銳眼光,將自己對李賀詩作「才思沛旺,
像長江大河之不可竭盡」、「其遣詞用字,又是如何破天心、揭地膽。凡宇宙
間物無不可捉入詩裏,而為之盡忠肆力」的欽佩之情現諸筆端,若我們進一
步聯繫鄭振鐸先生的創作實踐可知,無論是其早年創作的《我是少年》《生命
之火燃了》還是抗戰時期創作的《盧溝橋》《保衛北平曲》,其中所蘊含的昂
揚向上、努力奮發之情與李賀詩作中那些「破天心、揭地膽」、「想像奔放」的
作品頗有相似之處。雖然他在跋語中自謙「予非詩人」,卻在字裏行間中展現

〔註96〕北京圖書館編:《西諦書目》(下,附西諦題跋),北京:北京圖書館出版社2004
　　　　年版,第14頁。

了一個詩人內心的欣賞與喜悅。又如其為所藏清楊翰撰《歸石軒畫談》（十卷）、《息柯雜著》（六卷）所作跋語云：「息柯雜著六卷、歸石軒畫談十卷，北平楊翰著。傳本罕見，予得之京肆。秋日照古松上，蒼翠可喜，展卷略讀，殊自怡悅也」，在說明其文獻價值（「傳本罕見」）的同時特別提到了自己秋日「展卷略讀」的喜悅心情，較之於同時代其他藏書家而言，這樣的敘述使整個跋語平添了幾分清新流暢的韻味，作者質樸率真的「詩人氣質」亦由此躍然紙上。

第四章　黃裳及其來燕榭藏書

本章主要討論黃裳藏書及其相關問題。較之於本研究關注的其他三位作家而言，黃裳先生的散文創作素以「有學有術」（鍾叔河語）著稱，因此，本章在梳理黃裳先生藏書經歷、總結其藏書特色的同時，重點關注黃裳先生來燕榭藏書對其文獻研究、文學創作產生的深刻影響，以補前人研究之不足。

第一節　黃裳先生的藏書經歷

黃裳（1919～2012），原名容鼎昌，筆名黃裳、勉仲、趙會儀，滿族鑲黃旗人。黃裳先生生於河北井陘，其祖籍為山東益都，是滿清入關時青州駐防旗人的後裔；父親曾留學德國，學習採礦專業。黃裳先生一生愛書，他既是一位學識淵博、文筆絕佳且筆耕不輟的「中國當代散文大家」，同時也是中國當代藏書界頗負盛名的泰斗級人物。其曲折而豐富的藏書經歷、數量豐富的藏書資源、大量與藏書相關的文學作品和印鑒題跋，無不成為後來學者景仰的榜樣和津津樂道的話題。董宏猷《緬懷黃裳》一文中指出：「黃裳先生作為碩果僅存的傳統藏書家，其最大成就與貢獻，不在於他收藏有多少書籍，而在於其身體力行，將中國人愛書讀書藏書的一脈書香，用生命去堅守；……他是私家藏書的絕響，同時，更是國民閱讀的火炬，以及中國文化永不乾涸的清泉」〔註1〕。因此，我們今天研究黃裳先生及其藏書，不僅要關注其曲折而豐富的藏書經歷，形式多樣的研究論著和創作成果，更應關注和發掘其背

〔註1〕董宏猷：《江南淘書記》，武漢：武漢大學出版社2015年版，第254頁。

後所蘊含的「持久而又強大的精神力量」。

一、黃裳先生的早期藏書經歷

對於自己的藏書經歷，黃裳先生曾在《書的故事》一文中有這樣的回憶：
「（我）從小就喜歡書，也從很小起就開始買書，對於書的興趣多少年一直不
曾衰退過」〔註2〕，可見其對於書的熱愛和藏書的興趣是從小就培養起來的。
據黃裳先生晚年回憶，自己最早的啟蒙老師是身為「前清最後一科舉人」的
大伯父，「用的課本是上海出版的澄衷學堂《字課圖說》……識得若干字以
後就開始讀《四書》。如此說來，我最早讀的應該是朱熹編輯的孔孟的教條」
〔註3〕；而其「自覺自願讀的第一部書」則是其家藏的清末上海點石齋本《紅
樓夢》，「不過除了插圖以外，正文卻毫無興趣。第一次記得讀到《賈雨村風
塵懷閨秀》就廢然而止了」〔註4〕。此外，據黃裳先生會議，自己「小時候為
了避難，曾被送到天津暫住，後來父親調了工作，搬了家來」，家中租來的房
子「是牆子河畔的一座小樓」，在新居住定後不久即被父親送到「離家不遠的
天津公學讀小學」。1932年小學畢業後，黃裳先生進入南開中學就讀，「一住
五年，直到抗戰開始才離開」。對於黃裳先生而言，自己在天津的這段求學經
歷不僅承載著少年時期的美好記憶，更成為其藏書生涯的最初起點。據黃裳
先生晚年回憶，南開中學附近的三家書店是自己就讀南開中學期間最喜歡去
的地方，「父親每月寄來的生活費大部分都被我買了書」；而其此時購書、藏
書的重點則是魯迅、冰心、周作人、郁達夫等新文學作家的各種文集，「當時
尚無自動本之說，凡有所得，大抵都是初版毛邊本」（黃裳《近作偶拾》），「各
種文學雜誌也都收有全份，宿舍床頭的小書架上總是慢慢地插著新書」；此外，
他還曾在勸業場附近的舊書攤上「出了三塊錢，買過一套《四印齋所刻辭》」，
這也是黃裳先生「平生第一次購買線裝書」。雖然這套《四印齋所刻辭》只是
殘本，「但書前有小珠玉詞人的題記，說是『幼遐侍御持贈』的本子」，卻依舊
使少年黃裳第一次體味到了收藏珍本古籍的快樂。值得注意的是，少年黃裳
之所以能夠以極大的熱情和精力開展藏書活動，亦與南開中學濃厚的尚學讀
書氛圍有著極大關聯。據黃裳先生晚年回憶，自己讀中學時的國文教師不僅

〔註2〕黃裳：《我的書齋》，南京：江蘇文藝出版社2011年版，第8頁。
〔註3〕黃裳：《黃裳自述》，鄭州：大象出版社2002年版，第65頁。
〔註4〕黃裳：《黃裳自述》，鄭州：大象出版社2002年版，第65～66頁。

注重課本知識的講授，更常常指定參考書目，作為課外補充閱讀之用；其中一位教員在講授《楚辭》時特別指定「要參考戴震的《屈原賦注》」，但「又不說明這已有了商務印書館新印的小冊子，於是我們就到處找這《屈原賦注》，總是找不到，不必說新書店，就是舊書鋪裏也沒有。直等到同學周杲良從書包裏取出了一本木刻精印本的時候，才知道這是他父親周叔弢先生的家刻本」〔註5〕；而這本同學帶來的木刻本亦激發了少年黃裳對木刻書的興趣，「從此買起舊書來」。此外，他還在同學的推薦下「跑到新書學院去買過英文原版《通往文學之路》，與《四印齋所刻辭》一樣，這本「選了莎翁等名作家的作品，還有漂亮的插圖」的英文書籍亦成為少年黃裳藏書中引以為傲的「中外『善本』的代表」〔註6〕。由此可見，黃裳先生這一時期的藏書活動主要注重於「五四」之後現代作家的文學作品，同時亦開始注意珍本古籍的收藏。從時間上看，其這一時期的藏書活動一直持續到 1937 年「七七事變」爆發之前，據他晚年回憶，自己此時陸續收集的藏書已有整整兩箱，「後盡毀於日本侵略者的炮火之中」（黃裳《近作偶識》），這也是黃裳先生藏書生涯中第一次經歷失書之痛。

二、黃裳先生藏書的重聚與古本搜集

　　1937 年「八一三」淞滬會戰之後，黃裳先生並未因此前藏書毀於戰火而灰心，「逃回上海後又繼續買書，而且升級搜羅起『古本』來」。1940 年，黃裳先生遵照父親「實業救國」的宿願，黃裳先生考取了上海交通大學電機系，他所學專業雖然是工科，卻一直對文史研究保持著非常濃厚的興趣。據黃裳先生晚年回憶，他在大學讀書期間不僅從震旦大學借閱了許多文史類書籍，「《四部叢刊》差不多大半都借來看過」，第一次「大量接觸了版本書的樣本，懂得了什麼是黃跋、何校」；還常常利用課餘時間流連上海各舊書店、舊紙鋪，於大量可能「轉手進入還魂紙廠」的「廢紙堆」中披沙揀金，尋訪自己心儀的書籍：

> 　　每天課餘我總要到那裡（舊紙鋪）看看，用爹爹的點心錢選買零星小冊，樂此不疲。魯迅、周作人、郁達夫……的著作，都得到初版毛邊的印本。最不能忘的是竟能收得全套《小說月報》（沈雁冰接編以後），實在是難得的機遇。〔註7〕

〔註5〕黃裳：《黃裳自述》，鄭州：大象出版社 2002 年版，第 75 頁。
〔註6〕黃裳：《黃裳自述》，鄭州：大象出版社 2002 年版，第 55 頁。
〔註7〕黃裳：《黃裳自述》，鄭州：大象出版社 2002 年版，第 239 頁。

另據張昌華《黃裳：書香人和》一書中記載，黃裳先生在這間舊紙鋪中還尋得了郁達夫《飲食男女在福州》手稿和羅振玉輯線裝本《徐俟齋先生年譜》這兩件寶貝，前者「龍飛鳳舞般的字寫在大張綠色稿箋上，芬芳四溢」，後者則因其封面有「鄭孝胥書墨題記」而更顯其彌足珍貴的史料價值。此外，黃裳先生還在這一「披沙揀金」的過程中陸續尋獲了一些殘佚的線裝書，「先後所得有《憶江南館詞》《思痛記》等，又見汲古閣刻《劍南詩稿》數冊，喜其字大，得之，是為收明刻殘本之始」〔註8〕（黃裳《殘本題記九種》）。另據黃裳先生《書緣》一文回憶，大學讀書期間，他曾在訪書過程中「偶然碰上了葉德輝的《書林清話》，不禁大喜，如饑似渴地讀了，又按照他的指引，搜羅起書目題跋來，從錢遵王的《讀書求敏記》，黃丕烈的《蕘圃藏書題識》，一直到《魯迅日記》每月後面的書賬，每見必收」〔註9〕，可見其對於書目題跋的搜羅亦始於此時。1942年冬，黃裳與同學結伴，由上海來到重慶繼續學習，校舍中雖然也有圖書館，但其中的藏書卻不甚豐富，給青年黃裳留下深刻記憶的亦不過一部「因為受潮攤在操場上晾曬」的「商務印書館印的《四庫珍本》」而已。且據黃裳先生晚年回憶，自己來到重慶後一直處於漂泊不定的生活狀態，「買書、藏書的條件都幾乎喪失淨盡，接觸古書的機會也更少了」〔註10〕。1943年，黃裳應徵入伍，成為一名美軍翻譯員。此後的三年時間裏，他跟隨美軍輾轉於成都、重慶、昆明、桂林等西南多地，「一直走到印度蘭伽，後來又從新開闢的滇緬公路回到昆明」〔註11〕。在這種漂泊不定，「得書極為困難的狀況下」黃裳先生依舊利用一切零碎的時間開展訪書、藏書活動，他曾因一次偶然的機會，「在昆明市上買到了幾冊《中國內亂外禍歷史叢書》的零本，其中收的大半是晚明野史，中間就有紀甸明永曆在雲南、緬甸流亡與結末的故事」〔註12〕；又在訪書的過程中找到了「開明書店發行的一種《國文月刊》，這裡面有些文史論文，可以聊慰饑渴，一些唐詩宋詞的名章俊句，讀了真有如遇故人之樂」〔註13〕。

抗戰勝利後，黃裳先生經由柯靈介紹，成為《文匯報》的一名記者，他

〔註8〕黃裳：《我的書齋》，南京：江蘇文藝出版社2011年版，第212頁。
〔註9〕黃裳：《我的書齋》，南京：江蘇文藝出版社2011年版，第3頁。
〔註10〕黃裳：《黃裳自述》，鄭州：大象出版社2002年版，第68頁。
〔註11〕黃裳：《黃裳自述》，鄭州：大象出版社2002年版，第51頁。
〔註12〕黃裳：《黃裳自述》，鄭州：大象出版社2002年版，第69頁。
〔註13〕黃裳：《黃裳自述》，鄭州：大象出版社2002年版，第80頁。

先後任《文匯報》駐重慶和南京特派員，後來又調回上海編輯部。據黃裳先生晚年回憶，他回到上海後「有空就跑跑舊書店，隨意買書」，雖然此時的黃裳並沒有成為藏書家的主觀願望，購書亦並無一定的標準，但「對於南明歷史的耽嗜」卻使他特別留意與此相關的書籍。這一點在其《讀書的回憶》一文中亦有著頗為詳盡的記述：

> 買得謝剛主的《晚明史籍考》，從中得到摸索的門徑，又見到鄭振鐸印的《玄覽堂叢書》，接觸到許多秘書佳冊。因為編報，與吳晗相識，讀了一些他寫的別致的明史論文，像《社會賢達錢牧齋》這樣的作品，談的是舊史，卻著眼於現實，非常佩服。〔註14〕

值得注意的是，此時的黃裳在訪書和寫作的過程中還得到了吳晗、鄭振鐸等前輩學者的悉心指點和特別關照，逐漸開始有意識地求訪、搜購各類傳統古籍。按前輩學者考證，黃裳先生對於傳統古籍的求訪、搜購始於1947年，是年他應鄭振鐸先生主辦的《文藝復興》雜誌之約，計劃寫作《〈鴛湖曲〉箋證》一文，據黃裳先生晚年回憶，鄭、吳二位前輩不僅極力勸他動手，「還借給了必要的參考書」，「在鄭西諦廟弄燈光昏暗的書齋裏，他從四周『書山』中抽出了明刻的《張溥文集》和《幾社文選》塞到我手裏，吳晗則從北平寄來了《霜猿集》」〔註15〕（黃裳《〈銀魚集〉後記》）。此外，黃裳先生在求書過程中還得到了郭石麒、徐紹樵等一批「書友」的大力支持，並從這些書友手中購得一些珍貴古籍的殘本。總之，這一時期既是黃裳先生經歷失書之痛後重聚藏書，步步積累的重要時期，亦是其開始求訪珍本古籍，收藏活動逐漸趨於專業化與多樣化並重的關鍵時期。

三、黃裳先生藏書的高峰期與第二次失書

1949年新中國成立後，黃裳先生的藏書活動迎來了一個全新的階段，通過梳理黃裳先生《來燕榭讀書記》中的相關記載可知，1949年～1965年的十六年黃裳先生訪書、藏書的高峰期。筆者通過梳理黃裳先生這一階段的藏書活動發現，黃裳先生這一階段的藏書活動主要有三個最為顯著的特點：

一是在具體的藏書活動中特別注重古籍殘本的求訪和收藏。1949年上海解放後，黃裳先生擔任了復刊後的《文匯報》主筆，同年冬天，他由香港轉赴

〔註14〕黃裳：《黃裳自述》，鄭州：大象出版社2002年版，第72～73頁。
〔註15〕黃裳：《黃裳自述》，鄭州：大象出版社2002年版，第153頁。

北京，旅途中仍舊不忘常常「到書肆看看」。據黃裳先生晚年回憶，他曾在南昌書市上看到了康熙刻《楝亭集》和抄本《許鴻磐集》，可惜「未能諧價」；轉道天津後，他「在東門裏的鋪子裏買得阮元的《積古齋鐘鼎彝器款識》，是琉球紙精印本，前有阮元手題；又劉喜海抄本《河東集》」〔註16〕。1950年，黃裳先生開始擔任軍委總政越劇團的編劇。他常常利用工作之餘的閑暇時間到北京琉璃廠、隆福寺一帶的許多書坊尋訪古籍殘本，甚至「一頭紮進琉璃廠和隆福寺就出不來了」〔註17〕。據黃裳先生晚年回憶，自己在琉璃廠、隆福寺一帶所購藏書「以殘本為多」，如1950年1月在來薰閣購得的「被老鼠咬掉了下半冊」〔註18〕的《平海圖》殘本就是其中非常典型的代表。在黃裳先生看來，是書雖為殘本，卻是「非常精細的版畫，可以與晚明最好的版畫相比而毫無遜色」〔註19〕；且因其非常翔實地描繪了「海戰、會議、行刑等大場面」，「往往人物多至數百人，也都工整細緻，絕不潦草。從中可知得知明末的戰船形制、人物衣冠、禮節儀制、戰鬥實況、旗幟器械、梟斬場面等等」〔註20〕，對於從事明代服飾史、戰爭史等相關領域的學者們來說，這些精細的版畫無疑具有非常重要的史料價值，同時也是其「瞭解真實歷史事件面貌的可靠資料」。對於從事中國古代戲曲研究的學者而言，這些精細的版畫亦足以證明「我們今天所說的古裝戲，在明代則正是時裝戲」〔註21〕，同樣具有非常重要的參考價值。此外，他還從來薰閣「滿坑滿谷的殘書」中選得嘉靖刻《宋文鑑》一疊，「棉紙大冊精印，有會稽紐世學樓藏書大印，每冊有莫友芝題名」，「又抽得正統刻《詩林廣記》一厚冊，黑口，用紙係極薄但堅韌異常的皮紙，是明初寧夏刻本」，這些古籍雖為殘卷，然俱是罕見罕傳的版本，同樣具有重要的文獻學意義。此外，黃裳先生還在隆福寺修綆堂購得殘本明弘治刻《夢溪筆談》一冊，是書黑口精印，「傳本極為罕見」；同時還收得鮑以文校本《九靈山房集》和《東山詞》，二書雖均為殘本，然皆可從中窺見「古書流傳端緒」，可謂「妙事」。

1953年秋，黃裳先生曾在杭州住過兩個多月，據他晚年回憶，那時的自

〔註16〕黃裳：《黃裳自述》，鄭州：大象出版社2007年版，第213頁。
〔註17〕黃裳：《黃裳自述》，鄭州：大象出版社2007年版，第213頁。
〔註18〕黃裳：《我的書齋》，南京：江蘇文藝出版社2011年版，第78頁。
〔註19〕黃裳：《我的書齋》，南京：江蘇文藝出版社2011年版，第78頁。
〔註20〕黃裳：《我的書齋》，南京：江蘇文藝出版社2011年版，第78頁。
〔註21〕黃裳：《我的書齋》，南京：江蘇文藝出版社2011年版，第78頁。

己「有很多時間就消磨在書店裏」，雖然當時的舊書行業並不景氣，「貨色也少得可憐」，但黃裳先生依舊能夠憑藉自己多年訪書的經驗，從「零碎的破書」中尋得珍寶。對於這段「尋寶」經歷，黃裳先生《訪書瑣憶》一文中亦有這樣的記述：

> 有一天踏進了抱經堂，店裏空空地沒一個顧客，……案上攤著零碎的破書，真是無一可觀。這時發現書架背後一疊疊放著許多殘書，大約多年不曾觸動，書上的灰塵也有寸把厚了，抽出兩本來看，多半有結一廬的印記，真是意外的高興。選了半日，得書一疊，問價付錢，正要離開時，店主人一步踏了進來，立時驚惶失色，打開紙包，一一檢點，說是無論如何也不肯賣了。最後討價還價，以十倍於原價成交。還被抽下了一本吳枚庵抄的《百川書目》殘卷。〔註22〕

除結一廬藏書外，塘棲朱氏遺書中的殘零書冊如蒙古博明希哲所作《西齋偶得》三卷、《鳳城瑣錄》一卷、《西齋詩輯逸》三卷等亦是黃裳先生此次杭州之行的收穫之一，按黃裳先生《訪書瑣憶》一文所言，這些殘零書冊均為嘉靖辛酉刻本，「紙墨明淨，是刻成後最早的印本」，雖然並不珍貴，但其中的「流轉因緣」卻很值得紀念。對於自己在藏書活動中「廣收殘本」的做法，黃裳先生曾在《談集部》一文中有著這樣的說明：「買書是時時需要有新鮮事物刺激的，不只是新書，舊書也一樣。……過去我的走走舊書坊，採取的就是一種人棄我取的方針。這樣做的理由是不言而喻的。不是眾矢之的，就可以擺脫競爭的麻煩，也免去了力不能及的高價的威脅；更重要的是，不為人注意的東西，數量往往較大，新鮮的、未之前見的書本可能出現的機會也較多。而這正是十分重要的……」〔註23〕，由此可見，黃裳先生這種「廣收殘本」的藏書特點顯然有著最大限度保護古籍文獻的深遠考慮，「亦不失為一種保護古書的策略」。

二是充分依靠「書友」的鼎立協助和指引進行訪書、藏書。據黃裳先生晚年回憶，他曾在解放初期「江南土改，故家藏書多遭斥賣，幾乎論斤而出」之時得友人郭石麒幫助，陸續收集到山陰祁氏澹生堂藏書中「祁氏家集若干種」，如祁汝森藏《祁宗規奏疏》、祁承爍《兩浙古今著述考》稿本、《澹生堂文集》《澹生堂別集》崇幀刻本，祁承爍家書三十二通，祁承爍手抄、祁駿佳

〔註22〕秋禾編：《舊時書坊》，北京：生活・讀書・新知三聯書店2012年版，第263頁。
〔註23〕黃裳：《榆下說書》，合肥：安徽教育出版社2006年版，第32頁。

題名《老子全抄》《易測》，祁彪佳《守城全書》《曲品》稿本、《置頭役田書冊》《按吳政略》刻本，祁理孫、祁班孫手批《水月齋指月錄》《五朝注略》、祁駿佳《禪悅內外合集》稿本，以及寓山園藏書《吳越詩選》《國史紀聞》《禮記集說》和祁承爀、祁彪佳鄉試原卷等均係其此次求訪所得。後因個人力量有限，他又致信鄭振鐸，「由北京圖書館陸續收購」；其本人所得祁彪佳稿本《曲品》《劇品》等小冊亦在整理重印後贈予北京圖書館。另據黃裳先生《記郭石麒》一文回憶，他還曾從郭氏手中購得「舊抄本《張大家雪蘭集》」、「臥雲山房抄本《史記摘麗》七冊」等珍貴古籍，郭氏將散出的小綠天孫氏藏書中清初汲古閣刻本的余淡心詩集三種以及八千卷樓藏張宗子手稿《琅嬛文集》輾轉贈予黃裳先生，成為黃裳先生內心中一段「不易忘的求書往事」〔註24〕。

此外，黃裳先生還在另一位書友徐紹樵的協助下陸續購得「五六十年代分幾批散出」的九峰王氏藏書，這一點在其《記徐紹樵》一文中有著非常詳盡的敘述：

> （九峰王氏的書）紹樵買得過兩三筆，大部分是清刻，間有明本。曾見有明活字本《白氏長慶集》殘卷，有一疊之多，由孫實君買去。我也選得多種，最可喜的是康熙刻《棟亭集》，桃花紙印。訪書多年，所得只是幾種殘卷，這次才算得到全書。最後一次王氏書出，三冊紅格抄底本《九峰舊廬藏書目》也一起挾來，紹樵以之相贈。這是當日收書的底簿，不但記書名、版本、冊數，還記有買價，王綬珊買傅增湘的一批書，買常熟瞿氏的幾種宋本，一一見於此目……實在是珍貴的藏書史料，值得複印〔註25〕。

除杭州外，蘇州亦是黃裳先生這一時期經常光顧的「訪書聖地」。據黃裳先生晚年回憶，他第一次去蘇州是 1948 年秋，當時他與葉聖陶、鄭振鐸、吳伯辰等幾位友人同行至玄妙觀附近的一家書店訪書，並「花了一塊錢買了一部康熙刻本的《駱臨海集》送給了伯辰，因為他是義烏人，與駱賓王是同鄉」〔註26〕。正因為有了這次非常美好的訪書之旅，黃裳先生日後便「時常到蘇州來，每次總要有半天到一天的時間花費在書店裏」。如在《蘇州的書市》一文中，黃裳先生曾這樣記敘自己 1949 年秋在蘇州訪書時的愉快經歷：

〔註24〕秋禾編：《舊時書坊》，北京：生活 讀書 新知三聯書店 2012 年版，第 319 頁。
〔註25〕秋禾編：《舊時書坊》，北京：生活 讀書 新知三聯書店 2012 年版，第 324 頁。
〔註26〕黃裳：《書之歸去來》，北京：中華書局 2008 年版，第 115 頁。

　　1949 年秋江南解放，我到南京、無錫、揚州去採訪，順便也看看書。回上海的那天，經過蘇州，已經是傍晚了，天上還落著瀟瀟暮雨，還是按捺不住下了車趕到護龍街上。在集寶齋看到了一屋舊本書，那是剛收進來的不知是誰家的舊藏，從地板上堆起了一人多高的一座「書山」。……就這樣我隨手抽出了一本清初刻的女詞人徐燦的《拙政園詩餘》，真是高興極了。書刻於順治十年，大字疏行，依舊保留著晚明風氣。紙用綿料，前有陳之遴序，卷尾還保留著她的幾個兒子的校刻題名，舊為江山劉履芬藏書。……像這樣以極偶然的機緣得到善本書的故事，在別的地方是難得遇到的。〔註27〕

　　久而久之，許多書店主人亦成為他的朋友，並常常邀請他到自家店中「去看他所藏的『秘本』、殘書」，據黃裳先生晚年回憶，他曾在琴川書店老闆夏淡人的協助下得到一本「只剩上半」的嘉靖刻本《廣川畫跋》，「書既少見，尤其有意思的是這是明代快雪堂主人馮夢禎的藏書，前後有三四方印記，刻得極精」〔註28〕；又曾從夏淡人處收穫一本巾箱本的《埤雅》，「看樣子是萬曆刻本，但其中又夾雜了許多補刻的插頁，小字寫刻，時代似乎更早，終於不知道是什麼本子。特別吸引了我的是書前一方『顧印貞觀』的白文方印，正是顧梁汾的藏書」〔註29〕。可見這些經歷亦因此而成為黃裳先生這一時期訪書、藏書活動的「最大的樂趣」。

　　三是將自身訪書、藏書的視野擴展到與中國古代藏書家藏書及日常生活相關的各個方面。以 50 年代初上海散出的南陵徐乃昌的藏書為例，黃裳先生在訪書過程中著重收藏了「有趣的幾件」，「其中有人境廬主人黃遵憲的幾通信札，用的厚棉料箋，上面用朱色印了種種花紋，是黃氏自製的詩箋」；另一件則是「吳倉碩的一張便條，是寫在粉連洋紙的酒館請客的便箋上的」，這幾件藏品看似無足輕重，實則均可作為研究藏書家徐乃昌的交遊情況及其日常生活的參考資料。故曾有前輩學者以「眼光獨到」四字評價黃裳先生這一時期的訪書、藏書活動，可謂中的之評。

　　有趣的是，在黃裳先生這一時期的訪書、藏書活動中，亦曾有過多次因經驗不足而「交學費」的情況。據黃裳先生晚年回憶，他曾經買到過季振宜

〔註27〕秋禾編：《舊時書坊》，北京：生活　讀書　新知三聯書店 2012 年版，第 219 頁。
〔註28〕秋禾編：《舊時書坊》，北京：生活　讀書　新知三聯書店 2012 年版，第 219 頁。
〔註29〕秋禾編：《舊時書坊》，北京：生活　讀書　新知三聯書店 2012 年版，第 219 頁。

所藏《漢書》（明正德、嘉靖間汪文盛刻本），該書「卷前卻珍重地鈐印了『御史之章』等三方大印，以後在每卷卷首，又鈐了『季振宜藏書記』朱文長方印」，但「細看那鈐印之處，恰是『唐顏師古撰』一行的所在，而在顏氏銜名之下卻有挖補的痕跡，原來汪文盛的銜名被挖去了。那用意是明明白白的，是企圖滅去明刻的痕跡冒充宋刻的，而作偽者恰是季振宜自己」〔註30〕；類似的情況在黃裳先生所購曹寅外甥董齋昌齡藏《七經圖》中亦有體現，這部書「每卷前都鈐了昌齡的藏書印」，黃裳先生將其與自己所得四明盧氏抱經樓舊藏的同冊殘本對比後發現，「昌齡的藏印卻鈐在原來刻有『新安吳繼仕熙春樓』字樣的所在，原來也是挖補過的，和季振宜改造《漢書》是用了同樣的手段」〔註31〕（黃裳《古書的作偽》）。對於黃裳先生來說，這些「交學費」的經歷既使他「像傳染病患者產生了免疫力，也會變得聰明起來」，促使其在日後訪書過程中更加注重去偽存真，甄選善本；同時亦促使其深入探尋這些藏書家或書坊書商作偽背後的各種原因，提示後學加以注意。

「文革」十年期間，黃裳先生再次遭遇了藏書「被全部抄沒」的失書之痛。據相關資料記載，這些被抄沒的圖書中「僅國家二類古籍就有 826 種，2160 冊」。對於這次慘痛的經歷，黃裳先生曾在 1980 年所作《祭書》中有著非常詳細的回憶：

> 當時（1972 年）我正在幹校裏當泥水小工，一天，換上了勞動服正準備上工，忽然一位頭頭來通知了，要我馬上回上海去，第二天一早去單位裏去報到。……第二天遵命去報到了，先是受到大聲呵斥，坐在門外，接著那位頭頭出現了，簡單地說了一句：「今天要按政策沒收你的全部藏書。」這時我就立刻省悟，為什麼採取了如此神秘而迅速的手段，那是防備我會進行私下的轉移。

> 在簡單的宣布之後，就是立刻出動，三十多條大漢，兩部運紙卡車，浩浩蕩蕩向我的住所開去。車上帶了幾捆麻袋，人們花了一個整天又一個上午，總算把我全部印有黑字的本本全部運走了。〔註32〕

「文革」結束之後，這些被抄走的藏書中的大部分亦在幾經輾轉後陸續回到黃裳先生手中，對於黃裳先生而言，這些被發還的藏書中雖然仍有部分

〔註30〕黃裳：《我的書齋》，南京：江蘇文藝出版社 2011 年版，第 18 頁。
〔註31〕黃裳：《我的書齋》，南京：江蘇文藝出版社 2011 年版，第 18 頁。
〔註32〕黃裳：《我的書齋》，南京：江蘇文藝出版社 2011 年版，第 54～55 頁。

「大部頭的、精裝的、畫冊、小說」以及木版書「徹底失蹤」〔註33〕，但還是給他帶來了莫大的安慰和愉悅。黃裳先生晚年依舊堅持訪書、藏書活動，他曾重到蘇杭一帶，陸續尋訪和搜集了乾隆原刻的《冬心先生畫竹題記》、舊樓山藏《蘭亭》拓本、《百喻經》二卷（1914 年會稽周氏施銀託金陵刻經處刻本）、趙之謙撰《悲盦居士文存一卷　詩剩一卷》（光緒刻本）、葉煒《煮藥漫抄》（光緒十七年金陵刻本）等珍貴古籍。在這一階段的訪書、藏書活動中，黃裳先生痛感「舊書的來源日漸稀少」且「書的質量遠遠不能和過去相比」，許多原本以舊書經營為特色的書店或因「無力經營」而轉型，或淪落為「並無什麼特色」的普通商店，便不斷在文章中呼籲人們重視保護古籍，特別是應該重視對那些流散在民間的舊本書進行保護和徵集，提出了許多頗具建設性的意見和建議。1998 年，黃裳先生的夫人小燕生病住院，急需特殊療法治病，為籌集醫療款，黃裳先生將自己珍藏的一批祁氏澹生堂舊藏付與上海朵雲軒和北京嘉德兩家拍賣公司。據韋力《澹生堂藏書》一文回憶，這批舊藏中不僅有如明成化刻本《龍雲先生文集》、明刻本的《楊太真外傳》以及元刻殘本《胡刻通鑒》等珍貴古籍，還包括了如祁承爜給祁彪佳的書札、祁彪佳的稿本《守城全書》等。2000 年和 2005 年秋，上海嘉德、嘉泰兩家拍賣行曾先後上拍黃裳先生藏澹生堂「祁承爜會試朱卷」（明萬曆三十二年寫本）和「祁彪佳順天鄉試頭場朱卷」（明萬曆四十六年寫本）兩件故物〔註34〕，這些藏品的拍賣亦可視為黃裳先生藏書的一次少量散出。

張昌華《黃裳：書香人和》一文中指出，「黃裳的藏書之豐，品味之高，久享譽同道，特別是他藏的明清孤本、善本更令人眼羨。……黃裳一生與書結下了不解之緣：讀書、訪書、藏書、寫書。……沐一番書香之後，與文字結緣，緣書會師友，與同道品茗論書，雅趣旁逸，構建了黃裳獨特的書香人和世界」〔註 35〕。縱觀上文所述可見，對藏書事業的熱愛可謂貫穿了黃裳先生的一生。他的訪書、藏書生涯雖歷經辛苦波折，卻依舊彙集、收藏了四萬多冊古今中外各類書籍，堪稱與阿英、鄭振鐸等現代作家比肩的藏書大家。

〔註33〕黃裳：《我的書齋》，南京：江蘇文藝出版社 2011 年版，第 96 頁。
〔註34〕韋力：《失書記　得書記》，桂林：廣西師範大學出版社 2015 年版，第頁。
〔註35〕蔡震，鄭向前主編：《2002 中國年度最佳傳記文學》，桂林：灕江出版社 2003 年版，第 98～99 頁。

第二節　黃裳先生的藏書與學術研究

梁由之曾在其《黃裳和他的〈故人書簡〉》一文中這樣形容他眼中的黃裳先生：「在我看來，黃裳是一個博覽群書別有會心的讀者，一個交遊駁雜閱盡世相下筆如有神的記者，一個腹笥豐厚精通版本目錄的學者，一個熱愛且善於寫作創作力異常旺盛的作者」〔註36〕。作為中國現代歷史上頗為知名的學人藏書家，黃裳先生不僅以「清新雋永、考證詳密的書趣式文章」著稱，在版本目錄學的研究上同樣有著不俗的表現。筆者通過梳理相關資料發現，前輩學者在論及黃裳先生的版本目錄學研究時多將其譽為「學人與藏書家完美結合的典範」，足見其版本目錄學研究與其來燕榭藏書之間的密切聯繫。具體來講，這種密切聯繫主要體現在以下兩個方面：

其一，豐富的藏書資源是黃裳先生得以開展版本目錄學研究的重要基礎。誠如前輩學者所言，黃裳先生在版本目錄學研究上的成就以其對明清版本目錄的相關研究為最，這些用功頗深、見解精到的研究成果不僅是黃裳先生高深版本學造詣的體現，更滲透著其一生藏書的心血。聯繫黃裳先生的藏書情況可知，清刻本古籍在其來燕榭藏書中佔有很大比重，而這些經由黃裳先生辛苦訪得的藏書資源亦成為黃裳先生開展清代古籍研究的重要基礎。以其《清代版刻一隅》為例，全書共選取了上自順治下迄宣統的 195 種清代刻本，在每種分別影印一頁書影的同時對入選書籍的作者、內容、刊刻、著錄等情況進行簡要介紹；在 2005 年復旦大學出版社增訂本序言中，黃裳先生直言此書取材「多出自藏」，而「個人收書，又有種種侷限。如清代皇家內府刻本，晚清局刻本，仿明代凌、閔刻書而拙劣不堪的清代套印本……之類，都為我所不取」〔註37〕；以學術史的眼光觀之，是書雖然存在著「主要以黃裳先生自己的藏品（即清代東南雕版中心區刻印的古籍）為依據，地區之間不夠平衡、前後的時代比重亦輕重不一」等不足之處，卻對於清代刻本的研究作了開拓性的努力，堪稱「清代刻板研究的奠基之作」。從書中所述具體內容來看，黃裳先生對書中收錄的一百九十餘種清代刻本可謂如數家珍，不僅詳敘其編纂體例、版本淵源和流派風格，更結合其刻工、字體等情況對整個有清一代不同時期的雕版工藝進行了更為深入探討：

〔註36〕梁由之：《天海樓隨筆》，北京：海豚出版社 2015 年版，第 297 頁。

〔註37〕黃裳：《清代版刻一隅》（增訂本），上海：復旦大學出版社 2005 年版，第 1 頁。

《印存玄覽》順治刻本，前有王相業、陳師泰（順治十七年）、紀映鍾三序，皆手書上板，雕槧精絕。此為十竹齋主人胡正言篆譜，板心題「蒂古堂」。胡氏印草，並世所存凡四種，而三為朱鈐本。……唯此《玄覽》一書，刊成最後，當為順治庚子之頃，且易鈐朱為刊木，蓋其時舊印多不復存，不再能集成一書矣。題名《玄覽》，乃更別有微意。……曰從治印，純是晚明風氣，與張夷令學山堂譜所載風調正同。刀法失之於太工，筆端每淪於板滯，然槧本之精，則並世無兩。十竹齋中雕版絕業，足與箋、畫二譜鼎足而三，是可重之又一事也。〔註38〕

　　由引文可見，正是以其個人豐富的藏書資源為基礎，黃裳先生才能夠於反覆的細緻觀察和品鑒中結合全書雕版的整體風格（「純是晚明風氣」）、雕工刀法和筆法（「刀法失之於太工，筆端沒淪於板滯」）、板心印鑒（「蒂古堂」）等多個方面來充分發掘這本《印存玄覽》的「雕槧精絕」之處，而書中附上一頁影印書影中可見「瀛山堂」、「篆閣」、「珍廷」、「來燕樹」等數枚印鑒〔註39〕，亦足以使讀者一窺其經過幾位不同的藏書家精心珍存，最終歸於黃裳先生來燕樹藏書的曲折過程，從而更加深刻地體會到其珍貴與「精絕」之所在。

　　值得注意的是，黃裳先生來燕樹藏書的這種頗為重要和關鍵的基礎作用不僅體現在黃裳先生對於整個清代雕版工藝的研究和探討上，還體現在其對「明清藏書及其政治、學術研究關係」這一問題的深入闡釋上。按黃裳先生所言，自己對於明末清初特別是晚明歷史的耽嗜始於抗戰時期。那時黃裳先生正流寓昆明、桂林一帶，常常遭遇「得書不易」甚至「無書可讀」的精神苦悶，後來「不知從誰那裡借到了幾本神州國光社出版的《內亂外患歷史叢書》，所收都是晚明野史，真是難得的寶貝書，耽讀不倦」〔註40〕。而在那個全國抗戰、抵禦外侮的大時代，黃裳先生本人又身處昆明、桂林，「讀著南明永曆播遷的歷史，不被打動是不可能的」〔註41〕，因此，自己對於晚明歷史的研究便不僅僅是「發思古之幽情」，而是懷古傷今，借古人之酒杯澆自己胸中憂

〔註38〕黃裳：《清代版刻一隅》（增訂本），上海：復旦大學出版社2005年版，第21頁。

〔註39〕黃裳：《清代版刻一隅》（增訂本），上海：復旦大學出版社2005年版，第20頁。

〔註40〕黃裳：《黃裳自述》，鄭州：大象出版社2007年版，第72頁。

〔註41〕黃裳：《黃裳自述》，鄭州：大象出版社2007年版，第72頁。

國傷懷之塊壘了。抗戰勝利後，黃裳先生更加留意對於明末清初古籍特別是晚明文獻的收藏，並以此為基礎，逐步開展對於明清易代這一歷史時期的相關研究；而黃裳先生關於「明清之際藏書流派及其政治、學術研究關係」的論析則是直接體現其來燕榭藏書基礎性作用的又一典型例證。因此，在黃裳先生《清代版刻一隅》中，我們常常可以發現這樣的敘述：

> 《選刻釣臺集》順治七年刻本，前有錢謙益大字序，未入集。又有李際期、劉憲章序，又錢廣居自敘。寫刻精整，尚有晚明風雲。牧齋降清後，退隱林下，不忘故明，欲為興復之業。順治七年，曾為浙中之遊，訪總兵馬進寶，欲有所進說，終廢然而返。庚寅夏五，舟過子陵臺下，撰為此序。其言曰，「塵容俗狀，靦然掛名斯集，貽逸民遺民之羞，亦所不暇記也。」心事錯雜，於斯可見。序文未收入《有學集》，賴此僅存。〔註42〕

> 《吳越詩選》順治冠山堂刻。選者三人皆山陰祁氏所結客，俱死於辛丑、壬寅之獄。冠山堂亦疑山陰祁氏寓山一境。卷中允武跋梅村《聽卞玉京彈琴歌》云「甲申後十年矣」，祁班孫詩題亦有「喪亂以來不覺十載」語，知集之編刻，必在順治十年前後。祁理孫《奕慶藏書樓目》著錄。

> 清初選詩之風甚盛，如余澹心選詩，見牧翁記；姜垓有《十五國風刪》，龔半千選詩，猶有傳本；程如嬰有《明詩歸》，多不勝記。皆遺民藉此通聲氣，聯絡山海，圖復故國。而易代詩人之作賴此存活者多矣。〔註43〕

由引文所舉例證可見，在論及「明清之際藏書流派及其政治、學術研究關係」問題時，黃裳先生常常「古籍的刊刻」為出發點，或從當時的雕版風格入手，或以古籍的刊刻時間為切入，對明末清初盛行於遺民詩人之間的「選詩之風」、恢復之志進行深入剖析，甚至由此而進一步發掘出那些未收入本人文集（如錢謙益為《選刻釣臺集》所作序言）的作品或憑藉選集得以流傳至今的易代詩人詩作的獨特意義和價值。而這種在其個人藏書基礎上進行的相關論析和探尋亦恰是黃裳先生區別於一般明清文學研究者的特點之所在。

〔註42〕黃裳：《清代版刻一隅》（增訂本），上海：復旦大學出版社2005年版，第11頁。
〔註43〕黃裳：《清代版刻一隅》（增訂本），上海：復旦大學出版社2005年版，第19頁。

　　其二，來燕榭豐富的藏書資源亦是黃裳先生在具體學術研究過程中不斷發掘創新點的重要助力。誠如前輩學者所言，「以藏書資源為依託，對現存或習見的版本進行校勘、對比」，最終實現對當時的歷史人物和文學創作進行更為客觀的評價是黃裳先生版本目錄學研究中最為顯著的特點之一。如以其《讀書堂詩集》一文為例，黃裳先生不僅借助「書手風氣及紙墨」判斷其成書年代（「寫成殆在康熙中，為清寫待刻稿本」），結合自己所藏故宮博物院《掌故叢編》所刊汪景祺《讀書堂征西隨筆》「排比證定」，推斷這兩冊「不著作者姓氏」的書籍亦為汪景祺所作〔註44〕；更以此為出發點，結合《雍正朱批御旨》、蕭奭《永憲錄》中的相關記載，對汪景祺生平交遊、詩作特色以及清初「文網之密」的時代背景進行了頗為詳盡的論述。黃裳先生指出，汪景祺其人「詩頗不惡，有奇氣。置於清初詩人中，亦當是一作手」〔註45〕，而這種以「好奇」為尚，「出語必驚，窮愁激憤」的創作風格亦與其豪邁不羈的個性頗為契合；而在清初文網嚴密的背景下，這種「出語必驚，窮愁激憤」的創作風格亦成為汪景祺日後被雍正帝以大逆不道之罪梟首示眾，甚至牽連「妻子發黑龍江披甲人為奴。期親兄弟叔侄革職，發寧古塔披甲人為奴」〔註46〕的悲劇命運的根源。此外，從一些曾與汪景祺交遊的詩人詩文集中常見因「避忌」而刻意削去與汪景祺有關的交遊酬唱之作，甚至「全部鏟去」汪景祺為友人所作序文、甚至連「讀書堂」的三字亦一併抹去的情況來看，當時「文網之密、避忌之苦」的高壓政策確實給天下文人帶來了巨大的精神壓力。較之於同時代其他學者在評價汪景祺時多基於其因諂附年羹堯而成為「雍正朝因文字之故而被殺的第一人」這一事件而言，黃裳先生既關注了汪景祺本人的詩作特點和交遊情況，同時又以此為出發點，結合相關材料進一步分析其之所以成為「雍正朝因文字之故而被殺的第一人」的原因所在。由此觀之，黃裳先生此處對於汪景祺的評價顯然更有利於後學者從更加全面、更為多元的視角認識和瞭解汪景祺其人其事，來燕榭藏書在其中所扮演的關鍵角色亦由此而可見一斑。

　　另一個典型的例子是黃裳先生對於楊龍友的評價。眾所周知，世人對楊龍友的瞭解多源自清代戲曲家孔尚任《桃花扇》中的負面形象——這個「清

〔註44〕黃裳：《古籍稿鈔本經眼錄》，北京：中華書局 2013 年版，第 165 頁。

〔註45〕黃裳：《古籍稿鈔本經眼錄》，北京：中華書局 2013 年版，第 168 頁。

〔註46〕黃裳：《古籍稿鈔本經眼錄》，北京：中華書局 2013 年版，第 166 頁。

客、高級篾片、兩面派和丑角」雖然「有時候也做點『好事』」，但總的趨向卻是「壞事有餘」的〔註47〕。而在黃裳先生看來，孔尚任《桃花扇》中對於楊龍友形象的塑造是出於其「戲曲結構的需要，在這裡放棄了『歷史真實』……從而顯示了他的立場愛憎」〔註48〕；換言之，孔尚任筆下的楊龍友與歷史上真實的楊龍友有著不小的差距——歷史上真實的楊龍友「主要成就是繪畫，同時又是一位頗有成就的詩人和散文作者」，既是一位喜愛交遊結客，「朋友多半是盟社中人」的貴公子，又是一位「在抗清戰爭中受了重傷被俘並不屈而死」的義士。值得注意的是，黃裳先生此處不僅引用陳垣《明季滇南佛教考》中關於楊龍友生平事蹟的記述，更以其豐富的個人藏書資源為依託，從其所藏陳夔龍所刻《洵美堂詩集》（九卷）中陳氏重刻序及集中所錄楊龍友酬贈詩作出發，進一步考索、鉤沉出其生平「交遊、聲氣之廣」的一面（「不是東林復社的巨公，就是有名的山人、伎女、畫師」）及其「全家殉國，大節孤忠，凜然於南都播遷之後」〔註49〕的忠義。在此基礎上，黃裳先生又結合邢昉《石臼前後集》、方文《塗山集》、楊補、楊焀父子《懷古堂詩選》以及吳梅村《畫中九友歌》《讀楊文驄舊題走馬詩》等詩集或詩作中保存的一些珍貴材料〔註50〕，進一步考索和勾勒出楊龍友「喜談兵」、「擅交遊」的個性特徵及其夾在親戚馬士英和復社「清流」諸友之間左右為難，「雖然努力做一點調和、補救」卻最終無濟於事的痛苦狀態。這就使得楊龍友在歷史上的真實形象逐步豐滿起來。此外，黃裳先生還結合自身所藏毛晉汲古閣刊本《八唐人集》中收錄的楊龍友所作序言，對楊氏提出的「聲情，風味之說」作了簡要分析，指出其核心思想在於將詩之聲情、風味視作「唐詩宋詩之間、唐詩初盛中晚之間，『密移潛換，關鈕甚細』、『界畫分明』的重要原因」，並認為其可補「前人『氣格』、『聲韻』論之不足」。以文學研究的角度觀之，這樣的分析無疑有助於後學者更為全面地瞭解和認識楊龍友其人在明末清初文學理論批評史上的獨特地位。對於研究者相關研究資料的困惑，黃裳先生指出，楊龍友之所以「為世所詬病」且詩文作品、生平事蹟流傳較少，其根本原因恰在於其「有馬士英那樣的闊親戚」，而在經歷了弘光一朝的變局之後，「許多老朋友

〔註47〕黃裳：《掌上的雲煙》，上海：華東師範大學出版社1998年版，第4頁。
〔註48〕黃裳：《掌上的雲煙》，上海：華東師範大學出版社1998年版，第4頁。
〔註49〕黃裳：《掌上的雲煙》，上海：華東師範大學出版社1998年版，第4～5頁。
〔註50〕黃裳：《掌上的雲煙》，上海：華東師範大學出版社1998年版，第5～6頁。

連躲還躲不迭，哪裏還肯記，恐怕連過去寫下的詩文也都趕緊刪去了」〔註51〕。總之，無論是黃裳先生對於楊龍友生平經歷、個性特徵、心理狀態的鉤沉考索還是對楊氏文論主張的簡要論析，都離不開其豐富個人藏書資源的助力和支持。而黃裳先生對楊龍友人物形象的分析考索亦恰是其「不因人而廢言」、「尤其耽嗜南明歷史」等藏書特點和主張的真實寫照。

第三節　黃裳先生的藏書與文學創作

　　作為中國現代文學史上集「才子」與「學者」於一身的著名散文家，黃裳先生的散文創作素以「有學有術」（鍾叔河語）、「生動體現了『文史不分家』的傳統」（邵燕祥語）著稱，其所著《書的故事》《書癡》《西泠訪書記》《姑蘇訪書記》《讀書生活雜憶》等散文作品都是能夠體現這些特點的典型代表。王充閭《黃裳先生與學者散文》一文指出，黃裳先生的散文創作不僅體現了其「獨立不羈的精神，腹笥豐厚、博古通今的學養」，更有著一份「傳統文人雅士所獨具的情調和趣味」〔註52〕，可謂大家風範與才子情懷的完美結合。與其學術研究一樣，黃裳先生的藏書及其文學創作同樣有著非常密切的關聯，具體而論，主要體現在以下幾個方面：

　　首先，從作品題材來看，抒寫藏書故事，暢言個人藏書經歷是黃裳先生散文創作中最為常見的主題之一。德國批評家威廉·狄泰爾在其《體驗與詩：萊辛·歌德·諾瓦利斯·荷爾德林》一書中指出：「作家創作的出發點始終是生活經驗，作為個人的生活經歷，或者作為對當前和過去的其他人的理解以及對他們在其中共同生活的事件的理解」〔註53〕，換言之，作家的直接生活經驗不但是其文學創作過程中重要的創作素材來源，更是決定一部作品成功與否的關鍵因素之一。黃裳先生一生愛書、訪書、藏書，雖幾經波折而愈不辭辛勞、愈覺樂在其中；而這些曲折豐富，幾乎貫穿其人生各個階段的藏書活動及其陸續收藏的各類書籍，因此，對這些藏書活動的回憶與敘寫亦成為黃裳先生散文創作中最為常見的主題：

〔註51〕黃裳：《掌上的雲煙》，上海：華東師範大學出版社 1998 年版，第 6 頁。
〔註52〕王充閭：《藝文說薈》，瀋陽：萬卷出版公司 2016 年版，第 15 頁。
〔註53〕（德）威廉·狄泰爾著，胡其鼎譯《體驗與詩：萊辛·歌德·諾瓦利斯·荷爾德林》，北京：生活·讀書·新知三聯書店，2003 年版，第 164 頁。

　　我開始買書時，本來是以搜求五四以來新文學書為目標的，不
過後來不知怎樣，興趣轉向線裝舊書方面去了。舊有的一些新文學
書的「善本」也陸續送給了與我有同好的朋友。〔註54〕

　　（「七七事變」後）陸續收集的整整兩箱書都毀於日本侵略軍的
炮火。但我並不灰心，逃回上海後又繼續買書，而且升了級搜羅起
「古本」來……（避走西南期間）得書極其困難，但積習難忘，只
要一冊到手，不論是怎樣無聊的東西，也總要翻一下〔註55〕。

　　我還有一次難忘的經驗，是買到了崇禎刻的《吳騷合編》。這書
按今天的標準，是要列入「善本」書目的。……這是最初印的本子，
項南洲、洪國良這些徽派名手的木刻插圖，真是鋒棱畢現，飄舉的
衣袂的線條、人物眉眼的細部刻畫都清晰生動，和畫本幾乎沒有區
別。……為了此書，我除了付出一筆現款，還貼上裝了兩部三輪車
的線裝書，這中間不少是明刻和清初刻本。……這以後他們有了好
書就總希望讓我看到。〔註56〕

　　正是在這一次次尋書、訪書的過程中，黃裳先生逐步積累了豐富的古籍
版本知識和收藏經驗，因此，在這類以藏書為題材的散文中，亦不乏黃裳先
生對自身藏書經驗的總結及對古籍整理、保護等問題的深入思考：

　　說起「經驗」，其實也是平凡無奇的，甚至有些可笑……我首先
想說的第一條「經驗」是，如果希望買到好書，在過去，只有肯出
善價才是唯一的辦法，其他種種門徑，說來說去都是無效的。……
我過去曾一直不肯相信這一條，……倒是一直跑小鋪，逛冷攤，總
希望能有好運氣，會遇見什麼寶貝。不過時間的結果是，巡閱書攤
二十年，好像只買到過一冊比較中意的書〔註57〕。

　　有些書籍，不只因為它古、稀少（所謂「孤本」、「罕本」）而可
貴，還確是極可貴的工藝美術品。韓愈和柳宗元文集，當然算不得
罕見的東西，但宋世綵堂刻的韓柳文則無疑是國寶。那紙墨、刻工，

〔註54〕黃裳《書的故事》，黃裳：《書之歸去來》，北京：中華書局2008年版，第4
　　　　頁。
〔註55〕黃裳《讀書生活雜記》，黃裳：《黃裳自述》，鄭州：大象出版社2002年版，
　　　　第67～69頁。
〔註56〕黃裳《書的故事》黃裳：《書之歸去來》，北京：中華書局2008年版，第5頁。
〔註57〕黃裳《書的故事》：《書之歸去來》，北京：中華書局2008年版，第4頁。

就絕非後來別的刻本所能比擬的。……這樣的古書，珍藏在國家圖
書館裏，是人民珍貴的財富，我們就絕不應譏之為「佞宋」〔註58〕。

誠如詹朝暉《論黃裳散文「才人」與「學人」相統一的文體特徵》所論，
縱觀黃裳先生一生的散文創作，「說書」可謂是其散文作品中最為常見的「中
心點」和「興奮點」之一。結合引文可見，這些記敘藏書經驗、暢談古籍知識
的文字並非只為單純表達作者個人對書籍的喜愛，而是在表達個人惜書愛書
之情的同時聚焦一些古籍版本知識的普及和古籍保護問題，將自身傳承和保
護傳統古籍的使命感與藏書家的情懷貫穿於字裏行間，可謂「學人頭腦與藏
書家眼光相結合」的典範。此外，在一些以追憶舊友、敘述舊聞掌故為主題
的散文中，各種與書籍、藏書相關的故事或經歷亦常見於黃裳先生筆端：

我與風子初識已在五十年前。……他當時隱姓埋名住在徐家
匯，住處就在我家近邊一條深巷裏。彼此常常在那家舊紙鋪內遇見，
因而相識。我當時還是一個中學生，卻已有了搜書的癖好，買書只
能利用家裏每天給的一點點心錢，在紙鋪老闆看來實在是上不了檯
面的小主顧，但也曾收集了沈雁冰接手編輯後的全份《小說月報》，
不能說不是一種豪舉，這自然是受了風子的影響。〔註59〕

一九五七年以後，我幾乎處於交遊零落，離群索居的境地，但
也還有時有往還的一二友人……梅劇團來滬，也有機會與姬老相
見，在天泉閣中話舊。除了談戲外，主要的話題是他們兄弟倆收藏
的書畫，也談到他們先祖許珊林所刻的書，這就是有名的「許刻」。
許珊林一生一共刻了多少種書，就連他們也說不清楚，我手邊有兩
種，都是他們不知道多少代師友所刻的詩文小集。說得高興，姬老
就取出許珊林所寫的斗大的五言篆書聯，掛在陳定生的墨蘭的旁
邊，相與欣賞。〔註60〕

劉勰《文心雕龍·物色》云：「歲有其物，物有其容；情以物遷，物以清
發」，這個「物」不僅指自然事物，更包含著廣闊的社會生活內容；這就要求
作家在進行文學創作時不僅要以「虛靜」的精神狀態去經歷和體味所詠之「物」

〔註58〕黃裳《談「善本」》：《書之歸去來》，北京：中華書局2008年版，第15頁。
〔註59〕黃裳《憶風子》，黃裳：《書之歸去來》，北京：中華書局2008年版，第241
頁。
〔註60〕黃裳《憶許姬傳》，黃裳：《書之歸去來》，北京：中華書局2008年版，第234
～235頁。

的內在規律，更要以高度的藝術敏感去體味所詠之「物」的內在美，最終達到「物之貌」與「心之理」的完美契合。誠如引文所呈現的那樣，在一些並不以藏書為主題的散文作品中，黃裳先生時常穿插敘述其訪書經歷或藏書故事——因其一生愛書藏書，故所交友人亦多為志同道合的「書友」，一切與「藏書」有關人或事物亦會引發其濃厚的興趣，成為激發其繼續開展藏書活動、更加積極、有針對性地搜集相關書籍的重要動力和進行散文創作的絕佳素材。值得注意的是，這些穿插於文章之中的藏書軼事亦是廣大讀者在瞭解和欣賞「散文家黃裳」的同時逐步認識「藏書家黃裳」的重要途徑。詹朝暉《論黃裳散文「才人與學人」相統一的文體特徵》一文中指出，黃裳散文的一大特色在於其「學者的本色美」，所謂「本色」，就在於其能夠在下筆行文之時將「學者的真摯灼見、人格色彩」自然地融入文章當中；而結合上文所述可見，對於藏書題材的大量抒寫恰恰是黃裳先生散文中「本色美」的最佳體現，由此觀之，豐富的藏書資源對於黃裳先生散文創作產生的重要影響是不言而喻的。

其次，從作品的內容來看，豐富的個人藏書資源不僅是黃裳先生創作實踐中最為倚重的「資料寶庫」，更是其開展文學批評時不可或缺的重要參照。就其創作實踐而言，前輩學者多將「學者的睿智」與「文人的才情」完美結合視為黃裳先生散文的最大特點——閱讀黃裳先生的散文，總能使讀者於情思雋永、舒卷自如的行文中體味作者「獨到而深刻的思想脈絡」；而聯繫黃裳先生本人訪書、藏書的豐富經歷可知，這種「獨到而深刻的思想脈絡」亦是以其豐富的藏書積累為基礎的：

> 提到莊氏史獄，就不能不聯想到偶然得到的一冊稿本，《私史紀事》（這是經過修改的，那原題是《史禍記事本末》）。這是一冊很有價值的稿本。作者是范驤子范韓，與陸麗京等三人都受到「莊史」的牽連，他們大概都曾為此書寫過序或曾名列參校。……這書詳細回憶記錄了起解途中、下獄審訊以及如何打點營救、被釋還家的全過程。……不只是文字獄的珍貴史料，作為社會風俗史，這也是難得的原始記錄。尤其使我吃驚的是，這本回憶錄記下了三位老人在遇禍以後，彼此間曾經發生過一些猜疑和相互責難。……這一切都是不能不引起人們深深的思索的〔註61〕。

〔註61〕黃裳《談禁書》，黃裳：《書之歸去來》，北京：中華書局 2008 年版，第 27 頁。

　　烏程范鍇（字白舫）嘉慶、道光中在四川住過二十來年，作了一卷《蜀產吟》，收入《苕溪魚隱詩稿》裏，道光刻本。和「鹽井」、「火井」、「蜀錦」、「郫筒酒」一樣，把「燈戲」也列為蜀產之一，作了一首五古。前有小序，記載得十分詳細。因為這是十分可貴的資料，所以這裡就照樣介紹出來，供專家們參考；……作者大概是和《五子告廟》裏的閻王一鼻孔出氣的，於是就對這種大膽描寫兒女情的小戲大加非難了。但是從他的描寫中間，也可以看出燈戲的成就之高與吸引力之大〔註62〕。

　　顧農《三讀黃裳》一文中指出，「作家的寫作路徑，同他的經歷永遠有著極其密切的關係，所以非知人論世不可」〔註63〕，結合引文所舉例證可見，在《談禁書》中，黃裳先生由「禁書」之名聯想到清初康熙年間莊氏「明史案」的「文字獄」，而在談及「明史案」時，便會自然聯繫自身藏書資源中的相關書籍（《私史紀事》的稿本），並在此基礎上進一步說明自己的閱讀體會；這個源於黃裳先生藏書資源的例子不僅使讀者更為直觀地瞭解和認識清初「文字獄」和「禁書」的基本情況，亦可以引發讀者對於世道人心等相關問題深入思考，可謂匠心獨運。在《燈戲》中，黃裳先生從自己觀戲的體驗入手，由「看戲」引出對燈戲歷史的探尋，進而聯繫到自身藏書資源（《苕溪魚隱詩稿》）中的相關記載，這就使讀者更為直觀地瞭解「燈戲」在清代的興盛之況。由此可見，黃裳先生之所以能夠在散文創作中做到旁徵博引、妙趣橫生，豐富的個人藏書資源起到了非常關鍵的作用——因其藏書活動頻繁、藏書資源豐富，故其在創作實踐中亦能在引證舉例或普及相關知識時自然聯想到自己的豐富藏書經歷或藏書中的相關內容。值得注意的是，在黃裳先生筆下，這些源自於其藏書經驗或藏書資源的例證並非僅僅是材料的簡單堆垛或顯示作者博學多才工具，而是被作者寄寓了自己對世事、人生的思考和「知古鑒今」、「以史為鑒」的特殊意義，充分體現出「哲思」與「史筆」的完美結合。

　　就其批評實踐而論，黃裳先生一生創作的眾多散文作品中，不乏以評價歷代名家名作為主題的散文作品；而豐富的個人藏書資源正是其開展文學批評的重要助力：

〔註62〕黃裳《隨筆八篇·燈戲》，黃裳：《黃裳文集3·珠還卷》，上海：上海書店出版社1998年版，第281～282頁。

〔註63〕顧農：《談非常談》，廣州：暨南大學出版社2016年版，第96頁。

（評王安石）從南京回來後，又找出雁湖李壁箋注的《王荊文公詩》來讀。彷彿很能彌補我此次匆匆經過的缺憾，把鍾山路上的景物又重溫一遍。不過有趣的是，王介甫最動人的篇什往往是描寫春天景色的。……王介甫喜歡春天，這是很有意思的，很能說明詩人的精神境界。即使在退休的日子裏，過著貌似閒適的生活，還保持著可貴的生機。他還寫過「割我鍾山一半青」的詩句，王介甫不止要向謝安「爭墩」，還要求鍾山「割青」，都表現了詩人有趣的心理活動〔註64〕。

《世說新語》是一部很重要也很有趣的著作，它的體裁和寫法也是很別致的。篇幅短，描寫生動，見解犀利。可稱為古典的人物速寫，但又不是小說；不像正史，因為有很高的文學性。……我是很喜歡讀這類作品的。不但因為它有趣，也因為它有益。從這一類書中往往能得到大部正經書中得不到的知識，還能領略到不同時代不同人物的氣息與風韻。……泰昌同志所寫的這些文章，在陸續發表時，我看到過一些，留著清晰的印象。記得有一篇《海棠花下》，是記葉聖老的，就寫得好。從文章裏看到老人的言笑、丰神是逼真的、生動的，讀後就像自己也參加了談天一樣。……我想，這大概就是我前面所說的那種流派特色的繼續吧〔註65〕。

結合引文所舉例證可見，在評價王安石其人其詩時，黃裳先生並未按照當時學界普遍流行的固定思維模式，將王安石視為「改革派」的代表人物，對其詩文作品一律給出肯定的評價；而是以自己收藏的雁湖李壁箋注的《王荊文公詩》為參考資料，通過深入閱讀和細緻分析，結合作者生活的時代背景，對王安石詩作中「最為動人的篇什」進行全面闡釋和評價；而在品鑒吳泰昌詩作之特色時，黃裳先生同樣是以個人的閱讀經驗為基礎，將吳泰昌《文苑隨筆》中對於作家言笑、風神的描述與自己收藏並多次閱讀的《世說新語》相較，稱讚其深得古人筆意，使讀者能夠通過閱讀作品「領略到不同時代不同人物的氣息與風韻」，可見無論其批評對象和品鑒的對象是古代還是當代的

〔註64〕黃裳《王介甫與金陵》，黃裳著，賀昌盛編：《白門秋柳》，南京：江蘇文藝出版社 2004 年版，第 60 頁。
〔註65〕黃裳《吳泰昌〈文苑隨筆〉序》，黃裳：《黃裳文集 3 珠還卷》，上海：上海書店出版社 1998 年版，第 242～243 頁。

作家作品，黃裳先生來燕榭中豐富個人藏書資源常常能夠為其做出準確判斷，深入發掘該作家作品之的重要助力。

再次，從創作風格來看，豐富的個人藏書資源亦是促成黃裳先生的散文創作形成獨特文體和多樣化創作風格的重要助力。誠如前輩學者所論，黃裳先生的散文創作風格以文體獨特、風格多變著稱，而這些特點的形成恰恰源於其深厚的學養和紮實的文字功底。若以此為基礎追根溯源，則這些特點的形成亦源於黃裳先生來燕榭中豐富的個人藏書資源——這些藏書資源不僅使黃裳先生能夠於博覽群書的同時開闊眼界、豐富學養，更能使其充分汲取前輩作家作品的精華所在，取其所長、為己所用。就其文體特點而論，黃裳先生的散文素有「眾體兼備」之稱，劉緒源謂其散文創作「打破了各種體裁的侷限，使各類文體都充滿作者的真性情和濃濃的書卷氣，是『五四』以後中國新文學的一大創造」，而聯繫黃裳先生藏書經歷可知，這種文體特點的形成與黃裳先生對「五四」以來新文學作家作品的求訪、收藏和學習有著非常密切的關聯。據黃裳先生自述，早在少年求學期間，他便開始積極求訪和搜集各種「五四」以後出版的各種新文學著作：

> 只有勸業場是「新」的、「先進」的，我也最喜歡走進去。比起另外兩家，這裡是更為「洋化」了的，連舊書攤也不例外。「五四」以後出版的新文學著作，只有這裡最多〔註66〕。

> 南開中學附近開著三家書店，供應著最新出版的各種新文學書，父親每月寄來的生活費大部分都被我買了書。魯迅、冰心、周作人、朱自清、郁達夫……的文集每種是必買的，各種文學雜誌也都收有全份。……買來的書不一定本本看過，即使看也不是從頭到尾地通讀，這毛病至今也依舊改不掉。……至於自己喜歡的，不止通讀，有些篇多少次的反覆誦讀過的，也不是沒有。魯迅的《朝花夕拾》和《且介亭雜文》，就不知道讀過多少遍，不知怎的總是讀不厭〔註67〕。

王充閭曾在《黃裳先生與學者散文》一文中指出：「所謂『文體意識』，是指作家、讀者在創作與欣賞的過程中、在長期文化薰陶中形成的對於不同文體模式的一種自覺理解、獨特感受和熟練的心理把握。體現在創作中，往

〔註66〕黃裳：《黃裳自述》，鄭州：大象出版社2007年版，第55頁。
〔註67〕黃裳：《黃裳自述》，鄭州：大象出版社2007年版，第67頁。

往自覺不自覺地形成一種系統性的『文學工程』」〔註68〕，因此，對於黃裳先生本人而言，這段少年時期收藏和閱讀新文學書籍的經歷無疑為文體意識的形成及其自身的散文創作打下了堅實基礎。如以其文化散文的寫作為例，他常常打破各種體裁的固有侷限，筆調「縱橫馳騁，逸出了規範」，而這種「鎔鑄古今而自成新體」的文體意識，即源自黃裳先生對自己收藏的各位新文學作家作品的悉心揣摩和模仿學習。如周作人曾在《〈燕知草〉跋》中指出，小品文的創作在語言上應該「有澀味與簡單味，這才耐讀」，在文章體式上則可以嘗試中西調和，「適宜地或咨意地安排起來」，最終實現「有知識與趣味的兩重統治」；而黃裳先生在自己的散文創作實踐中亦不乏「筆調更是縱橫馳騁，逸出了規範」，達到文章寫作與內心自由水乳交融、任情揮灑的散文篇章。因此，劉緒源《黃裳先生和他的散文》中認為，黃裳先生這種鮮明的文體意識是對「周作人、俞平伯等開創的文人散文、學人散文傳統」的繼承和發揚，更足見這些收藏於少年時期的新文學作家作品對其自身文體意識的建立、文體特徵形成所帶來的深刻影響。

就其創作風格而論，趙普光《黃裳書話的文體之美》一文中謂其「為文樸實無華、清澈如水，又老到深刻、點到即止」，劉緒源《黃裳先生和他的散文》則將其風格歸結之為「功底、見識、趣味、文筆」四者的完美結合，文筆「雖是白話，卻有濃濃的古文韻味，厚重而有情；寫到關鍵處，輒鋒芒逼人，酣暢凌厲」。聯繫黃裳先生的藏書情況可知，這一特點的形成同樣與其個人豐富的藏書資源有著緊密關聯：

> 創作的最初動機是模仿，我想這和小孩子的喜歡學大人說話行事很相近。當時十分佩服、喜歡的散文作者是何其芳和他的《畫夢錄》，覺得這是一種新的流派與新的風格，和朱自清、周作人都不同，於是就努力模仿，不過終於學不像，還學過魯迅先生的《馬上日記》，結果當然是畫虎不成。學識、眼光如此淺薄幼稚，是學不成那樣的風格與寫法的〔註69〕。

結合引文可知，在最初嘗試散文創作時，黃裳先生主要以其收藏的新文學作家作品為師法對象，模仿的重點則集中在寫作風格和寫作手法等方面。雖然這種模仿尚存在著很多問題，卻是黃裳先生踏上散文創作之路的重要標

〔註68〕王充閭：《充閭文集 說文藝薈》，瀋陽：萬卷出版公司2016年版，第15頁。
〔註69〕黃裳：《黃裳自述》，鄭州：大象出版社2007年版，第68頁。

誌。由此觀之，從黃裳先生初涉散文創作起，個人豐富的藏書資源便是其博採諸位前輩作家之所長，並在此基礎上逐步探索和形成個人創作風格的關鍵力量；而隨著其個人閱歷的不斷增長和藏書活動的繼續開展，藏書的這種助力作用亦顯得更加重要。如在回憶自己的記者生涯時，黃裳先生曾有這樣的敘述：

> 這時候我開始成為一名記者。對新聞記者的要求是一個雜家而不是專家，這恐怕要算作一條規律。……記者要接觸社會上三教九流各色人物，沒有夠用的知識是不行的。……要達到這樣的境界，不是容易的事，工作會迫使你抓緊時間補充所缺乏的常識，就要讀書；……記者需要同時負擔採訪和寫作兩種職能，除了新聞報導、通訊特寫之外，還要寫時評、短論，並學會出題作文，組織最合宜的作者心情舒暢地寫出形形色色的文字來〔註70〕。

　　誠如引文所言，對於黃裳先生來說，新聞記者「成為雜家」的職業要求不僅意味著其本人必須具備更為豐富的知識和更加開闊的視野；而且亦對其寫作能力提出了更高的要求；以藏書的角度觀之，這一系列目標和要求亦促使黃裳先生不斷擴大求訪、搜購書籍的範圍，於手不釋卷的閱讀過程中「努力去熟悉、瞭解，弄清其長處與缺點」，並由此而逐步擺脫對前人作品的簡單模仿，「在文字上創立一種新的風格」；若由此進一步結合黃裳先生的散文創作實踐可見，正是以其個人豐富的藏書資源為基礎，才使得黃裳先生在散文創作上能夠形成融深厚學養的「學者功底」與文人才子的瀟灑情韻於一爐的獨特美學風格。鄭勇《雜家黃裳》一文中謂其「半生癡戀鍾情於書」，而其散文作品中最為耐讀的亦是那些能夠在梳理書籍版本、校勘、流傳過程的同時暢談書內故事和書外人生的書話類作品〔註71〕；李輝《看那風流款款而行》一文中則盛讚黃裳先生「精神裏充滿者人們在唐詩、宋詞、元曲、明清小說中可以領略到的哪一種文人風流」，而這種「文字風流」的別樣情韻亦源自其博覽群書而積累的深厚學養。這些足以成為來燕榭豐富藏書資源對黃裳先生散文創作風格具有深刻影響的重要證據。

　　綜上所述，對於黃裳先生而言，來燕榭豐富的藏書資源不僅是其進行書籍校勘、版本研究等研究的重要助手，更是其散文創作之路上不可或缺的資

〔註70〕黃裳：《黃裳自述》，鄭州：大象出版社2007年版，第69～70頁。
〔註71〕鄭勇：《書生襟抱》，北京：新世界出版社2001年版，第60～61頁。

源寶庫。通過以藏書為切入點，對黃裳先生學術研究和散文創作特色進行梳理，有助於我們更為充分地體會黃裳先生學術研究和散文創作的特色之所在，更能使我們更加充分認識和理解黃裳先生在學術研究、散文創作等方面取得的成就，對於推進相關研究的繼續深入有著一定的啟示作用。

結語：藏書觀念轉變與現代四大家藏書

　　綜合以上各章所述可見，作為中國現代藏書史上的重要組成部分，藏書活動對於現代作家產生的影響可謂是多方面的。特別是就本研究所關注的康有為、梁啟超、鄭振鐸、黃裳四位兼具藏書家、學者等多重身份的現代作家來看，豐富的個人藏書資源更是其開展相關工作的必要條件——就其學術研究而言，豐富的藏書資源不僅能夠在一定程度上省卻其奔波勞碌，「覓書而不得」的辛苦；更常常成為其開展學術研究，特別是發現新問題、開創新領域、獲得新思路時的重要基礎和關鍵助力；就其文學創作而論，豐富的藏書資源不僅為其提供了豐富的創作素材和可資借鑒、師法的藍本，更成為其轉變文體觀念，開展文學批評的「指南針」和「素材庫」。通過分析、梳理上述四位作家的藏書情況，不僅可以更為全面地瞭解四位作家個人藏書資源與其思想形態、學術研究、文學創作之間的密切關聯，更有助於我們從「藏書家」視角出發，更為全面而充分地瞭解、分析其開展學術研究和文學創作等工作的思路及創意來源。需要指出的是，上述四位作家雖然藏書經歷各不相同，收藏重點上亦各有差異，但從「藏書觀念的轉變」和「作家的藏書讀書精神」這兩點出發，我們依舊可以總結出以下共同特質：

　　首先，本研究所關注的四位現代作家都是現代中國藏書史上積極推動藏書觀念轉變，並以其實際行動促成這些轉變的倡導者和實踐者。誠如前輩學者指出的那樣，以藏書觀念變革的角度來看，20世紀的中國私家藏書史走過了一條由「私藏為主，為藏而藏」到「開啟民智、共享資源」；由「私而不公，

藏而不用」向「為國護寶，傳承文脈」的轉變之路；由此觀之，則本研究所關注的康、梁、鄭、黃四位現代作家都是這一轉變之路上起到關鍵作用或具有重要意義的標誌性人物。在民族危機日益加劇和西學東漸的大背景下，康有為、梁啟超積極學習、借鑒西方先進藏書理念，大力倡導藏書資源的開放共享和藏書內容的「以用為主」，呼籲「合眾人之才力，則圖書易庀；合眾人之心思，則聞見易通」，這些都在極大程度上促成了當時整個社會藏書觀念由「私藏」向「共享」，由「賞玩」到「實用」的轉變和提升。鄭振鐸在抗戰八年之內堅守「孤島」上海，在每日四處奔走呼籲搶救珍貴古籍文獻的同時自己努力籌措經費，從書商手中收購各類古籍，避免了如《脈望館鈔校本古今雜劇》等一批珍貴文獻流落海外；黃裳先生在四十年代末五十年代初頻繁出入書肆紙廠之間，以其一己之力於「廢紙堆」中搶救出一大批行將「還魂紙廠」或被人視為「收藏價值不大」的珍本、殘本古籍，他還曾致信各政府部門的相關領導，呼籲重視古籍保護和文化傳承。鄭、黃二位作家的種種努力和行動亦有力地促進和推動了時人藏書觀念由「開放共享」到「為國護寶」，由「以用為主」到「實用與傳承並重」的轉變。因此，我們研究上述四位作家的藏書經歷、梳理其豐富藏書資源藏書與其思想形態、學術研究、文學創作之間的密切關聯，亦可由此串聯起整個現代中國藏書觀念變革的幾個關鍵節點，對於全面分析和解讀現代中國作家藏書史亦具有一定的啟示意義。

其次，從藏書內容和藏書視野的擴展這一角度來看，本研究所關注的康、梁、鄭、黃四位現代作家雖然藏書活動各有側重，藏書內容亦不盡相同，但較之於中國古代傳統藏書家而言，上述四人無疑都具有更為開闊的藏書視野和更加豐富的藏書內容——他們或從「以用為主」的藏書理念出發，在具體的藏書活動中更加關注書籍的內容和實用性，而不再像傳統藏書家那樣汲汲對「宋本書」的執著追求；或有著堅持更為開放的學術理念和文學觀念，將傳統藏書家視為「下里巴人」、「不登大雅之堂」的小說、戲曲、講唱俗本納入自己的收藏範圍，並以此為基礎，努力開拓出新的研究領域。或秉承「人棄我取」的藏書原則，將關注的目光投向時人認為「毫無收藏價值」的殘本書籍，並以此為基礎開展相關文獻研究。此外，東西方文化的交匯和碰撞亦促使他們不再專注於傳統古籍收藏一端，對西學書籍的關注和收藏亦是上述四位作家藏書視野和藏書內容擴展的一個重要表現；而通過這種對比和梳理，亦有助於我們更加深入地瞭解東西方文化交融碰撞背景下的中國現代藏書史。

　　再次，從作家的藏書讀書精神來看，上述四位作家雖藏書特色各有差異，研究領域亦各有專長，但其珍愛文獻、藏以致用、嘉惠後學的藏書精神和開拓進取、紮實研究的治學精神卻是一致的。因此，我們梳理上述四位作家的藏書經歷，分析和討論藏書資源與其思想形態、學術研究、文學創作之間互動關係的同時，亦可使我們其藏書讀書精神中得到啟示，推進相關研究的進一步深入。

參考文獻

凡例

    參考文獻分為古籍文獻、四大家相關作品集、今人著作、研究論文（包括學位論文）四類。

    古籍文獻按照經、史、子、集四部分類。

    為突出主題，參考文獻部分特將本研究所涉及的藏書四大家作品集單獨列出，以利後學。

    內部排序以時間升序排列：古籍依據作者朝代之先後，四大家相關作品集依照章節順序先後（同一作家作品集按出版年份先後）排列，今人著作及研究論文依據作者姓氏的漢語拼音字母升序排列（B～Z），姓氏字母相同的作者按其作品出版年份之先後排列。

一、古籍文獻

1. （漢）王逸注，洪興祖補注：《楚辭章句補注》，長春：吉林人民出版社 2005年版。

2. （宋）歐陽修：《六一詞》一卷，明毛晉編《宋名家詞》八十九卷（西諦藏），明崇禎毛氏汲古閣刊本。

3. （宋）歐陽修：《六一詞》一卷，明吳訥編《百家詞》一百三十卷（西諦藏），上海：商務印書館 1940 年鉛印本。

4. （宋）蘇軾：《東坡詞》一卷，明毛晉編《宋名家詞》八十九卷（西諦藏），明崇禎毛氏汲古閣刊本。

5. （宋）蘇軾：《東坡詞》二卷（附拾遺一卷），明吳訥編《百家詞》一百三十卷（西諦藏），上海：商務印書館 1940 年鉛印本。

6. （宋）李之儀：《姑溪詞》一卷，（明）毛晉編《宋六十家詞》八十九卷（西諦藏），明崇禎毛氏汲古閣刊本。

7. （宋）黃庭堅撰，（明）黃嘉惠編：《蘇黃題跋尺牘合刻 山谷題跋》（西諦藏），明刊本。

8. （明）凌濛初評訂，（清）袁志學輯《南音三籟》（西諦藏），清康熙七年刊本。

9. （清）永瑢等，《四庫全書總目》，北京：中華書局 1965 年版，第 1807 頁。

二、四大家相關作品集

（一）康有為

1. 康有為著，樓宇烈整理：《康南海自編年譜》（外二種），北京：中華書局 1992 年版。

2. 康有為撰，姜義華、張榮華編校：《康有為全集》（第十一集），北京：中國人民大學出版社 2007 年版。

3. 康有為：《我史》，北京：中國人民大學出版社 2011 年版。

（二）梁啟超

1. 梁啟超：《中國歷史研究法》，上海：上海古籍出版社 1998 年版。

2. 梁啟超：《梁啟超全集》，北京：北京出版社 1999 年版。

3. 梁啟超：《佛學研究十八篇》，上海：上海古籍出版社 2001 年版。

4. 梁啟超：《論中國學術思想之變遷大勢》，上海：上海古籍出版社 2001 年版。

5. 梁啟超：《梁啟超古典文學論著》，上海：上海書店出版社 2013 年版。

（三）鄭振鐸

1. 鄭振鐸：《鄭振鐸全集》，石家莊：花山文藝出版社 1998 年版。

2. 鄭振鐸：《西諦書話》，北京：讀書·生活·新知三聯書店 2005 年版。

3. 鄭振鐸：《劫中得書記》，上海：上海古籍出版社 2006 年版。

4. 鄭振鐸：《鄭振鐸古典文學論集》，上海：上海古籍出版社 2009 年版。

5. 鄭振鐸：《插圖本中國文學史》，長沙：嶽麓書社 2013 年版。

...

（四）黃裳

1. 黃裳：《黃裳文集3‧珠還卷》，上海：上海書店出版社1998年版。

2. 黃裳：《掌上的雲煙》，上海：華東師範大學出版社1998年版。

3. 黃裳著，賀昌盛編：《白門秋柳》，南京：江蘇文藝出版社2004年版。

4. 黃裳：《清代版刻一隅》（增訂本），上海：復旦大學出版社2005年版。

5. 黃裳：《榆下說書》，合肥：安徽教育出版社2006年版。

6. 黃裳：《黃裳自述》，鄭州：大象出版社2007年版。

7. 黃裳：《書之歸去來》，北京：中華書局2008年版。

8. 黃裳：《我的書齋》，南京：江蘇文藝出版社2011年版。

9. 黃裳：《古籍稿鈔本經眼錄》，北京：中華書局2013年版。

三、今人著作

1. （丹）勃蘭兌斯著，李宗傑譯：《十九世紀文學主流 第2分冊 德國的浪漫派》，北京：人民文學出版社1982年版。

2. 北京圖書館編：《西諦書目》，北京：北京圖書館出版社2004年版。

3. 陳多，葉長海選注：《中國歷代劇論選注》，長沙：湖南文藝出版社1987年版。

4. 蔡震，鄭向前主編：《2002中國年度最佳傳記文學》，桂林：灕江出版社2003年版。

5. 陳福康：《鄭振鐸年譜》，太原：三晉出版社2008年版。

6. 丁文江、趙豐田編：《梁啟超年譜長編》，上海：上海人民出版社1983年版。

7. 董士偉：《康有為評傳》，南昌：百花洲文藝出版社2010年版。

8. 董宏猷：《江南淘書記》，武漢：武漢大學出版社2015年版。

9. （日）德富蘇峰著，劉紅譯：《中國漫遊記 七十八日遊記》，北京：中華書局2008年版。

10. 傅璇琮、謝灼華主編：《中國藏書通史》（下），寧波：寧波出版社2001年版。

11. 范鳳書：《中國私家藏書史》（修訂版），武漢：武漢大學出版社2013年版。

12. 郭英德：《中國古典文學研究史》，北京：中華書局 1995 年版。

13. 國立北平圖書館編：《梁氏飲冰室藏書目錄》，北京：北京圖書館出版社 2005 年版。

14. 李雪梅：《中國近代藏書文化》，北京：現代出版社 1999 年版。

15. 李平：《梁啟超傳》，北京：中國言實出版社 2015 年版。

16. 梁由之：《天海樓隨筆》，北京：海豚出版社 2015 年版。

17. 馬洪林：《康有為評傳》，南京：南京大學出版社 2009 年版。

18. 孟祥才：《梁啟超評傳》，北京：中華書局 2012 年版。

19. 秋禾編：《舊時書坊》，北京：生活 讀書 新知三聯書店 2012 年版。

20. 唐文權：《唐文權文集》，武漢：華中師範大學出版社 2013 年版。

21. 吳小龍、張之梅編：《梁啟超箴言錄》，北京：中國文聯出版公司 1998 年版。

22. 吳燕南主編：《清代經學史通論》，昆明：雲南大學出版社，2001 年版。

23. （德）威廉·狄泰爾著，胡其鼎譯《體驗與詩：萊辛·歌德·諾瓦利斯·荷爾德林》，北京：生活·讀書·新知三聯書店 2003 年版。

24. 汪祖榮：《康有為論》，北京：中華書局 2006 年版。

25. 韋力：《失書記·得書記》，桂林：廣西師範大學出版社 2015 年版。

26. 王充閭：《充閭文集·藝文說薈》，瀋陽：萬卷出版公司 2016 年版。

27. 謝桃坊：《中國詞學史》，成都：巴蜀書社 2002 年版。

28. 蕭公權著，汪榮祖譯：《康有為思想研究》，北京：新星出版社 2005 年版。

29. 夏曉虹：《閱讀梁啟超》，北京：讀書 生活 新知三聯書店 2006 年版。

30. 夏曉虹編：《追憶康有為》（增訂本），北京：生活 讀書 新知三聯書店 2009 年版。

31. 虞浩旭主編：《天一閣論叢》，寧波：寧波出版社 1996 年版。

32. 鄭勇：《書生襟抱》，北京：新世界出版社 2001 年版。

四、研究論文

1. 丁宏宣：《梁啟超在目錄學和藏書上的貢獻》，《圖書館理論與實踐》1999 年第 2 期。

2. 胡全章：《從「才氣橫屬」到「唐神宋貌」──近代報刊視野中的梁啟超詩歌》，《文學遺產》2013 年第 3 期。

3. 李澤厚：《論康有為的哲學思想》，《哲學研究》1957 年 1 月。

4. 連燕堂：《試論梁啟超對中國古代文學研究的貢獻》，《文學遺產》1986 年第 6 期。

5. 李耀彬、蔡公天：《康有為藏書考》，《圖書館學研究》1987 年 3 月。

6. 李明友：《康有為哲學思想探析》，《國際儒學研究》（第九輯）

7. 李平：《梁啟超哲學思想四題》，《安徽師範大學學報》2002 年第 1 期。

8. 李曉豔：《論梁啟超的佛學》，《船山學刊》2012 年第 2 期。

9. 說齋：《槎溪說林：康有為的藏書》，《萬象》1943 年第 3 卷第 2 期。

10. 孫克強、楊傳慶：《試論鄭振鐸的詞學研究》，《求是學刊》，2011 年 9 月。

11. 唐文權：《梁啟超佛學思想述評》，《華中師院學報》（哲學社會科學版），1983 年 8 月。

12. 於智華：《康有為教育思想略論》，《山西師範大學學報》（哲學社會科學版）2005 年 8 月。

13. 萬發雲：《略論梁啟超的哲學思想》，《華南師範大學學報》（社會科學版）1983 年第 1 期。

14. 萬平：《康有為與梁啟超的學術研究》，《文史雜誌》1999 年第 1 期。

15. 王瓊：《康有為藏書考》，《山東圖書館學刊》2014 年第 3 期。

16. 王瓊：《同源而異流──康有為梁啟超藏書之比較》，《廣西圖書館學會 2012 年年會暨第 30 次科學討論會論文集》。

17. 王志宏主編：《翻譯史研究 2014》，上海：復旦大學出版社 2015 年版。

18. 左鵬軍：《康有為的詩題、詩序和詩注》，《廣東社會科學》2009 年 9 月。

19. 周生傑：《巨靈與泰斗：梁啟超史學研究述略》，《中國礦業大學學報》（社會科學版）2014 年第 3 期。